धम्मपद

- पद्य अनुवाद

प्रो. पी. एल. धर

Made with ♥ on the Notion Press Platform

www.notionpress.com

प्रस्तावना

इस पुस्तक में धम्मपद की सारगर्भित एवं प्रेरक गाथाओं का यथासंभव पद्य रूप में अनुवाद किया गया है ताकि पाठक न केवल उनका अर्थ ग्रहण कर सकें, बल्कि उनका पाठ मूल पाली की लयात्मकता के समीप अनुभव कर सके। अनुवाद करते समय, अर्थ और भाव की निष्ठा को सर्वोपरि मानते हुए, जहाँ आवश्यक हुआ छंद और तुक का भी त्याग स्वीकार किया गया है ताकि बुद्ध-वचन कृत्रिम अलंकरण से मुक्त रहे। प्रत्येक गाथा-समूह के अंत में संक्षिप्त टिप्पणियाँ दी गई हैं, जो विशेषतः साधकों को इन शिक्षाओं के व्यावहारिक पक्ष पर मनन करने और उन्हें अपने दैनिक आचरण में धारण करने की ओर उन्मुख करती हैं। जहाँ आवश्यक प्रतीत हुआ है, वहाँ गाथाओं की पृष्ठभूमि भी अत्यंत संक्षेप में दी गई है। इनमें से कुछ प्रेरणादायक कथाएँ परिशिष्ट में सम्मिलित की गई हैं।

आशा है यह अनुवाद इन सारगर्भित गाथाओं को व्यापक हिंदी-भाषी समाज में प्रचलित कर उनसे प्रेरित हो पाठकों को भगवान बुद्ध की कालातीत, साम्प्रदायिकता-विहीन, सार्वभौमिक शिक्षाओं के प्रति रुचि और प्रेरणा जागृत करने में सहायक होगा।

ज्येष्ठ पूर्णिमा — प्यारे लाल धर

२०२६ — दिल्ली

विषय सूची

1. यमकवग्गो

१.

मनोपुब्बङ्गमा धम्मा, मनोसेट्ठा मनोमया।
मनसा चे पदुट्ठेन, भासति वा करोति वा।
ततो नं दुक्खमन्वेति, चक्कं व वहतो पदं॥

मन अग्रगामी[1], मन श्रेष्ठ, मन से उत्पन्न सभी धम्म[2]।
दूषित मन से जो बोले, या दूषित मन से करे कर्म।
दुःख पीछे-पीछे चलता- जैसे घोडे के पीछे रथ-चक्र॥

२.

मनोपुब्बङ्गमा धम्मा,मनोसेट्ठा मनोमया।
मनसा चे पसन्नेन, भासति वा करोति वा।
ततो नं सुखमन्वेति, छायाव अनपायिनी ॥

मन अग्रगामी, मन श्रेष्ठ, मन से उत्पन्न सभी धम्म।
शुद्ध मन से जो बोले, या शुद्ध मन से करे कर्म।
सुख पीछे-पीछे चले - जैसे छाया सतत संग॥

जीवन सुखमय होगा या दुःखमय, यह हमारे मन की स्थिति पर निर्भर करता है। दूषित मन से हम सदा अकुशल कर्म ही करते हैं जिससे दुःख बढ़ता है - स्वयं का भी एवं दूसरों का भी। कभी-कभी दूषित मन से किया गया कार्य तात्कालिक सुख दे सकता है (यथा बदला लेना), पर अंततः मन दुखी हो ही जाता है। भविष्य में अपने दुष्कृत्य याद आने पर पश्चाताप होता है। मन बोझिल रहता है, ठीक वैसे ही जैसे कोई बैल गाड़ी का बोझ ढो रहा हो।

इसके विपरीत शुद्ध चित्त से किया गया कर्म हमारे सुख एवं हित का कारण बनता है तथा दूसरों के हित का भी। कभी-कभी शुद्ध चित से किया गया काम दूसरों को अप्रिय लग सकता है, पर वह अहितकारी नहीं होता और अंततः उनको भी (प्रायः) यह समझ आ ही जाता है। भविष्य में अपने सुकृत्य याद आने पर प्रसन्नता ही जागती है। मन हल्का-फुल्का और आनंदित रहता है।

---

[1] अग्रगामी : मन आगे रहता है, धम्मों में प्रथम (मनोपुब्बङ्गमा)

[2] जो कुछ भी अनुभव में आता है जैसे रूप, वेदना , संस्कार (मानसिक अवस्थाएं, विचार, आचरण, इरादे, कर्म, प्रवृतियाँ इत्यादि), चेतना, निर्वाण

३.

अक्कोच्छि मं अवधि मं, अजिनि मं अहासि मे।	गाली दी, मारा मुझे, हाय लिया सब लूट।
ये च तं उपनय्हन्ति, वेरं तेसं न सम्मति॥	जब तक यह शत्रु भाव रहे, द्वेष सके न छूट ॥

४.

अक्कोच्छि मं अवधि मं, अजिनि मं अहासि मे।	गाली दी, मारा मुझे हाय लिया सब लूट।
ये च तं नुपनय्हन्ति, वेरं तेसूपसम्मति॥	जब यह शत्रु भाव न रहे, द्वेष जाये सब छूट ॥

५.

न हि वेरेन वेरानि, सम्मन्तीध कुदाचनं।	वैर से न कभी होता, यहाँ वैर का शमन ;
अवेरेन च सम्मन्ति, एस धम्मो सनन्तनो॥	मैत्री से ही होता शमन, यह है सत्य सनातन॥

अपनी, परिवार की और संपत्ति की रक्षा करना गृहस्थ की जिम्मेदारी है। इसके लिए दुर्व्यवहार करने और धमकाने वालों के प्रति उपयुक्त कार्यवाही आवश्यक है। लेकिन, उनके प्रति शत्रुता और आक्रोश रखने से हमें निरंतर मानसिक कष्ट होता है और भविष्य में गलतफहमियों को दूर कर सुलह करना बहुत मुश्किल हो जाता है। प्रज्ञा से देखें को दुर्व्यवहार करने वाला करुणा का पात्र है, न कि क्रोध का, क्योंकि उसका चित्त तो विकारों की आग से पहले ही जल रहा है।

यह प्रकृति का अटल नियम है कि वैर का प्रत्युत्तर वैर से दें तो वह कभी भी समाप्त नहीं होता; कई बार तो पीढ़ी-दर-पीढ़ी चलता रहता है। मैत्री भाव से ही वैर समाप्त हो सकता है। (देखें परिशिष्ट 1: कालयक्खिनि वत्थु)

६.

परे च न विजानन्ति, मयमेत्थ यमामसे। कुछ लोग नहीं समझते, हम सब का होगा अन्त।

ये च तत्थ विजानन्ति, ततो सम्मन्ति मेधगा॥ जो यह भली-भाँति जानते, करें कलह का अन्त॥

यह याद रखना कि हम मृत्य हैं, पारस्परिक कलह को त्यागने में सहायता करता है। झगड़ा प्रायः धारणाओं की भिन्नता के कारण उपजता है। धारणाएं केवल संस्कारों पर आधारित होती हैं, और संस्कार व्यक्ति- व्यक्ति के भिन्न होते हैं। यदि हम इस सत्य को समझ लें तो कलह को मात्र गलतफहमी समझते हुए, झगड़े का अंत कर सकते हैं। यदि हम झगड़ों को नहीं सुलझाते, तो अपने वर्तमान एवं भविष्य के जीवन में भी दुःख ही पाते हैं। दीर्घ काल तक संजोई हुई कलह, वैर भाव का रूप ले कर एक कर्म-सूत्र बन सकती है जो जन्म जन्मांतर तक चलता है, जब तक उसका समाधान न किया जाए।

७.

सुभानुपस्सिं विहरन्तं,
इन्द्रियेसु असंवुतं।
भोजनम्हि चामत्तञ्ञुं,
कुसीतं हीनवीरियं।
तं वे पसहति मारो,
वातो रुक्खंव दुब्बलं॥

चहुं ओर 'सुन्दरता' ही देखे,
इंद्रियों में हो असंयत;
भोजन करे अत्यधिक,
आलसी, फिर भी शक्तिहीन।
उसे "मार"[3] कर देता परास्त,
जैसे आँधी उखाड़े दुर्बल वृक्ष॥

८.

असुभानुपस्सिं विहरन्तं,
इन्द्रियेसु सुसंवुतं।
भोजनम्हि च मत्तञ्ञुं,
सद्धं आरद्धवीरियं।

चहुं ओर 'असुन्दरता' देखे,
इंद्रियों में हो सुसंयत;
भोजन करे वह सीमित,
श्रद्धावान, अत्यन्त पुरुषार्थी,

---

[3] बौद्ध ब्रह्मांड विज्ञान में, मार एक देव पुत्र है जो सर्वोच्च देवलोक (के एक भाग) का राजा है, जो जन्म और मृत्यु के चक्र से बाहर निकलने का प्रयास कर रहे लोगों के मार्ग में, नाना प्रकार के प्रलोभनों के माध्यम से बाधा डालता है। कुछ विद्वान इसे हमारी अपनी मानसिक अशुद्धियों का मानवी-करण मानते हैं।

तं वे नप्पसहति मारो,	उसे "मार" न कर सके परास्त,
वातो सेलंव पब्बतं॥	जैसे आँधी न हिला सके चट्टानी-पर्वत ॥

धम्म[4] के पथ पर आगे बढ़ने के लिए इंद्रिय संयम अत्यंत आवश्यक है। इंद्रिय-संयम के बिना मनुष्य विषयों के प्रभाव में आकर नाना विकारों से ग्रस्त हो जाता है। सांसारिक सुख, प्रतिष्ठा, अच्छा भोजन, सुंदर व्यक्ति एवं वस्तुएं उसे लुभाती हैं और धम्म संवेग को क्षीण कर देती हैं। खास तौर पर शरीर की सुंदरता – पुरुष के लिये स्त्री के शरीर की, और स्त्री के लिये पुरुष के शरीर की – प्राणियों को वासना के मजबूत बंधन में बांध लेती है, जिससे निकलना बहुत ही दुष्कर होता है।

दूसरी ओर संयमित व्यक्ति, शरीर को मात्र हाँड़-मांस का पुतला समझते हुए सौन्दर्य के मायाजाल तथा अन्य क्षणिक सांसारिक सुखों में नहीं फंसता। वह पुनर्जन्म से मुक्ति पाने के अपने संकल्प में चट्टान की तरह दृढ़ रहता है तथा उसका पुरुषार्थ क्षीण नहीं होता।

९.

अनिक्कसावो कासावं,	चित्त मैल दूर किए नहीं ,
यो वत्थं परिदहिस्सति।	धारे गेरुआ वस्त्र।
अपेतो दमसच्चेन,	सत्यहीन, असंयमी ,
न सो कासावमरहति॥	नहीं इनका सुपात्र ॥

१०.

यो च वन्तकसावस्स,	सभी शील पालन करे
सीलेसु सुसमाहितो।	चित्त मैल न रहा लेशमात्र,
उपेतो दमसच्चेन,	सत्यनिष्ठ, आत्मसंयमी,
स वे कासावमरहति॥	गेरुआ वस्त्र का सुपात्र ॥

[4] भगवान बुद्ध की शिक्षा जिसका सार है शील, समाधि और प्रज्ञा में परिपक्व होना।

गेरुआ वस्त्र चित्त की शुद्धता, आत्मसंयम और त्याग का प्रतीक हैं। यदि किसी में ये बुनियादी गुण नहीं हैं, तो वह ये वस्त्र पहनने के योग्य नहीं है। आज समाज में संन्यासियों के प्रति सम्मान में जो कमी आ रही है, वह अयोग्य लोगों द्वारा इन वस्त्रों को धारण करने और अनैतिक आचरण में लिप्त होने का परिणाम है। सन्यासी/ भिक्षु के वेष में रह कर शील तोड़ना एक घोर अपराध समान है क्योंकि ऐसा करके वे लोग समाज में गृहत्यागियों के प्रति अनास्था एवं अनादर का की भावना उत्पन्न करने का कारण बनते हैं।

११.

असारे सारमतिनो,	सार को माने सारहीन,
सारे चासारदस्सिनो।	सारहीन को माने सार।
ते सारं नाधिगच्छन्ति,	सार से वंचित रह जाते,
मिच्छासङ्कप्पगोचरा॥	जिनके मिथ्या संकल्प आधार॥

१२.

सारञ्च सारतो ञत्वा,	सारहीन को जाने सारहीन,
असारञ्च असारतो।	सार को जाने सार।
ते सारं अधिगच्छन्ति,	सार को प्राप्त कर लेते ,
सम्मासङ्कप्पगोचरा॥	जिनके सम्यक संकल्प आधार॥

तरह-तरह के रंग, ध्वनियाँ, स्वाद, गंध और स्पर्श हमें भ्रमित कर देते हैं और इनके माध्यम से अधिक से अधिक आनंद प्राप्त करना ही हमारे जीवन का एकमात्र ध्येय बन जाता है। कुछ लोग ऐसे सुख की चाह से तो ऊपर उठ जाते हैं, लेकिन नाम और प्रसिद्धि के जाल में फंस जाते हैं। केवल वे लोग जो यह समझ पाते हैं कि ये सभी सांसारिक सुख परिस्थितिजन्य, अनित्य और सारहीन हैं, शाश्वत सुख, निर्वाण को प्राप्त कर पाते हैं।

१३.

यथा अगारं दुच्छन्नं, वुट्ठी समतिविज्झति।	जैसे छत न हो ठीक, तो घर में वर्षा करे प्रवेश।
एवं अभावितं चित्तं, रागो समतिविज्झति॥	वैसे ही अविकसित चित्त में, राग करे प्रवेश॥

१४.

यथा अगारं सुछन्नं, वुट्ठी न समतिविज्झति।	जैसे छत हो ठीक, तो घर में वर्षा न करे प्रवेश।
एवं सुभावितं चित्तं, रागो न समतिविज्झति॥	वैसे ही विकसित चित्त में, राग न करे प्रवेश॥

यदि मन को साधना द्वारा निर्मल व सबल नहीं किया हो, तो व्यक्ति इंद्रिय सुखों की तृष्णा के वशीभूत रहता है। परन्तु, यदि साधना ठीक से की जाए, तो समाधि, इंद्रिय-संयम और सम्प्रज्ञान के पुष्ट होने से वह इंद्रिय-सुखों के अनित्य और असंतोषजनक स्वभाव को पहचान लेता है और उनके बहकावे में नहीं आता।

१५.

इध सोचति पेच्च सोचति,	इस लोक में शोक, परलोक में शोक,
पापकारी उभयत्थ सोचति।	पाप-कारी दोनों में करता शोक।
सो सोचति सो विहञ्ञति,	देख अपने कर्म अशुद्ध,
दिस्वा कम्मकिलिट्ठमत्तनो॥	होता परेशान, करता शोक॥

१६.

इध मोदति पेच्च मोदति,	इस लोक में हर्षित, परलोक में हर्षित,
कतपुञ्ञो उभयत्थ मोदति।	पुण्य-कारी दोनों में हर्षित।
सो मोदति सो पमोदति,	देख अपने कर्म विशुद्ध,
दिस्वा कम्मविसुद्धिमत्तनो॥	प्रसन्नचित्त, होता प्रमुदित॥

१७.

इध तप्पति पेच्च तप्पति,	इस लोक में संतप्त, परलोक में संतप्त

पापकारी उभयत्थ तप्पति।	पाप-कारी दोनों में संतप्त।
''पापं मे कत''न्ति तप्पति,	संतप्त यह सोच, 'मैंने किये पाप';
भिय्यो तप्पति दुग्गतिं गतो॥	पा कर दुर्गति, और अधिक संतप्त ॥

१८.

इध नन्दति पेच्च नन्दति,	इस लोक में आनंदित, परलोक में आनंदित,
कतपुञ्ञो उभयत्थ नन्दति।	पुण्य-कारी दोनों में आनन्दित ।
''पुञ्ञं मे कत''न्ति नन्दति,	आनन्दित सोच 'मैंने किये पुण्य';
भिय्यो नन्दति सुग्गतिं गतो।	सद्गति पाकर और अधिक आनन्दित ॥

भगवान बुद्ध हमें सिखाते हैं:

सभी प्राणी अपने कर्मों के स्वामी हैं, कर्म ही उनकी विरासत है, कर्म ही उनकी योनि है,

कर्म ही उनका बन्धु है, कर्म ही उनकी शरण है, जैसे भी कर्म करेंगे, कुशल अथवा अकुशल, वही उनकी विरासत बनेंगे।

जब हम बुरे इरादों से कार्य करते हैं, तो चित्त ग्लानि, भय, अस्थिरता और आत्म-निन्दा से व्याकुल रहता है। मन के भीतर एक कचोट रहती है – मैंने यह ठीक नहीं किया। तो ये न केवल हमें तत्काल मानसिक और शारीरिक कष्ट पहुंचाते हैं, बल्कि हम भविष्य के जन्मो के लिये भी दुख के बीज बोते हैं। अंतिम समय में अपने दुष्कृत्यों को याद कर पश्चाताप होता है, और यह मन स्थिति दुर्गति का कारण बनती है।

दूसरी ओर, अच्छे इरादों से किए गए कर्म अभी और भविष्य में भी खुशी लाते हैं। मन में संतोष रहता है कि मेरे द्वारा किये गये पुण्य कर्मों से बहुत लोगों को लाभ हुआ और अंतिम समय पर ऐसी मन स्थिति सद्गति का कारण बनती है।

१९.

बहुम्पि चे संहित भासमानो,	ग्रंथ पाठ तो बहुत किया,
न तक्करो होति नरो पमत्तो।	पर आचरण में किया प्रमाद,

गोपोव गावो गणयं परेसं,	पर-गायें गिनने वाले ग्वाले सदृश,
न भागवा सामञ्ञस्स होति॥	न पाये श्रमणत्व का प्रसाद[5] ?

२०.

अप्पम्पि चे संहित भासमानो,	ग्रंथ पाठ तो थोड़ा किया,
धम्मस्स होति अनुधम्मचारी।	पर साधना की धर्म-अनुसार,
रागञ्च दोसञ्च पहाय मोहं,	राग, दोष और मोह त्याग,
सम्मप्पजानो सुविमुत्तचित्तो।	सम्यक ज्ञानी हुआ विमुक्त चित्त ॥
अनुपादियानो इध वा हुरं वा,	न इस लोक, न परलोक का अनुराग,
स भागवा सामञ्ञस्स होति॥	वही पाये श्रमणत्व का प्रसाद ॥

धम्म का सार इसके अभ्यास में निहित है – आर्य अष्टांगिक मार्ग के अनुसार जीवन जीना - शील पालन करना, समाधि द्वारा मन पर नियंत्रण पाने का अभ्यास करना, और प्रज्ञा विकसित करना जिससे राग, दोष और मोह का सहज त्याग कर सकें। तिपिटक का अध्ययन शिक्षा को समझने में सहायक है, लेकिन केवल उसका पाठ, हमें कोई लाभ नहीं देता जब तक हम उसे जीवन में नहीं उतारते। किसी रेस्तरां के मेन्यू-कार्ड को पढ़ने और याद रखने से भूख शांत नहीं होती: हमें खाना मंगा कर खाना पड़ता है !!

[5] श्रमण बनने का लाभ, अर्थात मार्ग-फल

२. अप्पमादवग्गो

२१.

अप्पमादो अमतपदं , पमादो मच्चुनो पदं।	अप्रमाद अमरत्व का मार्ग, प्रमाद मृत्यु का मार्ग;
अप्पमत्ता न मीयन्ति, ये पमत्ता यथा मता॥	अप्रमादी नहीं मरते[6], प्रमादी तो हैं मृत समान ॥

२२.

एवं विसेसतो ञत्वा, अप्पमादम्हि पण्डिता।	ऐसा भली-भाँति समझ, ज्ञानी रहते अप्रमाद-रत।
अप्पमादे पमोदन्ति, अरियानं गोचरे रता॥	अप्रमाद में प्रमुदित होकर, आर्य-क्षेत्र में आनन्दित।

२३.

ते झायिनो साततिका, निच्चं दळ्हपरक्कमा।	वे ध्यान करें सतत, निरन्तर दृढ़ पराक्रम ।
फुसन्ति धीरा निब्बानं, योगक्खेमं अनुत्तरं॥	ऐसे धीर ही पाएँ निर्वाण, अतुलनीय योग-क्षेम॥

अप्रमाद अर्थात सजगता, या सति । यह एक 'बोधि का अंग' एवं 'आर्य अष्टांगिक मार्ग का अंग' है। साधना के लिये मन की सबसे महत्वपूर्ण क्षमता है जो हमें अपनी आंतरिक एवं बाहर की वस्तुस्थिति से निरंतर अवगत करती है, अच्छे बुरे की पहचान कराती है। सजगता के अभाव में हमारा जीवन नींद में चलने वालों की तरह बीत जाता है; अतः समझदार लोग प्रमाद त्याग, सति पुष्ट करने का निरन्तर अभ्यास करते हैं । सति ही हमें सजग करती है: चित्त में अशुद्धि आ रही है अथवा आ गई है, और हम फिर उसको दूर रखने का अथवा दूर करने का अभ्यास करते हैं। सति के आधार पर ही समाधि का अभ्यास कर पाते हैं जिससे चित्त शांत हो जाता है और हम यथाभूत-ज्ञान दर्शन द्वारा प्रज्ञा विकसित कर पाते हैं । इस प्रकार सति आर्य अष्टांगिक मार्ग पर चलने का मार्ग प्रशस्त करती है जिससे निर्वाण का साक्षात्कार सम्भव हो पाता है । (देखें परिशिष्ट 2: सामवती वत्थु)

२४.

उट्ठानवतो सतीमतो,	जो है उद्योगी और सजग,
सुचिकम्मस्स निसम्मकारिनो।	शुचि कर्म करे सोच समझ कर ;

---

[6] जन्म-मृत्यु चक्र से निकल जाते हैं।

सञ्ञतस्स धम्मजीविनो,	संयमी, धर्मिष्ठ, अप्रमादी-
अप्पमत्तस्स यसोभिवड्ढति ॥	उसका यश बढ़ता उत्तरोत्तर ॥

२५.

उट्ठानेनप्पमादेन, संयमेन दमेन च।	श्रम में अप्रमादी, संयमित, जिसने किया इंद्रिय-दमन।
दीपं कयिराथ मेधावी, यं ओघो नाभिकीरति॥	द्वीप[7] बनाये ऐसा मेधावी, जिसे डुबा न सके तूफान॥

अलग-अलग संदर्भों में कही गई इन गाथाओं की शिक्षा एक जैसी है : चाहे सांसारिक उन्नति हो या आध्यात्मिक प्रगति, दोनों के लिए इंद्रिय संयम, पुरुषार्थ (वीर्य) तथा लगन, अत्यंत आवश्यक है। इंद्रिय संयम से हमारा आचरण शुद्ध होता है और हम बाहरी प्रलोभनों एवं उकसावों के थपेड़ों से अपने को सुरक्षित रख पाते हैं जिससे हर क्षेत्र में उत्तरोत्तर प्रगति होती है। यह आसान नहीं है – तभी सम्भव हो पाता है जब लक्ष्य को प्राप्त करने की तीव्र लगन हो तथा हमारा पुरुषार्थ शिथिल न पड़े। आध्यात्मिक प्रगति के लिए तो तीक्ष्ण मेधा के साथ इंद्रिय-संयम व निरंतर सजगता अपरिहार्य हैं।

२६.

पमादमनुयुञ्जन्ति, बाला दुम्मेधिनो जना।	प्रमाद में डूबे रहते; दुर्मति, मूर्ख नादान ;
अप्पमादञ्च मेधावी, धनं सेट्ठंव रक्खति॥	अप्रमाद सहेजें मेधावी, श्रेष्ठ धन समान॥

२७.

मा पमादमनुयुञ्जेथ, मा कामरतिसन्थवं।	मत हो प्रमाद के वश तू, न हो वासना में लीन।
अप्पमत्तो हि झायन्तो, पप्पोति विपुलं सुखं॥	अप्रमादी ध्यान से ही पाते, उत्तम, परम-सुख प्रवीण।

प्रमाद या लापरवाही दुःख का एक मूल कारण है। बेपरवाही प्रायः निश्चिंतता की झूठी भावना को जन्म देती है और हम इंद्रिय सुख एवं विषय वासना के बंधन में लिप्त हो कर अनेक अकुशल कर्म कर बैठते हैं। इससे दुःख का संवर्धन ही होता है।समझदार लोग सजगता (सति) को बहुमूल्य जानते हुए इसका निरंतर संवर्धन करते हैं – भूल जाने पर बार-बार फिर से सजग हो जाते हैं ताकि विषय वासना के

[7] निर्वाण रूपी द्वीप जो हमें नाना प्रकार की तृष्णाओं के तूफानों में सुरक्षित रखता है।

चंगुल से बच कर सुखी रहें। सतिवान ही समाधि व प्रज्ञा का अभ्यास कर महान सुख, निर्वाण, का साक्षात्कार कर सकता है।

२८.

पमादं अप्पमादेन,	जब ज्ञानी अप्रमाद से
यदा नुदति पण्डितो।	प्रमाद को दूर करे;
पञ्ञापासादमारुय्ह,	प्रज्ञा-शिखर पर हो आरूढ़,
असोको सोकिनिं पजं।	शोक रहित हो शोक-ग्रस्त जग देखे।
पब्बतट्ठोव भूमट्ठे ,	धीर (समता से) अज्ञानियों को ऐसे देखे
धीरो बाले अवेक्खति॥	जैसे पर्वतारूढ़, भूमिस्थ जन को देखे॥

उत्तरोत्तर सजग, बुद्धिमान व्यक्ति, चित्त शुद्धि से दुःख-मुक्त होने लगता है। तब वह स्पष्ट रूप से देख पाता है कि अज्ञानी लोग जागरूकता के अभाव में कैसे, (संस्कारों द्वारा) स्वचालित मशीनों की तरह जीते हैं और शोकाकुल रहते हैं। यह देख उसका धम्मसंवेग और बढ़ जाता है; वह मुक्ति की दिशा में अपने प्रयासों को और तेज कर देता है। जैसे पर्वत के शिखर से कोई धरती पर इधर-उधर जाते मनुष्यों को समत्वभाव से देखता है, वह धीर पुरुष भी समता से नासमझ, शोकग्रस्त मनुष्यों को अज्ञान वश कभी इधर, कभी उधर सुख की तलाश में भटकते हुए देखता है।

२९.

अप्पमत्तो पमत्तेसु,	प्रमादियों में अप्रमादी,
सुत्तेसु बहुजागरो।	सोए हुओं में जागृत, सुमेध;
अबलस्संव सीघस्सो हित्वा	तीव्रगामी घोडे-सा वह,
याति सुमेधसो॥	दुर्बल घोड़े से आगे बढ़ जाता॥

एक बुद्धिमान व्यक्ति सदैव सचेत रहता है, किसी भी कारण से अज्ञान रूपी निद्रा व प्रमाद के वशीभूत नहीं होता। अतः यह स्वाभाविक ही है कि वह एक आलसी, नासमझ व्यक्ति की तुलना में बहुत तेजी से धम्म के मार्ग पर आगे बढ़ जाता है।

३०.

अप्पमादेन मघवा, देवानं सेट्ठतं गतो।	अप्रमाद से ही मघवा, बना देवों में श्रेष्ठतम।
अप्पमादं पसंसन्ति, पमादो गरहितो सदा॥	अप्रमाद सदा प्रशंसित, प्रमाद सदा निन्दित॥

कोई भी शीलवान व्यक्ति यदि अपने माता-पिता, परिवार और समाज के प्रति सभी कर्तव्यों को प्रमाद रहित हो पूरा करे तो महान पुण्य अर्जित करता है, जिसके फलस्वरूप उसका जन्म उच्च देव लोकों में हो सकता है। भगवान इस गाथा में मघ नामक युवक का उदाहरण देते हैं जो अपने विशुद्ध शील, विनम्र आचरण तथा अपने बत्तीस मित्रों के साथ मिल कर विभिन्न प्रकार के सामाजिक सेवा कार्यों को प्रमाद-रहित हो करने के कारण तावतिंस देवलोक का राजा इंद्र बना तथा उसके मित्र उसी देवलोक के देवता।

३१.

अप्पमादरतो भिक्खु,	अप्रमाद में रत भिक्षु,
पमादे भयदस्सि वा।	प्रमाद में भय को देखे ;
संयोजनं अणुं थूलं,	स्थूल-सूक्ष्म सब बंधन जलाकर,
डहं अग्गीव गच्छति॥	अग्नि समान आगे बढ़े॥

३२.

अप्पमादरतो भिक्खु,	अप्रमाद में रत भिक्षु,
पमादे भयदस्सि वा।	प्रमाद में भय को देखे।
अभब्बो परिहानाय,	उसका पतन सम्भव नहीं,
निब्बानस्सेव सन्तिके॥	वह बहुत निकट निर्वाण के॥

एक अच्छे साधक को सभी परिस्थितियों में प्रसन्नचित्त से सजगता बनाए रखनी चाहिए और प्रमाद में निहित खतरे को देखना, समझना चाहिए। प्रमाद के कारण ही मन राग द्वेष इत्यादि विकारों से ग्रस्त हो जाता है जो सभी अकुशल कर्मों का मूल हैं। केवल निरंतर जागरूकता एवं सतत प्रयास से ही हम सभी बंधनों को भस्म कर मुक्त हो सकते हैं। फिर, धम्म के पथ से गिरने की कोई संभावना नहीं रहती और हम उत्तरोत्तर निर्वाण की ओर अग्रसर हो जाते हैं।

३. चित्तवग्गो

३३.

फन्दनं चपलं चित्तं, दूरक्खं दुन्निवारयं।
उजुं करोति मेधावी, उसुकारोव तेजनं॥

मन चंचल है चपल है, संयम-निग्रह दुष्कर।
मेधावी उसे सीधा करता,ज्यों तीरकार सीधा करे शर।

३४.

वारिजोव थले खित्तो, ओकमोकतउब्भतो।
परिफन्दतिदं चित्तं, मारधेय्यं पहातवे॥

जल से बाहर निकली मीन, ज्यों धरती पर तड़पे।
"मार-क्षेत्र"[8] त्यागने पर, मन वैसे ही फड़के॥

मन चंचल और अस्थिर है. यह एक विचार से दूसरे विचार पर छलांग लगाता रहता है जैसे एक बंदर पेड़ की एक शाखा छोड़कर दूसरी शाखा पकड़ लेता है। एक समझदार व्यक्ति इसे सीधा और स्थिर बनाने का प्रयास करता है, उसके विकारों को तराशता है, ठीक एक तीरंदाज की भांति जो लकड़ी के टेढ़े टुकड़े से एक सीधा तीर बनाता है। लेकिन आसक्तियों को त्यागने के इस प्रयास में, इंद्रिय सुखों का आदी मन बहुत प्रतिरोध करता है, छटपटाता है, जैसे एक मछली उसके सुखदायक जलीय क्षेत्र से निकलकर सूखी धरती पर आ जाने पर छटपटाती है।

३५.

दुन्निग्गहस्स लहुनो,यत्थकामनिपातिनो।
चित्तस्स दमथो साधु, चित्तं दन्तं सुखावहं॥

चंचल मन का निग्रह दुष्कर,जहाँ चाहे वहाँ जाता।
मन का दमन अच्छा ,दमित चित्त सुख देता॥

३६.

सुदुद्दसं सुनिपुणं, यत्थकामनिपातिनं।
चित्तं रक्खेथ मेधावी, चित्तं गुत्तं सुखावहं॥

चालाक, दुर्दर्श,(मन) जहाँ चाहे वहाँ जाता।
मेधावी इसे रखे संभाल, सुरक्षित चित्त सुख देता॥

---

[8] मार क्षेत्र अर्थात काम भोग का क्षेत्र, जिसमें आसक्त होकर प्राणी जन्म-मरण के चक्र से बाहर नहीं निकल पाते।

मन अत्यंत सूक्ष्म, अस्थिर, और भ्रामक है। वह लगातार सुखों का पीछा करता रहता है कभी इधर, कभी उधर; इसी आशा में कि वे सदैव बने रहें, पर बार-बार निराश ही होता है। लेकिन, अगर हम मन को इस हद तक वश में कर लें कि वह सुख-दुख की परिस्थितियों को समत्व-भाव से देख सके, तो एक अलग तरह की प्रसन्नता का अनुभव होता है। बुद्धिमान लोग अपने वश में किए गए मन की इस क्षमता को निरंतर अभ्यास कर सुदृढ़ बनाए रखते हैं।

३७.

दूरङ्गमं एकचरं , असरीरं गुहासयं।	दूर-दूर फिरे अकेला, निराकार, गुहा[9] में वास करे;
ये चित्तं संयमेस्सन्ति, मोक्खन्ति मारबन्धना॥	जो चित्त को संयमित करते, मुक्त होते मार-बंधन से॥

निराकार मन को बांध कर रखना बहुत कठिन है; पल भर में धरती से आकाश में, यथार्थ से कल्पना में, छलांग लगा सकता है। 'मार' इस असीम कल्पना शक्ति का उपयोग मानव को भ्रमित करने में इस्तेमाल करता है। अतः मन को संयमित करना संसार चक्र से छूटने के लिये अत्यंत आवश्यक है।

३८.

अनवट्ठितचित्तस्स, सद्धम्मं अविजानतो।	जिसका चित्त रहे अस्थिर, धर्म ज्ञान से जो विहीन।
परिप्लवपसादस्स, पञ्ञा न परिपूरति॥	श्रद्धा जिसकी डगमगाती, उसकी प्रज्ञा न हो परिपूर्ण॥

३९.

अनवस्सुतचित्तस्स, अनन्वाहतचेतसो।	जिसके चित्त में न राग, चित्त द्वेष से भी विहीन ।
पुञ्ञपापपहीनस्स, नत्थि जागरतो भयं॥	जो पाप-पुण्य से है परे, वह जागृत है, भय-विहीन ॥

अस्थिर मन वाला व्यक्ति धम्म का ज्ञान प्राप्त नहीं कर सकता है। उसकी श्रद्धा एवं प्रज्ञा परिपक्व नहीं हो पाती। इसके विपरीत, स्थिर मन वाला व्यक्ति ठीक से अभ्यास कर राग और द्वेष को त्याग, प्रज्ञा विकसित कर सकता है। वह अच्छे और बुरे कर्मों के द्वंद्व से परे हो जाता है। ऐसा व्यक्ति वास्तव में जागृत और भय से मुक्त हो जाता है। (देखें परिशिष्ट 3: थेर चित्तहत्त वत्थु)

[9] हृदय रूपी गुहा (गुफा) , हदवत्थु

४०.

कुम्भूपमं कायमिमं विदित्वा,	घड़े समान इस काया को जान,
नगरूपमं चित्तमिदं ठपेत्वा।	मन को सुरक्षित नगर-सा स्थिर कर।
योधेथ मारं पञ्ञावुधेन,	प्रज्ञा-आयुध से "मार" से युद्ध कर,
जितञ्च रक्खे अनिवेसनो सिया॥	अनासक्त हो, विजय की रक्षा कर॥

"मार" रूपी अपने ही विकारों पर विजय पाने हेतु प्रज्ञा को अस्त्र बना 'युद्ध' करना पड़ता है। इस युद्ध में नश्वर काया काम नहीं आती, वरन मन को साधना द्वारा सुदृढ़ बनाने की आवश्यकता होती है। सुदृढ़ मन ही प्रज्ञा रूपी आयुध को अर्जित कर, "मार" से युद्ध कर पाता है। साधना के दौरान प्राप्त मन की शांति से भी अनासक्त रह, अंतर्दृष्टि को विकसित कर अरहंत फल की प्राप्ति द्वारा इस विजय को सुनिश्चित किया जा सकता है।

कायानुपस्सना का अभ्यास करते हुए 500 भिक्षुओं ने जब शरीर की नश्वरता तथा भंगुरता को स्पष्ट रूप से जाना तो भगवान ने यह गाथा सुनाई जिसे सुनकर उन सभी को अरहंत फल प्राप्त हुआ। (देखें परिशिष्ट 4 : पञ्चसतभिक्खु वत्थु)

४१.

अचिरं वतयं कायो,पथविं अधिसेस्सति।	पृथ्वी पर पड़ा होगा, शीघ्र ही यह शरीर ;
छुद्धो अपेतविञ्ञाणो, निरत्थंव कलिङ्गरं॥	चेतना विहीन, निरर्थक- जैसे जला हुआ शहतीर॥

यह शरीर जरा-धर्मा, व्याधि-धर्मा एवं मरण-धर्मा है। देर-सवेर यह शरीर प्राण विहीन हो कर दुर्गंध छोडेगा और इसे चिता में जला दिया जायेगा। भगवान बुद्ध नियमित रूप से यह विवेचन करने की सलाह देते हैं जिससे शरीर के प्रति आसक्ति क्षीण हो और धर्म संवेग जागे। भगवान कई प्रवचनों में मरणानुस्सति – याद रखना कि मृत्यु कभी भी, कहीं भी, किसी भी कारण से आ सकती है - की प्रशंसा की है क्योंकि यह मुमुक्षु साधकों के लिए अत्यंत लाभदायक है। (अ नि 6.19-6.20)

४२.

दिसो दिसं यं तं कयिरा,	जो शत्रु-शत्रु के प्रति करे,
वेरी वा पन वेरिनं।	वैरी-वैरी के प्रति करे,
मिच्छापणिहितं चित्तं,	गलत दिशा जाता चित्त,
पापियो नं ततो करे॥	उससे अधिक हानि करे।

४३.

न तं माता पिता कयिरा,	जो न माता पिता कर सकें ,
अञ्ञे वापि च ञातका।	न अन्य कोई सम्बंधी करे ।
सम्मापणिहितं चित्तं,	सही दिशा में जाता चित्त,
सेय्यसो नं ततो करे॥	उनसे भी अधिक भला करे॥

मन हमारा सबसे बड़ा दुश्मन और सबसे अच्छा दोस्त बन सकता है। यह सब मन की वृतियों पर निर्भर करता है। विभिन्न प्रकार की अशुद्धियों से भरा मन हमें शरीर, वाणी और मन के दुष्कृत्य करने को उकसाता है, जो उपयुक्त समय पर, कर्म सिद्धांत के अनुसार, बुरे परिणाम देते हैं और हमें दुःख सहना पड़ता है। दूसरी ओर, एक शुद्ध समदर्शी मन, जिसमें मैत्री, करुणा, और मुदिता वास करती है, हमें शरीर, वाणी और मन के सुकृत्य करने के लिए प्रेरित करता है। इन सत्कर्मों के बहुत सुखद परिणाम आते हैं। (देखें गाथा 15-18)

४. पुप्फवग्गो

४४.

को इमं पथविं विजेस्सति ,	कौन इस पृथ्वी-लोक,
यमलोकञ्च इमं सदेवकं।	यमलोक, देवलोक को जीतेगा ?
को धम्मपदं सुदेसितं,	कौन सु-उपदिष्ट धर्म-शिक्षा-पुष्प,
कुसलो पुप्फमिव पचेस्सति ॥	कुशल माली समान गूँथेगा ?

४५.

सेखो[10] पथविं विजेस्सति,	आर्य शिष्य पृथ्वी-लोक,
यमलोकञ्च इमं सदेवकं।	यमलोक, देवलोक को जीतेगा ।
सेखो धम्मपदं सुदेसितं,	आर्य शिष्य धर्म-शिक्षा-पुष्प,
कुसलो पुप्फमिव पचेस्सति॥	माली समान गूँथेगा ॥

जिस प्रकार एक कुशल माली नाना प्रकार के फूलों को बींध कर एक सुंदर हार बनाता है, वैसे ही, एक अच्छा साधक भगवान बुद्ध द्वारा विस्तार से समझाई गयी सभी शिक्षाओं को उचित रूप से आत्मसात करता है। धम्म मार्ग पर विवेक सहित चल, सभी लोकों की आसक्ति को भेद, शिक्षाओं को परिणति तक पहुंचा कर, निर्वाण का साक्षात्कार (चाहे कुछ ही क्षणों के लिये) कर लेता है। तब वह एक आर्य (सेक्ख) कहलाता है -- एक महान व्यक्ति जो विभिन्न लोकों के देवताओं से भी कहीं बेहतर है। वह भगवान की शिक्षा के अनुसार साधना कर, धम्म का "बेधन" (पटिवेध) करने में सक्षम है और निश्चित रूप से जन्म और मृत्यु के चक्र को पार कर पायेगा।

---

[10] वह श्रावक जिसने एक बार निर्वाण का साक्षात्कार कर लिया है, चाहे क्षणिक ही हो, उसे श्रोतापन्न कहा जाता है। उसे सेक्ख भी कहते हैं क्योंकि अभी उसे पूर्ण रूप से मुक्त होना "सीखना" है। अर्हंत को असेक्ख कहते हैं।

४६.

फेणूपमं कायमिमं विदित्वा, जान इस काया को झाग समान,

मरीचिधम्मं अभिसम्बुधानो। जान इसे मृगतृष्णा समान।

छेत्वान मारस्स पपुप्फकानि , "मार" के पुष्प बाणों को काट,

अदस्सनं मच्चुराजस्स गच्छे॥ जा, जहाँ झाँक न सके यम-राज।

फेन सुत्त (म नि 18) में भगवान बुद्ध ने शरीर को एक झाग के पिंड की उपमा दी है, जो कुछ ठोस और आकार-युक्त प्रतीत होता है, किन्तु हम जानते हैं कि वास्तव में उसमें कोई सार नहीं होता, वह खोखला होता है, और देखते ही देखते कणों में बिखर जाता है। यही इस शरीर का भी सत्य है, निरंतर बदलता रहता है, और मृत्यु के बाद चार महाभूतों (पृथ्वी, जल, वायु, अग्नि) में बिखर जाता है। पर क्योंकि अन्य लोग हमें इस शरीर के माध्यम से ही पहचानते हैं , हम इसे मैं, मेरा, समझते हैं। यह मूल भ्रम है जिस कारण हम इस शरीर के माध्यम से मिलने वाले इंद्रिय सुख की खोज में ही जीवन व्यतीत कर देते हैं और यही तृष्णा हमें संसार चक्र में घुमाती रहती है। अज्ञान वश हम यह भूल जाते हैं कि निरंतर बदलने वाला यह शरीर केवल एक पारम्परिक पहचान है, यह "मैं" या "मेरा" नहीं है। इस पर मेरा कोई नियंत्रण या आधिपत्य नहीं है। यह कारणों से निरंतर बदलने वाले चार महाभूतों का एक समूह, प्रकृति का एक अंग है। इसकी अनित्यता और सारहीनता को पहचानना, उस अनित्यता में अंतर्निहित दुख को जानना, हमें इंद्रिय-सुख के प्रलोभन रूपी "मार" के पुष्प बाणों से बचा कर मुक्ति का मार्ग प्रशस्त करता है।

४७.

पुप्फानि हेव पचिनन्तं, ब्यासत्तमनसं नरं। (काम भोग के) पुष्प ढूँढें, नर डूबा आसक्ति में।

सुत्तं गामं महोघोव, मच्चु आदाय गच्छति॥ मृत्यु में वह बह जाए, जैसे सोया गाँव बाढ़ में॥

४८.

पुप्फानि हेव पचिनन्तं, ब्यासत्तमनसं नरं। (काम भोग के) पुष्प ढूँढें नर डूबा आसक्ति में।

अतित्तञ्ञेव कामेसु, अन्तको कुरुते वसं॥ अतृप्त काम भोगों से ,मृत्यु करती उसे वश में॥

जो व्यक्ति विभिन्न इंद्रिय-विषयों में निरंतर सुख की तलाश करता है, कभी यहां, कभी वहां, तो वह उनमें बहुत अधिक आसक्त हो जाता है। चूंकि कोई भी मनुष्य इंद्रिय-सुखों से कभी भी पूरी तरह तृप्त नहीं हो सकता, इसलिए यह तलाश मृत्यु पर्यन्त चलती रहती है। और बार-बार यह अतृप्त तृष्णाएं विभिन्न काम-लोकों में उसके पुनर्जन्म का कारण बनती हैं। वह जन्म और मृत्यु के चक्र को पार नहीं कर पाता है।

४९.

यथापि भमरो पुप्फं, वण्णगन्धमहेठयं।	जैसे भँवरा पुष्पों के वर्ण-गंध की क्षति न करे ;
पलेति रसमादाय, एवं गामे मुनी चरे॥	रस ले उड़ जाए; वैसे भिक्षु ग्राम में भिक्षाटन करे।

भिक्षु अपने दैनिक भोजन के लिए गृहस्थों पर निर्भर होते हैं। उन्हें यह सुनिश्चित करना चाहिए कि वे किसी पर भी बोझ न बनें ताकि हर कोई अपनी क्षमता अनुसार दान कर सके। इस हेतु भगवान बुद्ध एक मधुमक्खी की सुंदर उपमा देते हैं जो फूलों को किसी भी तरह की हानि पहुंचाए बिना उनसे रस एकत्र करती है।

आज पारिस्थितिकी संकट के समय में, इस गाथा का संदेश केवल भिक्षुओं के लिये ही नहीं, सारी मानवता के लिये है। हम सब अपने अस्तित्व के लिए धरती पर निर्भर है। अतः हमें भी मधुमक्खी की तरह ही धरती से उतना ही लेना चाहिए जिससे धरती के पेड़-पौधों, पशु-पक्षियों, कीट पतंगों आदि, किसी भी प्राणी को किसी तरह से नुकसान न पहुँचे।

दुर्भाग्य वश हमने इस विषय में सावधानी नहीं बरती है, और पारिस्थितिक असंतुलन पृथ्वी पर मानवता के अस्तित्व को ही संकट में डाल रहा है। वन्यजीवों के प्राकृतिक आवास का अंधाधुंध विनाश तथा भोजन के लिए जंगली जानवरों की हत्या को कोविड महामारी के प्रमुख कारणों में से एक माना गया है, जिसने विश्व भर में लाखों लोगों की जान ले ली।

५०.

न परेसं विलोमानि, न परेसं कताकतं।
अत्तनोव अवेक्खेय्य, कतानि अकतानि च॥

दूसरों के दोष न देखें , न उनके कृत्य-अकृत्यों को;
देखें केवल अपने ही, किए कृत्य-अकृत्यों को॥

दूसरों के दोषों, दुर्वचनों या दुष्कृत्यों पर ध्यान देने से, अथवा यह सोच कर कि उन्हें ऐसा करना चाहिये था जो उन्होंने नहीं किया, या उन्होंने ऐसा किया जो उन्हें नहीं करना चाहिए था, किसी का भी कोई लाभ या हित नहीं होता। छिद्रान्वेषी स्वभाव हमारे द्वेष के संस्कारों को ही बढ़ाता है, तथा हमारा मन और अधिक विकार ग्रस्त हो जाता है, बेचैन रहता है। अतः हमें केवल अपने द्वारा किये कर्मों, या न किये गये कर्मों, का ही विवेचन करना चाहिए , जिससे हम अपने कर्मों पर नियंत्रण रख, उनमें उत्तरोत्तर सुधार कर धर्म के मार्ग पर आगे बढ़ सकें।

५१.

यथापि रुचिरं पुप्फं,
वण्णवन्तं अगन्धकं।
एवं सुभासिता वाचा,
अफला होति अकुब्बतो॥

जैसे सुंदर पुष्प हो –
रंगबिरंगा, गंध-विहीन।
वैसे ही सुभाषित वचन
निष्फल, जब न हो कार्यान्वयन॥

५२.

यथापि रुचिरं पुप्फं,
वण्णवन्तं सुगन्धकं।
एवं सुभासिता वाचा,
सफला होति कुब्बतो॥

जैसे सुंदर पुष्प हो –
रंगबिरंगा, सुगंधित।
वैसे ही सुभाषित वचन
सफल, जब हो कार्यान्वयन॥

धम्म की प्रेरणादायक बातें करने, पर अपने जीवन में उनका कार्यान्वयन न करने से कोई लाभ नहीं होता; अपितु अहंकार ही बढ़ता है। भगवान बुद्ध ऐसे मनुष्यों की तुलना गंध-विहीन कागज़ के फूलों से करते हैं।

इसके विपरीत जीवन को धम्म की शिक्षा के अनुरूप ढालने वाले की तुलना भगवान सुगंधित फूलों से करते हैं जिनकी सुगंध दूसरों को भी सुख देती हैं। बुद्ध के महान उपदेशों का केवल पाठ करते

रहना, पर उन्हें व्यवहार में न उतारने की तुलना प्रायः उस व्यक्ति से की जाती है जो किसी रेस्तराँ में जाए, वहाँ रखे गए "मेनू कार्ड" को पढ़े, सराहे, पर भोजन न करे। स्वाभाविक ही है कि ऐसा करने से उस व्यक्ति को कोई वास्तविक लाभ नहीं मिलेगा।

जिस प्रकार वास्तव में वही व्यक्ति तृप्त होता है और सच्चा लाभ पाता है जो मेनू देखकर भोजन मँगवाकर खाता है, उसी प्रकार बुद्ध के उपदेश भी केवल उसी व्यक्ति को लाभ पहुँचाते हैं जो उन्हें अपने जीवन में उतारकर उनकी शिक्षा के अनुरूप आचरण करता है।

५३.

यथापि पुप्फरासिम्हा, कयिरा मालागुणे बहू।	जैसे फूलों के समूह से, बनती मालाएं अनेक;
एवं जातेन मच्चेन, कत्तब्बं कुसलं बहुं॥	वैसे मर्त्य प्राणी भी, कर सकते शुभ कर्म अनेक॥

यद्यपि हमारा जीवन बहुत ही अनिश्चित है, फिर भी हम यह तो कर ही सकते हैं कि जितना भी समय हमारे पास उपलब्ध है, जितने भी साधन हमारे पास उपलब्ध हैं, उनका सदुपयोग शुभ कर्मों के करने में लगाएं। इस प्रकार हम अपनी जीवन-वाटिका को पुण्य रूपी पुष्पों से सुसज्जित कर, अपने लिये सुंदर भविष्य का निर्माण कर सकते हैं। (देखें परिशिष्ट 5: विसाख वत्थु)

५४

न पुप्फगन्धो पटिवातमेति,	पुष्पगंध न जा सके वायु विपरीत दिशा में,
न चन्दनं तगरमल्लिका।	न चंदन, न तगर, न ही चमेली की गंध।
सतञ्च गन्धो पटिवातमेति,	सत्पुरुष की कीर्ति तो, वायु-विपरीत भी जाती,
सब्बा दिसा सप्पुरिसो पवायति॥	सत्पुरुष की कीर्ति, सब दिशि-दिशा फैलती॥

५५.

चन्दनं तगरं वापि, उप्पलं अथ वस्सिकी।	चंदन, तगर, कमल, जूही- गंध सभी मनभावन;
एतेसं गन्धजातानं, सीलगन्धो अनुत्तरो॥	इन सबसे बढ़कर सुगंध है, गंध शील की पावन।

५६.

अप्पमत्तो अयं गन्धो, यायं तगरचन्दनं। अत्यल्प वह सुगंध है, तगर-चन्दन से जो आती।

यो च सीलवतं गन्धो, वाति देवेसु उत्तमो॥ शीलवान की श्रेष्ठ-गंध, देव लोक पर्यंत जाती।

चमेली, चंदन या कमल के सुंदर फूलों की सांसारिक सुगंध से परे एक गंध है, जो इन सब से उत्तम और लंबे समय तक रहती है – सभी दिशाओं में फैलने वाली, किसी सत्पुरुष के अच्छे कर्मों की सुगंध। नैतिक और सदाचारी व्यक्ति, जो धम्म की शिक्षाओं का ईमानदारी से पालन करता है, उसके चारों ओर शांति और सौहार्द की आभा फैलती है। मैत्री भाव एवं करुणा से प्रेरित अपने शब्दों और कार्यों के माध्यम से वह हर जगह प्रसन्नता और शांति ही फैलाता है।

धर्म में प्रतिष्ठित होने पर इनकी ख्याति दूर देवलोकों तक भी पहुंचती है। देवता भी उनकी सेवा करने को अपना सौभाग्य समझते हैं। (देखें परिशिष्ट 6: महाकस्सप थेर वत्थु)

५७.

तेसं सम्पन्नसीलानं, अप्पमादविहारिनं। वे जो हैं शील-सम्पन्न ,प्रमाद रहित करते विहार।

सम्मदञ्ञा विमुत्तानं, मारो मग्गं न विन्दति॥ सम्यक-ज्ञानी, विमुक्त, मार्ग न जाने उनका "मार" ॥

प्रतीत्यसमुत्पाद के सिद्धांत के अनुसार, यदि किसी व्यक्ति का मन विकार-मुक्त है, तो मृत्यु के बाद कोई नई 'चेतना' उत्पन्न नहीं होगी – 'सङ्खार निरोधा, विञ्ञाण निरोधो'। वह जन्म और मृत्यु के चक्र, "मार" के क्षेत्र, से बाहर निकल गया है।

५८.

यथा सङ्कारठानस्मिं, उज्झितस्मिं महापथे। जैसे कूड़े का ढेर, जो फेंका गया मार्ग पर।

पदुमं तत्थ जायेथ, सुचिगन्धं मनोरमं॥ उसी में उत्पन्न होता, सुगंधित कमल मनोहर ॥

५९.

एवं सङ्कारभूतेसु, अन्धभूते पुथुज्जने। वैसे ही अज्ञान-तिमिरग्रस्त तुच्छ सांसारिकों के बीच;

अतिरोचति पञ्ञाय, सम्मासम्बुद्धसावको॥ सम्यक सम्बुद्ध का श्रावक, प्रज्ञा-प्रभा से होता दीप्त॥

इस संसार में अधिकांश लोग राग, द्वेष और मोह की गंदगी रूपी दलदल में फंसे रहते हैं। पर कुछ लोग, जो भगवान बुद्ध की शिक्षा के सम्पर्क में आते हैं, वे इस गंदगी को पहचान, भगवान द्वारा बताए मार्ग पर चल कर, इस दलदल से बाहर निकलने में जुट जाते हैं। जैसे-जैसे राग, द्वेष और मोह कम होते है, एक अलौकिक शांति और सौम्यता उनके चेहरे से झलकती है। वे इस सांसारिक दलदल के मनोरम कमल समान पुष्प हैं।

५. बालवग्गो

६०.

दीघा जागरतो रत्ति, दीघं सन्तस्स योजनं।	जागृत की रात दीर्घ , थके को योजन दीर्घ ।
दीघो बालानं संसारो, सद्धम्मं अविजानतं॥	सद्धर्म से अनभिज्ञ मूर्खों का, संसरण होता दीर्घ॥

जिस मूर्ख को अच्छे-बुरे की पहचान नहीं, जो सद्धर्म से अनभिज्ञ है, वह बेचैन ही रहता है। रात उसे बहुत लम्बी लगती है क्योंकि वह चैन से सो नहीं पाता, ठीक उसी प्रकार जैसे थके हुए पथिक तो एक योजन की दूरी बहुत लम्बी प्रतीत होती है। तृष्णाओं के जाल में फंसा, वह संसार चक्र से लम्बे समय तक बाहर नहीं निकल पाता। अतृप्त इच्छाएं उसे बार-बार जन्म लेने को बाध्य करती हैं।

६१.

चरञ्चे नाधिगच्छेय्य, सेय्यं सदिसमत्तनो।	विचरन में न पायें साथी, अपने समान या बेहतर।
एकचरियं दळ्हं कयिरा, नत्थि बाले सहायता।	दृढ़ निश्चय से चले अकेला, मूर्ख को न रखे सहचर।

मंगल सुत्त में भगवान हमें समझाते है: मूर्खों की संगति न करना, ज्ञानियों की संगति करना, इसमें हमारा मंगल है। उसी बात को आगे बढ़ाते हुए भगवान यहाँ कहते हैं कि यदि समझदार साथी न मिले तो अकेला चलना ही उत्तम है न कि किसी मूर्ख को सहचर रखना। मूर्ख का संसर्ग हमें कभी न कभी हानि पहुंचाएगा ही।

६२.

पुत्ता मत्थि धनम्मत्थि ,	मूर्ख होता दुःखी, सोच:
इति बालो विहञ्ञति।	'मेरा पुत्र', 'मेरा धन'।
अत्ता हि अत्तनो नत्थि,	अरे! मैं ही मेरा नहीं,
कुतो पुत्ता कुतो धनं॥	तो किसका पुत्र किसका धन?

प्रायः परिवार एवं धन-दौलत की आसक्ति हमारे दुःख का मुख्य कारण बनती है। अज्ञान से उत्पन्न मैं और मेरे का भाव चिंता, क्लेश व भय का मूल कारण है। भगवान समझाते हैं कि यह शरीर, एवं इसमें स्थित अन्य इंद्रियों के माध्यम से होने वाले अनुभव भी तुम्हारे अपने नहीं – वे अवैयक्तिक कारणों का परिणाम हैं। हम अपनी पहचान प्रायः पांच स्कंधों (रूप, वेदना, संज्ञा, संस्कार, विज्ञान) के समुच्चय से करते हैं जो कि अनित्य, व अवैयक्तिक हैं, जिन पर हमारा पूर्ण नियंत्रण भी नहीं। तो इस शरीर से सम्बंधित लोग (पुत्र, पत्नी इत्यादि) अथवा उसके माध्यम से अर्जित सम्पदा अथवा हमारे कैसे हुए ? इस सत्य का गम्भीरता से विवेचन करने से आसक्ति कम हो जाती है।

६३.

यो बालो मञ्ञति बाल्यं,	मूर्ख अपने को जाने मूर्ख-
पण्डितो वापि तेन सो।	उतना समझदार हो जाता।
बालो च पण्डितमानी,	मूर्ख अपने को माने ज्ञानी-
स वे ''बालो''ति वुच्चति॥	वह मूर्ख ही कहलाता॥

अपनी कमियों को पहचानना, उनसे छुटकारा पाने का मार्ग प्रशस्त करता है। हम उन से मुक्ति पाने के लिये उपयुक्त साधना कर सकते हैं। पर यदि हम अपनी कमियों (यथा मिथ्याभाषन) को नहीं पहचान पाते, अथवा मूर्खता वश उनको अपना सद्गुण या चतुराई मानते हैं, तो उनका संवर्धन ही होता है , जो अंततः हमारे दुःख का कारण बनती हैं।

६४.

यावजीवम्पि चे बालो, पण्डितं पयिरुपासति।	जीवन भर भी मूर्ख, करे संसर्ग किसी ज्ञानी का ;
न सो धम्मं विजानाति, दब्बी सूपरसं यथा॥	धर्म न समझे तनिक भी-कलुछी जैसे स्वाद सूप का।

६५.

मुहुत्तमपि चे विञ्ञू, पण्डितं पयिरुपासति।	थोडी देर भी समझदार, करे संसर्ग किसी ज्ञानी का;
खिप्पं धम्मं विजानाति,जिव्हा सूपरसं यथा॥	शीघ्र धर्म को जान ले - जिह्वा जैसे स्वाद सूप का।

ज्ञानियों के संसर्ग का लाभ तभी मिल सकता है जब हममें उनकी सीख को समझने की क्षमता हो और हम उनसे सीखने का भरसक प्रयास करें। सीखने की क्षमता केवल बौद्धिक कौशल की भी बात नहीं वरन उसमें विनम्रता, सजगता, आत्म-परीक्षण का भाव, तथा अनुभवों के प्रति अत्यधिक आसक्ति का अभाव जैसे गुण भी शामिल हैं। शायद इसी कारण भगवान ने धम्म की व्याख्या करते हुए कहा "पच्चतं वेदितब्बो विञ्ञूहि" अर्थात "प्रत्येक प्रज्ञावान को (ही) व्यक्तिगत रूप से अनुभव होने वाला है"। हम यह भी देखते हैं कि कई लोग साधना शिविरों में बुद्ध-शिक्षा के सम्पर्क में आने के बाद भी, इस मार्ग पर आगे नहीं बढ़ते; शायद इसी कारण कि अज्ञानता या अहंकार की धूल बहुत अधिक है जो सत्य को देख पाने में बाधा बन जाती है। इसके विपरीत कई लोग एक ही शिविर में यह बात समझ जाते हैं कि भगवान की शिक्षा शुद्ध प्रकृति के नियमों के अनुरूप जीवन जीना सिखाती है, इसमें किसी प्रकार की साम्प्रदायिकता नहीं है, और निःसंशय हो उत्तरोत्तर दुख मुक्ति की ओर बढ़ते जाते हैं।

६६.

चरन्ति बाला दुम्मेधा, अमित्तेनेव अत्तना।	दुर्बुद्धि मूर्ख करें आचरण- जैसे अपने ही वैरी।
करोन्ता पापकं कम्मं, यं होति कटुकप्फलं॥	अकुशल कर्म करें सदा- फल जिनका हो खारी॥

६७.

न तं कम्मं कतं साधु, यं कत्वा अनुतप्पति।	वह कर्म करना न उचित - कर के पछताना पड़े।
यस्स अस्सुमुखो रोदं, विपाकं पटिसेवति॥	अश्रु मुख से रोते हुए- जिसका फल भोगना पड़े॥

६८

.तञ्च कम्मं कतं साधु, यं कत्वानानुतप्पति।	वह कर्म सदा करना श्रेष्ठ- कर के न पछताना पड़े।
यस्स पतीतो सुमनो, विपाकं पटिसेवति॥	प्रसन्न चित, हर्षित मन से- जिसका फल सुख दे॥

कर्म सिद्धांत अटल रूप से कार्य करता है - जैसा हम बोएंगे, वैसा ही काटेंगे। भगवान की वाणी इसे बिल्कुल स्पष्ट करती है [11]:

मैं जो भी कर्म करूंगा/करूँगी, कल्याणकारी या पाप-कारी, उसका उत्तराधिकारी बनूँगा/बनूँगी।

11 *यं कम्मं करिस्सामि, कल्याणं वा पापकं वा, तस्सदायादो भविस्सामि*

लोभ, द्वेष, मोह से प्रेरित अकुशल कर्म हमें कभी-कभी तत्काल, कुछ समय के लिये, सुख दे सकते हैं[12], पर अंततः वे हमारी हानि ही करते हैं। भविष्य में जब भी उसका फल आयेगा तो वह दुखदायी ही होगा - शोक, उद्वेग और पश्चाताप का कारण बनेगा। इस तरह हम अपने ही वैरी बन जाते हैं। इसके विपरीत कुशल कर्म का फल सुखद ही होगा। हो सकता है कि उसे करते समय कुछ कठिनाई आए और तुरंत सुखद न लगे, पर भविष्य में तो उसका फल सुखद ही होगा। पश्चाताप की जगह एक अपार संतोष।

६९

मधुवा मञ्ञति बालो, याव पापं न पच्चति।	पाप को मधु माने मूर्ख, जब तक न होते फलित।
यदा च पच्चति पापं, बालो दुक्खं निगच्छति॥	जब पाप पक कर फल दे, तब मूर्ख होता दुखित॥

कई बार हम अपनी अज्ञानता में यह समझते हैं कि चालाकी से, चोरी-छिपे किया गया दुष्कृत्य जो करते समय बहुत "सुखद" लगा (जैसे सहमति से किया गया व्याभिचार), जो किसी ने नहीं देखा, हमें उसके दुष्परिणाम से बचा देगा। हम कानूनी य सामाजिक सज़ा से तो कभी-कभी बच निकलते हैं पर प्रकृति के नियमों, अर्थात कर्म सिद्धांत से नहीं बच सकते। लोभ मूलक चित्त प्रारम्भ में सुखानुभूति देता है, पर कर्म सिद्धांत के अनुसार, पाप का कष्ट दायक फल (विपाक दुःख) तो देर-सवेर हमें भोगना ही पढ़ेगा।

७०.

मासे मासे कुसग्गेन, बालो भुञ्जेय्य भोजनं।	चाहे कई मास घास नोक भर, मूर्ख करे आहार।
न सो सङ्खातधम्मानं, कलं अग्घति सोळसिं॥	न पहुंचे "धम्मदर्शी" के, सोलहवें भाग के पार।

धम्म-शिक्षा को आत्मसात करने का फल – निर्वाण - बहुत महान होता है जब कि कठोर व्रत-उपवास करने, अर्थात इंद्रिय दमन, का फल उसकी तुलना में बहुत तुच्छ होता है। यदि प्रज्ञा साथ न

---

12 मैंने उसे मजा चखा दिया न !

हो तो ऐसा तप अहंकार भी बढ़ा सकता है। भगवान ने प्रथम प्रवचन में ही इस प्रकार के कठोर तप तो निरर्थक कहा है तथा मध्यम मार्ग अपनाते हुए शरीर को स्वस्थ रखने हेतु आवश्यकता अनुसार भोजन करने की सलाह दी। अ नि 6.58 में भगवान ने समझाया :

बुद्धिमत्ता से विवेचन करके मैं भोजन का उपयोग करता हूँ – न आमोद-प्रमोद, न अहंकार बढ़ाने के लिये, और न किसी प्रकार की सजावट के लिए। केवल अपनी काया की देख-रेख, पोषण, और स्वास्थ्य के लिये, और ब्रह्मचर्य जीवन में सहायता के लिए।

(ऐसा विचार करके कि) : इससे पुरानी (भूख की) वेदनाएं समाप्त होंगी, और नई वेदनाएं उत्पन्न नहीं होंगी, जिससे मेरी जीवन यात्रा दोषरहित और सुखमय होगी।

७१.

न हि पापं कतं कम्मं, सज्जु खीरंव मुच्चति। पाप कर्म तुरंत न 'जमते', ताजे दूध समान;

डहन्तं बालमन्वेति, भस्मच्छन्नोव पावको॥ जलाते मूर्ख का पीछा कर,भस्म-आवृत आग समान।

कर्मों का फल कब और किस रूप में आयेगा, यह सम्यक सम्बुद्ध के अतिरिक्त कोई भी जान नहीं सकता। कभी-कभी कर्मों का फल बहुत समय बाद, कई जन्मो बाद आता है, पर आयेगा तो अवश्य – बुरे कर्म का बुरा और अच्छे कर्म का अच्छा- चाहे हम किसी भी लोक में, किसी भी योनि में हों। इस बात को ठीक से न समझने के कारण कई बार कर्म-सिद्धांत पर शंका होने लगती है।

७२.

यावदेव अनत्थाय ञत्तं, बालस्स जायति। मूर्ख का अर्जित ज्ञान, अनर्थ ही उपजाय।

हन्ति बालस्स सुक्कंसं, मुद्धमस्स विपातयं॥ शुभकर्मों का करे क्षय, समझदारी ही बिखराए ॥

किसी मूर्ख व्यक्ति में यदि कोई योग्यता होती है, तो वह प्रायः उसका दुरुपयोग कर दूसरों को हानि पहुँचाता है। ऐसे अशुभ कर्म अंततः उसे भी कष्ट पहुंचाते हैं और अज्ञानता को बढ़ावा देते हैं। (देखें परिशिष्ट 7: सत्थिकुतपेत वत्थु)

७३.

असन्तं भावनमिच्छेय्य ,	गुण न होते हुए भी चाहे
पुरेक्खारञ्च भिक्खुसु।	भिक्षुओं में अग्र-सत्कार।
आवासेसु च इस्सरियं,	विहारों का स्वामित्व चाहे,
पूजा परकुलेसु च॥	पर-कुलों से आदर -अपार;

७४.

ममेव कत मञ्ञन्तु,	गृहस्थ एवं प्रव्रजित दोनों,
गिहीपब्बजिता उभो।	मानें "सब मैंने किया";
ममेवातिवसा अस्सु,	क्या करना,क्या नहीं करना,
किच्चाकिच्चेसु किस्मिचि।	मानें जग मेरा कहा:
इति बालस्स सङ्कप्पो,	ऐसे भावों से मूर्ख का
इच्छा मानो च वड्ढति॥	तृष्णा-दंभ ही बढ़ता ॥

यद्यपि यह गाथाएं भिक्षुओं को सम्बोधित हैं , यह परिस्थिति हम सब के सामने आती ही है। जब भी हम किसी समूह में काम करते हैं तो हम नेतृत्व करना चाहते हैं, भले ही हमारे पास आवश्यक गुण न हों। हम इन गुणों एवं अपनी अच्छाई का दिखावा करते हैं। यद्यपि हमारे पास वास्तव में ये गुण नहीं हैं, फिर भी हम चाहते हैं कि दूसरे हमारा सम्मान करें और हमारी प्रशंसा करें। जब सफलता का सारा श्रेय हमें नहीं दिया जाता तो हमें ख़ुशी नहीं होती। हम चाहते हैं कि हर कोई हमारे निर्देशों का पालन करे और इन पर सवाल न उठाए। ऐसी मानसिक स्थिति अंततः राग, द्वेष, अहंकार और अभिमान को बढ़ाती है जिनके कारण दीर्घ काल तक हम दुःख का अनुभव करते हैं।

७५.

अञ्ञा हि लाभूपनिसा,	एक पथ लाभ अर्जन का,
अञ्ञा निब्बानगामिनी।	अन्य पथ निर्वाण का;
एवमेतं अभिञ्ञाय,	बुद्ध-श्रावक भिक्षु,

भिक्खु बुद्धस्स सावको।	यह जाने भली प्रकार,
सक्कारं नाभिनन्देय्य,	सत्कार से न हो आनंदित,
विवेकमनुब्रूहये॥	विवेक[13] बढ़ाए निरंतर ॥

सांसारिकों के लिये लाभ और सत्कार की वृद्धि ही जीवन का लक्ष्य होती है। इसके विपरीत, भगवान बुद्ध ने लाभ और सत्कार की चाह को 'मार' के दो प्रबल सिपाही कहा है जो हमें संसार चक्र में बांधे रखते हैं। इस संसरण से मुक्ति (निर्वाण) का मार्ग उस सांसारिक मार्ग से बिल्कुल भिन्न है। एकांत साधना द्वारा अनासक्ति और वैराग्य का विकास करने से सांसारिक सुखों से मोहभंग होने लगता है जिसकी परिणति है निर्वाण का साक्षात्कार ! यह गाथा साधकों को सावधान करती है : सम्मान और प्रशंसा वह सोने की जंजीर है जिससे "मार" साधकों को संसार चक्र में बांध कर रखता है। अतः एकांत में अपने मन का निरीक्षण करते रहना चाहिये और उसके उत्तरोत्तर शुद्धिकरण के लिए उपयुक्त साधना करनी चाहिए। सञ्ञा सुत्त, अ नि 7.49, में भगवान कहते हैं: "भिक्षुओ, जिस भिक्षु का चित्त अनित्य-सञ्ञा में .... प्रतिष्ठित हो जाता है, उसके लिए लाभ-सत्कार-सम्मान के प्रति चित्त सिकुड़ जाता है, सिमट जाता है, लौट जाता है, फैलकर उसकी ओर नहीं जाता; वहाँ या तो संतुलित उपेक्षा होती है या प्रतिकूलता स्थापित हो जाती है"। अर्थात लाभ-सत्कार की चाह की समाप्ति साधना में प्रगति का एक मानदंड है।

---

[13] तीन प्रकार के विवेक : काया विवेक (एकांत वास) , चित्त विवेक (मन का मौन – नीवरणों का शमन) और उपधि विवेक (सभी संस्कारों का शमन)

6. पण्ड़ितवग्गो

७६.

निधीनंव पवत्तारं, यं पस्से वज्जदस्सिनं।
निग्गय्हवादिं मेधाविं, तादिसं पण्डितं भजे।
तादिसं भजमानस्स, सेय्यो होति न पापियो॥

निधि-दर्शाने वाले सम, जो दोष हमारे बतलाए;
मेधावी ऐसे ज्ञानी का संग सदा ही अपनाए।
ऐसा संसर्ग श्रेयस्कर, हानि कभी न यह लाए॥

७७.

ओवदेय्यानुसासेय्य, असब्भा च निवारये।
सतञ्हि सो पियो होति, असतं होति अप्पियो॥

निर्देश दे, अनुशासित करे, गलत कर्म से हटाए।
सज्जनों को प्रिय वही, दुर्जनों को न भाए।

आलोचना होने पर हमें तुरंत प्रतिक्रिया नहीं देनी चाहिए। वरन यह आकलन करना चाहिए कि आलोचना जायज़ है या नहीं। यदि यह वैध नहीं है, तो हम इसे अनदेखा कर सकते हैं, और यदि आवश्यक हो, तो तदनुसार व्यक्ति को सूचित कर सकते हैं। यदि आलोचना उचित है तो हमें उस व्यक्ति के प्रति आभार व्यक्त करना चाहिए जो हमारी कमियाँ बता रहा है। वह वास्तव में हमारा सच्चा शुभचिंतक है। यही एक सच्चे कल्याण मित्र की भूमिका है। कमियों की ओर ध्यान दिलाना तथा उनको दूर करने हेतु सलाह देना। बुद्धिमान लोग ऐसे मित्रों का आदर करते हैं जो मैत्री-चित्त से हमारे दोष बताए तथा हमें गलत कार्य करने से रोके।

भारत के मध्यकालीन संत कबीर का प्रसिद्ध दोहा भी यही बात एक अलग तरीके से समझाता है :

निंदक नियरे राखिए, आँगन कुटी छवाय।
बिन पानी, साबुन बिना, निर्मल करे सुभाय॥

७८.

न भजे पापके मित्ते, न भजे पुरिसाधमे।
भजेथ मित्ते कल्याणे, भजेथ पुरिसुत्तमे॥

न पापियों का संसर्ग करें, न करें अधम पुरुषों का।
संग करें कल्याण मित्रों का, संग करें उत्तम जनों का॥

संगति का प्रभाव सर्व-विदित है- सज्जनों की संगति हमको अच्छाई की ओर प्रेरित करती है जब कि दुर्जन हमें दुष्कृत्यों में धकेल देते हैं। दुर्जन नकारात्मकता फैलाकर मन को विकारों से भर देते हैं; बुरी आदतें लग जाती हैं, जिन के प्रभाव में आकर हमसे गलत काम हो जाते हैं। चाणक्य दुष्ट मित्र के साथ को सांप पालने समान खतरनाक कहते हैं। भगवान की शिक्षा में सत्पुरुषों (कल्याण-मित्रों) की संगति को बहुत महत्व दिया गया है और इसे अध्यात्मिक प्रगति का मजबूत आधार बताते हैं। उपड्ड सुत्त (स नि 45.2) में भगवान भंते आनन्द को कहते हैं: "आनन्द! कल्याण मित्र होना आध्यात्मिक जीवन का आधा नहीं, बल्कि पूरा ही आध्यात्मिक जीवन है।"

७९.

धम्मपीति सुखं सेति, विप्पसन्नेन चेतसा।	धम्मरस पान करे जो, प्रसन्नचित्त सुख से सोता।
अरियप्पवेदिते धम्मे, सदा रमति पण्डितो॥	आर्य-प्रवेदित धर्म में, पण्डित सदा ही रमता ॥

आर्य शील, समाधि और प्रज्ञा में पुष्ट होना सिखाते हैं, जिसके अभ्यास से चित्त निर्मल हो जाता है। निर्मल चित्त, आंतरिक शांति अनुभव करता है जिसे धम्म पीति कहते हैं। जैसे-जैसे साधक धम्म में परिपक्व होता है, मन की शुद्धता बढ़ती जाती है और वह सदा इस आंतरिक शांति रूपी धम्म-पीति में रमण करता रहता है; सभी बाहरी आकर्षण फीके पड़ जाते हैं।

८०.

उदकञ्हि नयन्ति नेत्तिका,	सेचक मोड़ते जल को,
उसुकारा नमयन्ति तेजनं।	तीरकार साधें बाण ;
दारुं नमयन्ति तच्छका,	बढ़ई गढ़े काष्ठ को,
अत्तानं दमयन्ति पण्डिता ॥	ज्ञानी साधे निज मन ॥

सात वर्ष के श्रामनेर पण्डिता ने भंते सारिपुत्त के साथ भिक्षाटन को जाते समय यह तीन दृश्य देखे : सेचक पानी की दिशा को आवश्यकता अनुसार मोड़ते हुए; तीर बनाने वाले, तीरों को गर्म करके सीधा

करते हुए और बढ़ई लकड़ी को आवश्यकता अनुसार रूप देते हुए। इनसे प्रेरित हो कर मेधावी श्रामनेर ने अपने मन को साधने की ठान ली और कुछ ही घंटों में अरहंत-फल प्राप्त कर लिया। सर्वज्ञ भगवान बुद्ध ने इसी दृष्टांत को आधार बना कर यह गाथा कही।

८१.

सेलो यथा एकघनो, वातेन न समीरति। जैसे दृढ़ शिला पवन वेग से न डोले ;

एवं निन्दापसंसासु, न समिञ्जन्ति पण्डिता॥ निन्दा-प्रशंसा के बीच ज्ञानी-मन भी न डोले॥

एक अच्छा साधक लोक-धर्मों (सुख-दुःख; निंदा-प्रशंसा; लाभ-हानि; सफलता-असफलता) को अनित्य और अनात्म जानते हुए, उनसे विचलित या उत्तेजित नहीं होता, क्योंकि जो भी लोक-धम्म परिस्थितियों के कारण आया है वह परिस्थितियों के बदलने पर चला भी जायेगा । मंगल सुत्त में इस व्यवहार को अति उत्तम कहा गया है: *'फुट्ठस्स लोक धम्मेहि चितं यस्स न कम्पति; असोकं विरजं खेमं एतं मङ्गलमुत्तमं'*, जिसकी पूर्णता एक अरहंत के आदर्श व्यवहार में परिलक्षित होती है।

यह गाथा भी अरहंत लकुण्डक भद्दिय के संदर्भ में कही गई थी जो बौने थे और जिन्हें कई अनजान युवा भिक्षु छेड़ा करते रहते थे – कोई कान खींचता , कोई नाक पकड़ता, कोई सिर पर थप्पड़ मारता, और उनसे मजाक करते थे – पर वह कभी न प्रतिकार करते , न ही नाराज होते।

८२.

यथापि रहदो गम्भीरो, विप्पसन्नो अनाविलो। जैसे एक गहरी झील, रहे शांत, स्वच्छ, उज्ज्वल।

एवं धम्मानि सुत्वान, विप्पसीदन्ति पण्डिता॥ ऐसे ही धर्म श्रवण से ज्ञानी का चित्त हो निर्मल॥

८३.

सब्बत्थ वे सप्पुरिसा चजन्ति, सत्पुरुष त्यागें सर्वस्व,

न कामकामा लपयन्ति सन्तो। कामनाओं की चर्चा न करें।

सुखेन फुट्ठा अथ वा दुखेन, सुख आए या दुःख,

न उच्चावचं पण्डिता दस्सयन्ति॥ कभी हर्ष विषाद न करें।

यदि कोई समझदार साधक भगवान की यह शिक्षा- सभी निर्मित चीज़ें अनित्य, असंतोषजनक (दुःख) और अवैयक्तिक (अनात्म) होती हैं - आत्मसात कर ले तो उसके मन से सांसारिक अनुभवों के प्रति राग, द्वेष एवं मोह स्वतः ही कम होने लगते है। धर्म श्रवण से मन की बेचैनी कम होती है। शील, समाधि और प्रज्ञा को पुष्ट करने से मन निर्मल होता है और यह शांति धीरे-धीरे स्थिर होती जाती है। क्षण भंगुर इंद्रिय-सुख खोखले लगने लगते हैं , उनसे मोहभंग होने लगता है। उनकी कामना तथा संग्रह की प्रवृति कम हो जाती हैं जिससे सुख में वह अत्यधिक हर्षित नहीं होता तथा दुःख में उसका मन विषादग्रस्त नहीं होता। मन प्रायः समत्व भाव में ही स्थापित रहता है।

८४.

न अत्तहेतु न परस्स हेतु,	जो न अपने हेतु, न पर हेतु ,
न पुत्तमिच्छे न धनं न रट्ठं।	पुत्र-धन या राज्य ही चाहे ;
न इच्छेय्य अधम्मेन समिद्धिमत्तनो,	अधर्म-पथ से कभी न निज समृद्धि चाहे,
स सीलवा पञ्ञवा धम्मिको सिया॥	वह शीलवान, प्रज्ञावान, धर्मिष्ठ ही कहलाए॥

एक शीलवान साधक जो भगवान की शिक्षा में स्थापित होने का प्रयास कर रहा है, वह न अपने लिये, न ही अपने सम्बंधियों के लिये, पुत्र, धन या राज्य रूपी सांसारिक सुखों की कामना करता है। और न ही अनुचित तरीकों से धन सम्पदा एकत्रित करता। उसका सारा ध्यान, शील, समाधि और प्रज्ञा में स्थापित हो, धर्म में उत्तरोत्तर प्रगति कर निर्वाण का साक्षात्कार करना होता है। ऐसे ही साधक को धर्मिष्ठ कहते हैं।

८५.

अप्पका ते मनुस्सेसु, ये जना पारगामिनो।	थोड़े ही जन भवसागर पार उतर पाते हैं;
अथायं इतरा पजा, तीरमेवानुधावति॥	अधिकतर लोग इसी तट पर बस दौड़ लगाते हैं।

८६.

ये च खो सम्मदक्खाते, धम्मे धम्मानुवत्तिनो।	जो सम्यक् उपदिष्ट धर्म पर धर्मानुकूल चलते हैं;
ते जना पारमेस्सन्ति, मच्चुधेय्यं सुदुत्तरं॥	दुस्तर मृत्यु-क्षेत्र को पार वे ही कर पाते हैं।

जन्म-मरण के चक्र से बाहर निकलने की इच्छा बहुत कम ही मनुष्यों में होती है – अधिकांश लोग तो लगातार दूर खिसकती जाती स्थाई सुख की मृगतृष्णा के पीछे लगे हुए हैं। सामान्य जनसमुदाय तो इसी जन्म को भिन्न-भिन्न प्रकार से सजाने सँवारने तथा जीवन में अधिक से अधिक सुविधाएँ बटोरने में व्यस्त रहता है। एक सटीक उपमा द्वारा भगवान ऐसे लोगों की तुलना उन लोगों से करते हैं जो भवसागर को पार करने के बजाय इसी मृत्य लोक रूपी तट पर दौड़ लगाते रहते हैं। जो लोग भगवान बुद्ध की शिक्षा को ठीक से समझ आर्य अष्टांगिक मार्ग पर निष्ठा पूर्वक चलते हैं केवल वे ही भवसागर को पार कर दुसाध्य मृत्यु-क्षेत्र से बाहर निकल निर्वाण का साक्षात्कार कर पाते हैं।

८७.

कण्हं धम्मं विप्पहाय,	कृष्ण धर्म त्याग जो
सुक्कं भावेथ पण्डितो।	ज्ञानी शुक्ल धर्म अपनाए ;
ओका अनोकमागम्म,	घर छोड़ अनागार बने,
विवेके यत्थ दूरमं॥	'कठिन' एकांत में रहे॥

८८.

तत्राभिरतिमिच्छेय्य,	कामभोग त्याग, अकिंचन बन,
हित्वा कामे अकिञ्चनो।	एकांत-सुख में जो लीन हो जाए;
परियोदपेय्य अत्तानं,	चित्त-विकारों का शमन कर,
चित्तक्लेसेहि पण्डितो॥	वह ज्ञानी निज मन निर्मल बनाए॥

८९.

येसं सम्बोधियङ्गेसु,	जिनका बोधि-अंगों में चित्त
सम्मा चित्तं सुभावितं।	सम्यक सु-भावित हो जाए।
आदानपटिनिस्सग्गे,	अपरिग्रही, अनासक्त रहकर,
अनुपादाय ये रता।	क्षीण-आश्रव जो बन जाएँ।

खीणासवा जुतिमन्तो,	ऐसे प्रकाशमान महापुरुष,
ते लोके परिनिब्बुता॥	इसी लोक परिनिर्वाण पाएँ॥

सभी बुद्धों की शिक्षा के तीन आयाम कहे जाते हैं – अकुशल कर्मों से बचना, केवल कुशल कर्म करना और चित्त को उत्तरोत्तर परिशुद्ध करना। इसके लिये इंद्रिय संयम बहुत आवश्यक है क्योंकि यह हमें अकुशल कर्मों से काफी हद तक बचा सकता है – एकांत वास इसमें बहुत सहायक होता है। पर पूर्ण सुरक्षा तो चित्त शुद्धि से ही सम्भव है – जब तक चित्त में राग और द्वेष प्रबल हैं, अकुशल कर्म होने की पूरी सम्भावना बनी रहती है। राग और मोह के कम होने पर कामभोग से मोहभंग हो जाता है और विरक्ति प्रस्फुटित होती है। सांसारिक सुख सामग्री का संचय करने की प्रवृत्ति कम हो जाती है। एकांत में साधना करना, समाधि और प्रज्ञा विकसित करना, सुखकर लगता है। बोधि के सभी अंग विकसित होने लगते हैं – प्रीति और प्रश्रब्धि से मन ओतप्रोत रहता है और अंततः निर्वाण का साक्षात्कार कर मनुष्य संसार चक्र से मुक्त हो जाता है। इन तीन गाथाओं में भगवान ने साधना के विभिन्न आयामों की ओर ध्यान दिलाया है ताकि हर साधक अपनी आवश्यकता अनुसार चयन कर ले।

७. अरहंतवग्गो

९०.

गतद्धिनो विसोकस्स,	संसरण हुआ समाप्त, शोक विहीन,
विप्पमुत्तस्स सब्बधि।	जो है सर्वथा[14] विमुक्त।
सब्बगन्थप्पहीनस्स,	जिसकी सभी ग्रंथियाँ हो गई नष्ट,
परिळाहो न विज्जति॥	वह नहीं भोगता फिर कोई कष्ट ॥

एक अरहंत जिसके सारे संयोजन कट गये हैं, जो पांचों खंधों की आसक्ति से विमुक्त है, वह सर्वदा शोक विहीन , संताप विहीन रहता है । उसे संसार के आकर्षण – विकर्षण बांध नहीं पाते, तो किसी प्रकार के मानसिक कष्ट या उत्तेजना का प्रश्न ही नहीं उठता। । वह जन्म मरण के संसरण से मुक्त हो चुका है।

९१.

उय्युञ्जन्ति सतीमन्तो, न निकेते रमन्ति ते।	स्मृतिवान नित्य उद्यमरत, घर में न करते रमण ।
हंसाव पल्ललं हित्वा, ओकमोकं जहन्ति ते॥	हंस सदृश दलदल त्याग, छोड़ें सब घर और भवन॥

एक गृहस्थ के जीवन की उपमा प्रायः दलदल में चलने वाले से दी जाती है – चाहे कितना भी सजग रहने का प्रयास करे, विकारों की कीचड़ चिपक ही जाती है, जिससे धर्म के मार्ग पर चलने की गति भी बाधित होती है। इसी कारण भगवान गृह-त्याग की प्रशंसा करते हैं। गृह त्यागी भिक्षु की उपमा एक हंस से दी जाती है जो आकाश में निर्लिप्त, निर्बाध उड़ता है और अपने कोई पदचिन्ह भी नहीं छोड़ता। महाकश्यप जैसे भगवान के प्रमुख शिष्य इस शिक्षा के जीवंत उदाहरण थे।

14 पांचों खंधों की आसक्ति से विमुक्त

९२.

येसं सन्निचयो नत्थि,	जो कुछ भी संचय न करते,
ये परिञ्ञातभोजना।	भोजन करें वे सोच-समझ[15] कर।
सुञ्ञतो अनिमित्तो च,	तृष्णा-शून्य, निमित्त-विहीन,
विमोक्खो येसं गोचरो।	जिनका ध्यान हो केवल मुक्ति पर।
आकासे व सकुन्तानं ,	आकाश में उड़ते पक्षी समान,
गति तेसं दुरन्नया॥	उनका गंतव्य जानना दुष्कर॥

९३.

यस्सासवा परिक्खीणा,	जिनके सभी आस्रव क्षीण,
आहारे च अनिस्सितो।	आहार के प्रति है अनासक्ति।
सुञ्ञतो अनिमित्तो च,	तृष्णा शून्य, निमित्त विहीन,
विमोक्खो यस्स गोचरो।	जिनका लक्ष्य है जीवन मुक्ति।
आकासे व सकुन्तानं,	आकाश में उड़ते पक्षी समान,
पदं तस्स दुरन्नयं॥	उनका गंतव्य जानना दुष्कर॥

अरहंत के गुणों की व्याख्या एक सुंदर उपमा द्वारा की गयी है। जैसे आकाश में उड़ते पक्षी के गंतव्य को जान पाना कठिन है, उतना ही दुष्कर है परिनिर्वाण के बाद अरहंत की गति को जान पाना, क्योंकि सभी तृष्णाओं के समाप्त हो जाने के कारण उनका किसी भी लोक में पुनर्जन्म नहीं हो सकता।

उनके एक और गुण का इन गाथाओं में, वर्णन है: भोजन, (और अन्य आवश्यकताओं: निवास, वस्त्र और औषधि) के प्रति अनासक्ति। गृहस्थों के लिए भोजन के प्रति आसक्ति, एक सामान्य बात है,

---

[15] टीकाओं में तीन प्रकार के परिञ्ञात (समझदारी) कहे जाते हैं : भोजन किस प्रकार का है, ठीक से जानना; भोजन के प्रति प्रतिकूल विवेचन; भोजन के आस्वादन का त्याग

उसी परिप्रेक्ष्य में एक अरहंत की आहार के प्रति अनासक्ति को समझना चाहिए। इसके कई आयाम हैं : भौतिक आहार की मात्रा का ज्ञान, तथा इंद्रियों पर सम्पूर्ण नियंत्रण; एवं अपरिग्रह। इस अनासक्ति का प्रेरणादायक प्रसंग विनय पिटक के महाविभङ्ग, वेरञ्जकण्ड में आता है। भगवान बुद्ध ने अपना बारहवां वर्षावास समस्त संघ के साथ अकाल ग्रस्त वेरञ्जा में बिताया। आहार के रूप में भंते आनंद ने अस्तबल से घोड़ों को दिये जाने वाले चने को प्राप्त कर एक पत्थर पर पीसा, और सब को यही भोजन कराया। भंते महामोग्गलान के अभिज्ञाओं का प्रयोग कर उचित भोजन प्राप्त करने के सुझाव की अपेक्षा भगवान ने भंते आनंद के इस सहज तरीके का अनुमोदन किया।

९४.

यस्सिन्द्रियानि समथङ्गतानि , जिसकी इंद्रियां हैं शांत,

अस्सा यथा सारथिना सुदन्ता। जैसे सारथी-साधे घोड़े;

पहीनमानस्स अनासवस्स, अहंकार विमुक्त, आश्रवक्षीण,

देवापि तस्स पिहयन्ति तादिनो॥ देवता भी उससे स्पृहा करते ॥

सामान्य मनुष्यों का अनियंत्रित मन इंद्रिय-विषयों के सम्पर्क से अशांत हो जाता है। इसके विपरीत अर्हंतों का इंद्रिय संयम इतना पुष्ट होता है कि उनके विकार-मुक्त मन की शांति हर परिस्थिति में बनी रहती है। देवता भी ऐसे आश्रव-क्षीण अर्हंतों की प्रशंसा एवं आदर-सत्कार करते हैं तथा उन जैसा बनना चाहते हैं।

९५.

पथविसमो नो विरुज्झति, पृथ्वी सदृश अविरोधी;

इन्दखिलुपमो तादि सुब्बतो। नगर-द्वार के दृढ़ स्तम्भ समान ;

रहदोव अपेतकद्दमो, ऐसे पुरुष का संसरण होता समाप्त,

संसारा न भवन्ति तादिनो॥ शुद्ध, अपंकिल झील समान ॥

९६.

सन्तं तस्स मनं होति, जिसका मन शांत,

सन्ता वाचा च कम्म च;	वाणी व कर्म भी शांत।
सम्मदञ्ञा विमुत्तस्स,	सम्यक ज्ञान से हुआ विमुक्त,
उपसन्तस्स तादिनो॥	वह अरहंत है, परम-शांत।

जिस प्रकार पृथ्वी किसी पर भी कुपित या हर्षित नहीं होती – चाहे कोई उस पर गंदगी डाले या पुष्प, उसी प्रकार जो मनुष्य हर परिस्थिति को समभाव से स्वीकार करता है, कभी कुपित नहीं होता; एक दृढ़ स्तंभ की तरह लोकधम्मों से विचलित नहीं होता; कीचड़ से मुक्त झील की तरह शांत और शुद्ध रहता है; ऐसा व्यक्ति (अरहंत) सभी बंधनों और जन्म-मृत्यु के चक्र से मुक्त हो जाता है। ऐसे अरहंत का मन तो शांत रहता ही है; उसकी वाणी एवं कर्म भी शांत होते हैं। भगवान की शिक्षा को पूर्णता से जानने से उसके सारे आश्रव क्षीण हो जाते हैं और वह पूर्णतः मुक्त हो जाता है।

इनमें पहली गाथा भगवान ने सारिपुत्त थेर के संदर्भ में तब कही, जब एक युवा भिक्षु ने उन पर झूठा आरोप लगाया कि उन्होंने उसे बुरा-भला कहा और पीटा। सारिपुत्त ने अपने आचरण को पृथ्वी के समान बताकर उपरोक्त विस्तृत उत्तर दिया, जिससे उस भिक्षु में अपराध-बोध जागा और उसने क्षमा याचना की।

दूसरी गाथा एक सात वर्ष के श्रामनेर के संदर्भ में कही, जिसने बाल कटवाते समय ही अरहंत फल की प्राप्ति। अनजाने में उसके आचार्य भिक्षु तिस्स ने उस श्रामनेर की आँख क्षतिग्रस्त कर दी, पर फिर भी उस श्रामनेर ने कोई प्रतिकार नहीं किया।

९७.

अस्सद्धो अकतञ्ञू च,	जिसमें न अंधश्रद्धा, जानता अकृत[16],
सन्धिच्छेदो च यो नरो।	काट चुका भवसंधि को।
हतावकासो वन्तासो,	सभी कर्म क्षीण, त्यागी आशाएं,
स वे उत्तमपोरिसो॥	वही पुरुषों में उत्तम हो॥

---

[16] निर्वाण

भगवान केवल निर्वाण का साक्षात्कार किये हुए अरहंत को ही, उत्तम पुरुष मानते हैं। उसके सभी कर्म (शुभ एवं अशुभ) समाप्त हो गए हैं, एवं उसने सभी आशायें त्याग दी हैं ; वह भवचक्र से मुक्त हो जाता है। भगवान की शिक्षा में उसे अनुभव-जनित विश्वास होता है, कोई अंधश्रद्धा नहीं।

यह गाथा भगवान ने भंते सारिपुत्त के उस उत्तर देने पर कही, जब उन्होंने कहा कि वे भगवान की अमुक शिक्षा को केवल उनके प्रति श्रद्धा के कारण स्वीकार नहीं करते, परन्तु इसलिए कि उस शिक्षा को उन्होंने व्यक्तिगत रूप से, स्वयं अपने अनुभव में जाना है – *पच्चतं वेदितब्बो विञ्ञुहि*।

९८.

गामे वा यदि वारञ्ञे, निन्ने वा यदि वा थले।	गाँव हों अथवा अरण्य, तल हो या ऊँची भूमि।
यत्थ अरहन्तो विहरन्ति, तं भूमिरामणेय्यकं॥	जहाँ भी अरहंत रहते, वही होती रमणीय भूमि॥

९९.

रमणीयानि अरञ्ञानि, यत्थ न रमती जनो।	रमणीय होते अरण्य, जहाँ न रहते (सामान्य)लोग।
वीतरागा रमिस्सन्ति, न ते कामगवेसिनो॥	वहाँ वीतराग रमण करेंगे, जो न ढूँढ़ते काम-भोग॥

सांसारिक मनुष्यों के लिये वीरान वन में निवास करना अत्यंत कठिन होता है क्योंकि वहां काम-भोग सुलभ नहीं होते। सामान्य गृहस्थों के लिए, जो अच्छे साधक नहीं हैं, एकांत में रहना, वहाँ की शांति का आनंद ले पाना बहुत कठिन होता है। अरहंत, जिनमें काम-भोगों की रुचि नहीं होती, उन्हें वन के एकांत में निवास करना बहुत भाता है। शुद्ध-चित्त अर्हंतों की उपस्थिति उन वीरान वनों को भी रमणीय बना देती है। वस्तुतः अरहंत जहाँ भी रहें- चाहे वह गांव हो यह ऊंचे पठार, अरण्य हों अथवा नगर- वह धरती पावन हो जाती है। आधुनिक काल में भी हम देखते हैं कि यद्यपि अरण्य परम्परा के बौद्ध विहार प्रायः शहरों से दूर, वनों में होते हैं, गृहस्थ लोग फिर भी, सिद्ध भिक्षुओं के सानिध्य हेतु वहाँ जाने के लिए उत्सुक होते हैं।

8. सहस्सवग्गो

१००.

सहस्समपि चे वाचा,	हज़ारों ऐसे वचनों में,
अनत्थपदसंहिता।	जो निरर्थक पदों से सुसज्जित ।
एकं अत्थपदं सेय्यो,	श्रेष्ठ है वह एक सार्थक पद,
यं सुत्वा उपसम्मति॥	जिसे सुनकर हो शांत चित्त।

१०१.

सहस्समपि चे गाथा,	हज़ारों ऐसी गाथाओं में,
अनत्थपदसंहिता।	जो निरर्थक पदों से सुसज्जित
एकं गाथापदं सेय्यो,	श्रेष्ठ है वह एक गाथा पद ,
यं सुत्वा उपसम्मति॥	जिसे सुनकर हो शांत चित्त ॥

१०२.

यो च गाथा सतं भासे,	जो शत गाथाएं बोले,
अनत्थपदसंहिता ।	निरर्थक पदों से सुसज्जित ।
एकं धम्मपदं सेय्यो,	श्रेष्ठ है वह एक धर्म-पद ,
यं सुत्वा उपसम्मति॥	जिसे सुनकर हो शांत चित्त ॥

भगवान के जीवन में ऐसे कई दृष्टांत आते हैं कि उनसे केवल एक गाथा सुनने मात्र से किसी के धम्म-चक्षु खुल गये और उसे परम शांति का अनुभव हुआ। विश्वास करना कठिन हो जाता है : मात्र एक गाथा सुनने से ऐसा कैसे सम्भव है जब कि हम दशकों के अथक प्रयास के बाद भी इसी छोर पर हैं।

अलग-अलग संदर्भों की इन गाथाओं से हम सीखते हैं कि जब कोई परिपक्व साधक एक सार्थक गाथा सुनता है तो उस पर गहरा प्रभाव पड़ सकता है जबकि हज़ारों निरर्थक गाथाओं को सुनने से कोई लाभ नहीं होता । इसका सबसे ज्वलंत उदाहरण भगवान की वह छोटी सी शिक्षा है जो उन्होंने

बाहिय दारुचिर्य को दी (उ 10: *दिट्ठे दिट्ठमत्तं भविस्सति...*) जिसे सुनने मात्र से बाहिय के सभी आसव क्षीण हो गए और उन्हें अरहंत फल प्राप्त हुआ। इसी प्रकार भंते सारिपुत्त के संक्षिप्त उपदेशों से कई श्रोताओं को अंतर्दृष्टि प्राप्त हुई और वे मुक्ति के मार्ग पर अग्रसर हुए।

१०३.

यो सहस्सं सहस्सेन,	हो कोई सहस्त्र संग्रामों में,
सङ्गामे मानुसे जिने।	सहस्त्रों मनुष्यों पर विजयी;
एकञ्च जेय्यमत्तानं ,	पर, जो अपने आप को जीते,
स वे सङ्गामजुत्तमो॥	वही उत्तम संग्राम-विजयी॥

१०४.

अत्ता हवे जितं सेय्यो,	स्वयं को जीतना है श्रेष्ठ ,
या चायं इतरा पजा।	न दूसरों पर पाना जीत ।
अत्तदन्तस्स पोसस्स,	जिसने आत्म-निग्रह किया,
निच्चं सञ्ञतचारिनो॥	उसका आचरण सदा संयत ॥

१०५.

नेव देवो न गन्धब्बो,	न देव, और न गंधर्व,
न मारो सह ब्रह्मुना।	ब्रह्मा और न ही मार ।
जितं अपजितं कयिरा,	उस प्रकार के व्यक्ति की
तथारूपस्स जन्तुनो॥	इस जीत को बना सकते हार ।

भगवान अपनी शिक्षाओं को समझाने के लिए प्रायः युद्ध के रूपक का इस्तेमाल करते थे। यहां वह युद्ध जीतने की तुलना में मुक्ति के कार्य – स्वयं पर जीत - की महानता की ओर इशारा कर रहे हैं। सामान्यतः हमारे जीवन पर परिस्थितियों का आधिपत्य रहता है और हम सुख-दुःख के वश में रहते हैं। स्वयं पर जीत अर्थात अपनी निर्बलताओं पर जीत, भगवान की शिक्षा का अभ्यास कर नैतिक

शुद्धता, मन पर नियंत्रण और ज्ञान विकसित करने से प्राप्त होती है। इसकी परिणति है मुक्ति, निर्वाण। किसी युद्ध की जीत के विपरीत, इस जीत को कभी भी हार में नहीं बदला जा सकता, यहां तक कि अन्य लोकों के अत्यधिक शक्तिशाली प्राणियों द्वारा भी नहीं।

१०६.

मासे मासे सहस्सेन, यो यजेथ सतं समं।	सौ वर्षों तक प्रतिमास, कोई हज़ारों का दान[17] करे।
एकञ्च भावितत्तानं, मुहुत्तमपि पूजये।	या कोई मुहूर्त भर ही किसी धर्मिष्ठ की पूजा करे ॥
सायेव पूजना सेय्यो, यञ्चे वस्ससतं हुतं॥	वह पूजा है श्रेयस्कर, सौ वर्षों के दान से बढ़कर ॥

१०७.

यो च वस्ससतं जन्तु, अग्गिं परिचरे वने।	कोई सौ वर्षों तक , वन में अग्नि में आहुति देता रहे।
एकञ्च भावितत्तानं, मुहुत्तमपि पूजये।	या कोई मुहूर्त भर ही करे किसी धर्मिष्ठ की पूजा करे॥
सायेव पूजना सेय्यो, यञ्चे वस्ससतं हुतं॥	वह पूजा है श्रेयस्कर, सौ वर्षों की आहुति से बढ़कर॥

१०८.

यं किञ्चि यिट्ठं व हुतं व लोके,	जो कुछ दान या आहुति,
संवच्छरं यजेथ पुञ्ञपेक्खो।	पुण्याकांक्षी वर्ष भर दे;
सब्बम्पि तं न चतुभागमेति,	उसका पुण्य ऋजुमार्गी भिक्षु के
अभिवादना उज्जुगतेसु सेय्यो॥	अभिवादन के चौथाई न रहे॥

भारत में प्राचीन काल से दान करने, एवं यज्ञों में आहुति देने की प्रशंसा की गई है। मान्यता यह है कि इसके पुण्य से देवलोक अथवा ब्रह्मलोक में पुनर्जन्म होता है। भगवान बुद्ध इन गाथाओं में समझाते हैं कि दान के कार्यों से अर्जित पुण्य न केवल दान की मात्रा एवं दाता की मानसिक स्थिति पर बल्कि प्राप्त कर्ता के चित्त की शुद्धता पर भी निर्भर करता है। इसलिए, किसी सामान्य व्यक्ति या अनार्य को दान देने अथवा अग्नि-यज्ञ में नियमित रूप से सैकड़ों वर्षों तक आहुतियां देने से उतना पुण्य अर्जित

[17] सामान्य व्यक्तियों को दिया गया दान

नहीं होता है, जितना किसी आर्य को थोड़े समय के लिए ही हार्दिक सम्मान देने से होता है। इसलिए, सभी बौद्ध परंपराओं में आर्यों को दान देने, तथा उनका सम्मान और आदर करने को बहुत श्रेयस्कर माना जाता है तथा उसकी बहुत प्रशंसा की गई है।

१०९.

अभिवादनसीलिस्स,	जिसका अभिवादन करने का स्वभाव,
निच्चं वुड्ढापचायिनो।	वरिष्ठों का करता सदा सम्मान।
चत्तारो धम्मा वड्ढन्ति,	उसकी चार चीजें बढ़ती:
आयु वण्णो सुखं बलं॥	आयु, वर्ण, सुख,और बल महान॥

यह गाथा भगवान ने इस प्रश्न के उत्तर में कही कि अपनी आयु की वृद्धि करने के लिये मनुष्य क्या कर सकता है। । हम इसे बड़ों को आदर देने के कुशल कर्म के फल के रूप में देख सकते हैं। थाइलैंड में भिक्षु भोजन दान प्राप्ति के बाद अपने आशीर्वचनों के अंत में प्रायः यही गाथा कहते हैं। शायद, वरिष्ठ, सम्माननियों का आदर सत्कार करने की भारत की पुरातन परम्परा का यही आधार हो

११०.

यो च वस्ससतं जीवे,	जो जीए सौ वर्ष,
दुस्सीलो असमाहितो।	रहे असंयत, दुराचारी;
एकाहं जीवितं सेय्यो,	श्रेयस्कर जीना बस एक दिन,
सीलवन्तस्स झायिनो॥	बन शीलवंत ध्यानी॥

१११.

यो च वस्ससतं जीवे,	जो जीए सौ वर्ष,
दुप्पञ्ञो असमाहितो।	रहे असंयत, अज्ञानी ;

एकाहं जीवितं सेय्यो,	श्रेयस्कर जीना बस एक दिन,
पञ्ञवन्तस्स झायिनो॥	बन प्रज्ञावान ध्यानी ॥

११२.

यो च वस्ससतं जीवे,	जो जीए सौ वर्ष,
कुसीतो हीनवीरियो।	रहे निष्क्रिय आलसी ;
एकाहं जीवितं सेय्यो,	श्रेयस्कर जीना बस एक दिन,
वीरियमारभतो दळ्हं॥	बन दृढ़ उत्साही, उद्यमी ॥

११३.

यो च वस्ससतं जीवे,	जो जीए सौ वर्ष,
अपस्सं उदयब्बयं।	बिन देखे स्कंधों का उदय-व्यय ;
एकाहं जीवितं सेय्यो,	श्रेयस्कर जीना बस एक दिन,
पस्सतो उदयब्बयं॥	देखते स्कंधों का उदय-व्यय ॥

११४.

यो च वस्ससतं जीवे,	जो जीए सौ वर्ष,
अपस्सं अमतं पदं।	बिन देखे अमृत-पद निर्वाण ;
एकाहं जीवितं सेय्यो,	श्रेयस्कर जीना बस एक दिन,
पस्सतो अमतं पदं॥	देखते अमृत-पद निर्वाण ॥

११५.

यो च वस्ससतं जीवे,	जो जीए सौ वर्ष,
अपस्सं धम्ममुत्तमं।	बिन देखे उत्तम धम्म[18] ;

[18] लोकोत्तर धम्म

एकाहं जीवितं सेय्यो,	श्रेयस्कर जीना बस एक दिन,
पस्सतो धम्ममुत्तमं॥	देखते उत्तम धम्म ॥

अलग-अलग संदर्भ में कही गयी इन छह गाथाओं का मुख्य संदेश यही है: आयु केवल लम्बी नहीं वरन अच्छी होनी चाहिये।

अज्ञान से प्रेरित, दुराचारी का असंयत सौ वर्ष का जीवन एक अभिशाप ही बनता है – समाज के लिये एवं उस व्यक्ति के लिए। इस लम्बे जीवन की अपेक्षा शीलवान, प्रज्ञावान अल्प जीवन भी उत्तम है। इसी प्रकार आलसी का निष्क्रिय जीवन भी व्यर्थ ही बीत जाता है।

इनकी तुलना में एक मेहनती व्यक्ति का उद्देश्यपूर्ण अल्प जीवन कहीं बेहतर है – खास तौर पर तब, जब यह उद्देश्य अपने आप को शील, समाधि और प्रज्ञा में स्थापित करना हो।

इसी प्रकार सौ वर्षों के लम्बे सामान्य, सांसारिक जीवन से कई गुणा श्रेयस्कर है वह अल्प आयु का जीवन जिसमें पांच स्कंधों एवं मानव जीवन की अनित्यता के सत्य को आत्मसात कर कोई प्रज्ञा में पुष्ट हो, निर्वाण का साक्षात्कार कर ले। कई अर्हंतों की मुक्ति का यही आधार रहा है।

थेरी पटाचारा ने एक बार अपने पाँव धोते समय देखा कि पहली बार पानी थोडी दूर जाकर ही रुक गया, दूसरी बार कुछ अधिक दूर गया तथा तीसरी बार उससे भी अधिक दूर तक गया। इस पर विवेचन करते समय उन्हें इसमें अपने जीवन की दुखद घटनाओं की झलक दिखाई दी – कैसे कुछ लोग अल्पायु होते हैं, कुछ मध्यम आयु तक और कुछ वृद्ध-अवस्था तक जीवित रहते हैं; पर अंततः सभी मृत्यु को प्राप्त होते हैं। इस सत्य को आत्मसात करते ही उनका चित्त विकार मुक्त हो गया, थेरी अरहंत बन गयीं। निर्वाण का साक्षात्कार कर, जीवन सफल हो गया।

लगभग ऐसी ही कथा थेरी किस-गौतमी के अरहंत-फल प्राप्ति की है। एक दिन, जब वह दीपक जला रही थी तो आग की भड़कती और बुझती लपटें देख उन्हें स्पष्ट रूप से प्राणियों (स्कंधों) के उदय-व्यय का सत्य आत्मसात हो गया तथा चित्त विकार मुक्त हो गया।

9. पापवग्गो

११६.

अभित्थरेथ कल्याणे, पापा चित्तं निवारये।	शीघ्र करें पुण्य कर्म, चित्त से पाप का निवारण ;
दन्धञ्हि करोतो पुञ्ञं, पापस्मिं रमती मनो॥	पुण्य कर्म में आलस्य हो तो, मन करे पाप में रमण।

११७.

पापञ्चे पुरिसो कयिरा, न नं कयिरा पुनप्पुनं।	यदि किया कोई पाप कर्म, न कर उसे बारम्बार;
न तम्हि छन्दं कयिराथ, दुक्खो पापस्स उच्चयो॥	न ले उसमें रुचि कभी, पाप-संचय दे दुख अपार।

११८.

पुञ्ञञ्चे पुरिसो कयिरा, कयिरा नं पुनप्पुनं।	यदि किया कोई पुण्य कर्म, तो कर उसे बारम्बार;
तम्हि छन्दं कयिराथ, सुखो पुञ्ञस्स उच्चयो॥	ले उसमें खूब रुचि, पुण्य-संचय दे सुख अपार ॥

एक पुरानी कहावत है – शुभस्य शीघ्रम, अशुभस्य कालहरणम - अर्थात शुभ कर्म में देर नहीं करनी चहिये और अशुभ कर्म को निरन्तर टालते रहना चाहिये।

शुभ कार्य को टालने से धीरे-धीरे उसको करने की इच्छा क्षीण होने लगती है और उस ऊहापोह में नाना प्रकार के संशय एवं अकुशल विचार मन में आते हैं।

इसी लिये पुण्य कार्य को शीघ्र और बार-बार करना चाहिये ताकि ऐसा करना हमारी आदत बन जाए क्योंकि वह हमारे सुख का कारण बनता है।

इसके विपरीत, अशुभ कार्य से बचना चाहिये। यदि अज्ञानवश हम कभी कोई पाप-कर्म कर बैठें तो उसे दोहराना नहीं चहिये क्योंकि वह हमारे दुःख का कारण बनता है।

११९.

पापोपि पस्सति भद्रं,	पापी भी सुख भोग सकता,
याव पापं न पच्चति।	जब तक पाप न देता फल;
यदा च पच्चति पापं,	जब पाप देता अपना फल,
अथ पापो पापानि पस्सति॥	तब पापी भोगे दुख प्रबल ॥

१२०.

भद्रोपि पस्सति पापं,	भद्र भी दुख भोग सकता,
याव भद्रं न पच्चति।	जब तक पुण्य न देता फल;
यदा च पच्चति भद्रं,	जब पुण्य देता अपना फल,
अथ भद्रो भद्रानि पस्सति॥	तब भद्र भोगे सुख प्रबल ।

कई बार यह देख कर कि शुभ कर्म करने वाले लोग दुखद जीवन जी रहे हैं, और पाप कर्म करने वाले सुखी हैं, मन में कर्म सिद्धांत पर शंका उत्पन्न हो जाती है। इसका कारण है कि कर्मों का फल प्रकृति के नियमों के अनुसार उपयुक्त समय पर ही आता है, जिसे हम नियंत्रित नहीं कर सकते। अभी शुभ कर्म करने वाले के जीवन में आने वाले दुख, प्रायः उसके पिछले जन्मों के दुष्कृत्यों का फल होते हैं। पर यह तो निश्चित है कि उसके शुभ कर्मों का सुखद फल भी उपयुक्त समय पर आयेगा ही। और इसी प्रकार पाप कर्म करने वाले के जीवन का सुख उसके पिछले जन्मों के सुकृत्यों का फल है; और उसके इस समय किये गये पाप कर्मों का दुखद फल भी अंततः आयेगा ही।

संत कबीर का यह प्रसिद्ध दोहा इस सत्य को काव्यात्मक रूप में प्रस्तुत करता है :

धीरे-धीरे रे मना, धीरे सब कुछ होय ,

माली सींचे सौ घड़ा, ऋतु आए फल होय ॥

१२१.

मावमञ्ञेथ पापस्स,	थोड़े पाप की अवहेलना न करें,
न मन्तं आगमिस्सति।	यह सोच:'क्या फर्क पड़ेगा';

उदबिन्दुनिपातेन,	जैसे पानी की गिरती बूँदों से,
उदकुम्भोपि पूरति।	भर जाता जल का घड़ा ;
बालो पूरति पापस्स,	मूर्ख भर जाता पापों से,
थोकं थोकम्पि आचिनं॥	कर संचय थोड़ा-थोड़ा ॥

१२२.

मावमञ्ञेथ पुञ्ञस्स,	थोड़े पुण्य की अवहेलना न करें,
न मन्तं आगमिस्सति।	यह सोच :'क्या फर्क पड़ेगा';
उदबिन्दुनिपातेन,	जैसे पानी की गिरती बूँदों से,
उदकुम्भोपि पूरति।	भर जाता जल का घड़ा ;
धीरो पूरति पुञ्ञस्स,	धीर भर जाता पुण्यों से,
थोकं थोकम्पि आचिनं॥	कर संचय थोड़ा-थोड़ा ॥

कई लोग कभी-कभी सफेद झूठ बोलने, शराब पीने, और विवाहेतर शारीरिक संबंध बनाने को गलत नहीं मानते- यह सोच कि शीलों के मामूली अतिक्रमण से कोई फर्क नहीं पड़ता। पर हज़ारों लोगों के अनुभव से हम सीखते हैं कि धीरे-धीरे यह अतिक्रमण हमारी आदत बन जाते हैं और फिर व्यसन बन अति-दारुण दुःख का कारण बन जाते हैं।

इसी तरह की सोच के कारण हम दान जैसे शुभ कर्मों को करने से कतराते हैं (हम तो बहुत थोड़ा ही दे पाएंगे, इससे क्या फर्क पड़ेगा; पंद्रह मिनट ध्यान करने से क्या होगा, इससे ज्यादा समय तो मेरे पास है नहीं), और अपने मानस की अशुद्धियों को दूर करने का अवसर खो देते हैं।

अकुशल कर्मों से दूर रहना एवं कुशल कर्मों को करना भगवान बुद्ध की शिक्षा का महत्वपूर्ण अंग है। (देखें गाथा १८३)

१२३.

वाणिजोव भयं मग्गं,	छोटे काफिले वाला धनी व्यापारी,
अप्पसत्थो महद्धनो।	जैसे त्याग दे भय-युक्त मार्ग को;

विसं जीवितुकामोव,	जीवन-इच्छुक त्याग दे विष को,
पापानि परिवज्जये॥	वैसे ही त्यागें पाप-कर्म को ॥

एक समझदार व्यापारी की कहानी को दृष्टांत बना कर भगवान ने यह गाथा कही। उस व्यापारी को जब यह मालूम पड़ा कि कुछ लुटेरे जंगल से गुजरने वाले मार्ग पर घात लगाए बैठे हैं तो वह व्यापारी तुरन्त पास के गाँव में चला गया। वह लुटेरे वहाँ भी पहुंच गए, तो फिर उस व्यापारी ने वापिस श्रावस्ती लौटना ही ठीक समझा। भगवान भिक्षुओं को कहते हैं कि इसी प्रकार मुक्ति के मार्ग पर अग्रसर होने के लिये पाप कर्मों को, विष समान जान, त्यागना अति आवश्यक है। शीलवान जीवन – सम्यक वाणी, सम्यक कर्म, सम्यक आजीविका -- अष्टांगिक मार्ग पर चलने का आधार है।

१२४.

पाणिम्हि चे वणो नास्स,	हाथ में न हो कोई घाव,
हरेय्य पाणिना विसं।	तो हाथ में ले सकते विष ;
नाब्बणं विसमन्वेति,	घाव-रहित शरीर को विष नहीं लगता;
नत्थि पापं अकुब्बतो॥	निर्दोष चित्त पर पाप नहीं चिपकता।

इस गाथा में भगवान बुद्ध विष और बिना घाव वाले हाथ का उदाहरण देकर समझाते हैं कि जिस प्रकार विष तब तक खतरनाक नहीं होता, जब तक हमारे भीतर प्रवेश न करे इसी प्रकार विषम परिस्थितियां – जैसे अन्याय, अपमान, प्रलोभन -- वास्तव में खतरनाक तब होती हैं जब यह हमारे मानस में राग, द्वेष और मोह रूपी घावों के मार्ग से प्रवेश कर जाएं। यदि मन सति-सम्पजञ्ञ से सुरक्षित है तो बाहर की विषमताएं दुखद वेदना तो उत्पन्न कर सकती हैं, पर यदि हमारे इरादे बुरे नहीं, अर्थात संकल्प सम्यक हैं [19], तो हम अकुशल कर्म नहीं बनाते। पुराने कर्मों के विपाक के रूप में आई विषम परिस्थिति का समत्व भाव से, धैर्य रखते हुए अनुभव करने से हमारे पुराने कर्मों की निर्जरा होती है। क्षांति की पारमिता पुष्ट होती है। इस प्रकार भगवान की रतन सुत्त की प्रसिद्ध शिक्षा के अनुसार – पुराने [कर्म] क्षीण हुए, नए बनते नहीं, (*खीणं पुराणं नवं नत्थि संभवं*) – और हम मुक्ति के मार्ग पर अग्रसर हो जाते हैं।

---

[19] निष्क्रमण (त्याग) का संकल्प, निर्द्वेष (मैत्री) का संकल्प, अहिंसा (करुणा) का संकल्प

भगवान बुद्ध ने चित्त की चेतना को ही कर्म कहा क्योंकि वही हमारे वाणी और शरीर के कर्मों का आधार होता है। अतः यदि हम किसी के आचरण को सुधारने हेतु कठोर वाणी का उपयोग करते हैं तो यह अकुशल कर्म नहीं होता।

१२५.

यो अप्पदुट्ठस्स नरस्स दुस्सति,	शुद्ध चित्त, निर्मल, निर्दोष,
सुद्धस्स पोसस्स अनङ्गणस्स।	निरपराध पर जो हो क्रुद्ध ;
तमेव बालं पच्चेति पापं,	वह पाप उसी मूर्ख पर पलटे,
सुखुमो रजो पटिवातंव खित्तो॥	जैसे सूक्ष्म धूल फेंकीं पवन विरुद्ध ॥

यह गाथा भगवान ने कोक नामक एक शिकारी के संदर्भ में कही जिसने एक निर्दोष भिक्षु को अपने पूर्वाग्रह के चलते कष्ट देने का भरसक प्रयास किया पर अंततः खुद ही इस प्रयास में मारा गया। किसी भी निर्दोष सत्पुरुष, खास तौर पर एक शीलवान भिक्षु, पर क्रुद्ध हो कर दुर्व्यवहार करने का फल बहुत कष्टकारक होता है। (देखें परिशिष्ट 8: कोकसुनखलुद्दक वत्थु)।

१२६.

गब्भमेके उप्पज्जन्ति,	कोई जन्म लें गर्भ में,
निरयं पापकम्मिनो।	निरय-लोक में पापी।
सग्गं सुगतिनो यन्ति,	सत्पुरुष जाएँ स्वर्ग-लोक,
परिनिब्बन्ति अनासवा॥	आस्त्रव-रहित पाएँ परम-शांति[20] ॥

सभी प्राणियों का पुनर्जन्म उनके कर्मों के अनुसार होता है। दुष्कृत्य करने वाले नरक और सुकृत्य करने वाले मनुष्य लोक अथवा स्वर्ग में जन्म लेते हैं। आश्रव विहीन अरहंत का पुनर्जन्म नहीं होता।

---

[20] अर्थात निर्वाण

भिक्षु कोकालिक, एवं भिक्षु देवदत्त का दुष्कृत्यों के कारण मृत्यु उपरांत घोर नरक में पुनर्जन्म हुआ।[21] , जब कि अनाथपिण्ड़िक का सुकृत्यों के कारण पुनर्जन्म तुसित-देवलोक में हुआ।[22]

१२७.

न अन्तलिक्खे न समुद्दमज्झे,
न पब्बतानं विवरं पविस्स ।
न विज्जती सो जगतिप्पदेसो,
यत्थट्ठितो मुच्चेय्य पापकम्मा॥

न अंतरिक्ष में, न समुद्र की गहराई में,
न पर्वतों की कंदराओं में ;
नहीं है कोई ऐसी जगह संसार में,
जहाँ बच सके कोई, पाप-कर्म के फल से ॥

१२८.

न अन्तलिक्खे न समुद्दमज्झे,
न पब्बतानं विवरं पविस्स ।
न विज्जती सो जगतिप्पदेसो,
यत्थट्ठितं नप्पसहेय्य मच्चु॥

न अंतरिक्ष में, न समुद्र की गहराई में,
न पर्वतों की कंदराओं में ;
नहीं है कोई ऐसी जगह संसार में,
जहाँ मृत्यु न दबोच सके ॥

हर प्राणी को अपने कर्मों का फल भोगना ही पड़ता है – सत्कर्मों का सुखद एवं पाप कर्मों का दुखद फल तो आयेगा ही। लेकिन कर्म और उसके फल का सम्बंध काफी जटिल है और यह कई स्थितियों पर निर्भर करता है, जिनमें से एक अप्रत्याशित स्थिति है उस व्यक्ति की वर्तमान मानसिक स्थिति।

कई बार कर्म का फल तुरंत मिल जाता है, और किसी कर्म का फल बहुत समय बाद – कभी-कभी कई जन्मों बाद- आता है। परंतु उपरोक्त कर्म फल के सिद्धांत से कोई बच नहीं सकता ठीक उसी प्रकार जैसे चाहे कोई कितना भी चतुर हो और कहीं भी छिप जाये, कितने भी प्रबंध कर ले, मृत्यु के पाश से बच नहीं सकता। (देखें परिशिष्ट 9: सुप्पबुद्ध शाक्य वत्थु)

[21] देखें संयुक्त निकाय 6.10, एवं महाबुद्धवंस (ven. Migun Sayadaw: Great Chronicle of the Buddhas, p879)

[22] देखें मज्झिम निकाय 143.

10. दण्डवग्गो

१२९.

सब्बे तसन्ति दण्डस्स,
सब्बे भायन्ति मच्चुनो।
अत्तानं उपमं कत्वा,
न हनेय्य न घातये॥

सभी दण्ड से काँपते,
सभी मृत्यु से डरते।
सब को निज-सम जान कर,
न हत्या करवायें, न करें॥

१३०.

सब्बे तसन्ति दण्डस्स,
सब्बेसं जीवितं पियं।
अत्तानं उपमं कत्वा,
न हनेय्य न घातये॥

सभी दण्ड से काँपते,
सभी जीवन से प्रेम करें।
सब को निज-सम जान कर,
न हत्या करवायें, न करें॥

विश्व की सभी आध्यात्मिक और धार्मिक परंपराएं इस सिद्धान्त में विश्वास करती हैं कि "दूसरों के साथ वैसा ही व्यवहार करो जैसा तुम चाहते हो कि दूसरे तुम्हारे साथ करें।" इसे स्वर्णिम नियम (Golden Rule) भी कहा जाता है, और यह सुंदर आचरण एवं नैतिकता का आधार बनता है।

इन दो गाथाओं में भगवान बुद्ध इसी सिद्धांत की ओर हमारा ध्यान आकर्षित करते हैं। हमें यदि कोई मारे-पीटे, धोखा दे, या बुरा भला कहे, तो हमें अच्छा नहीं लगता अतः सभी को अपने समान जान, हमें किसी के साथ ऐसा व्यवहार नहीं करना चाहिए।

१३१.

सुखकामानि भूतानि,
यो दण्डेन विहिंसति।

अपने सुख हेतु,
सुख चाहने वाले प्राणियों पर,

अत्तनो सुखमेसानो,
पेच्च सो न लभते सुखं॥

जो दण्ड से हिंसा करता,
अगले जीवन में वह सुख न पाता।

१३२.

सुखकामानि भूतानि,
यो दण्डेन न हिंसति।
अत्तनो सुखमेसानो,
पेच्च सो लभते सुखं॥

अपने सुख हेतु,
सुख चाहने वाले प्राणियों पर,
जो दण्ड से हिंसा न करता
अगले जीवन में वह सुख पाता।

सभी प्राणियों के जीवन की आधारभूत मांग है सुख की वृद्धि और दुख का ह्रास; पर अज्ञानता वश कई बार इस उद्देश्य की पूर्ति हेतु हम दूसरों को शारीरिक अथवा मानसिक कष्ट दे देते हैं। जैसे, प्राचीन काल में कई लोग सुख-सम्पति की वृद्धि की आशा में निरीह पशुओं की यज्ञों में बलि चढ़ा देते थे। आधुनिक काल में यह प्रथा तो लगभग लुप्त हो गयी है परंतु बूचड़खानों में पशुओं के प्रति क्रूरता तो अभी भी बनी हुई है।

प्रतिस्पर्धा ने नाम पर अपने सुख (जैसे पदोन्नति, व्यावसायिक लाभ) हेतु दूसरों को हानि पहुंचाना तो एक सामान्य सी बात हो गई है। भगवान समझाते हैं कि इससे तात्कालिक लाभ मिल सकता है पर ऐसे दुष्कृत्यों का फल अंततः दुखद ही होता है। अब तो अर्थशास्त्र (नैश संतुलन, 1950) में भी यह बात स्वीकार्य हो गई है कि केवल अपने स्वार्थ के लिए काम करें तो यह नीति हमेशा समाज का भला नहीं करती जैसा अर्थशास्त्री एडम स्मिथ ने 1776 ई में कहा था।

१३३.

मावोच फरुसं कञ्चि,
वुत्ता पटिवदेय्यु तं।
दुक्खा हि सारम्भकथा,
पटिदण्डा फुसेय्यु तं॥

मत बोलो कठोर वचन,
वैसा ही प्रत्युत्तर मिले।
कटु-वचन हैं दुखदायक,
बदले में दण्ड मिले॥

१३४.

सचे नेरेसि अत्तानं,	यदि अपने को शांत करो,
कंसो उपहतो यथा।	जैसे टूटा कांसा निरानाद[23] ;
एस पत्तोसि निब्बानं,	तब प्राप्त होगा निर्वाण,
सारम्भो ते न विज्जति॥	रहे न कोई क्रोध-विवाद।

कई बार विषम परिस्थितियों में क्रोध के वशीभूत हो हम विद्वेषपूर्ण कठोर वचन बोल जाते हैं जो अंततः दुख ही देते हैं क्योंकि प्रत्युत्तर में प्रायः कटु-वचन ही सुनने पड़ते हैं और हमारे सम्बंध भी बिगड़ जाते हैं। भगवान बुद्ध हमें समझाते हैं कि ऐसी परिस्थितियों में कढ़वे वचन बोलने से अच्छा है कि हम धैर्य रखें, सहनशीलता बढ़ाएं, मौन रहें और क्रोध न आने दें। भगवान बुद्ध इसे परम तप कहते हैं जो निर्वाण का मार्ग प्रशस्त करता है- *खंती परमं तपो तितिक्खा* : धैर्य एवं क्षांति ही परम तप है।

१३५.

यथा दण्डेन गोपालो,	जैसे ग्वाला लाठी से,
गावो पाजेति गोचरं।	गाय चरागाह ले जाए ;
एवं जरा च मच्चु च,	वैसे बुढ़ापा और मृत्यु,
आयुं पाजेन्ति पाणिनं॥	प्राणियों की आयु ले जाए॥

यह गाथा भगवान ने उन महिलाओं को सुनाई जो जेतवन विहार में केवल कुछ सांसारिक इच्छाओं (धन, पुत्र, अच्छा वर, मृत्यु बाद देवलोक गमन, इत्यादि) की पूर्ति हेतु उपोसथ करने के लिये आई थी। भगवान उन्हें समझाते हैं कि ऐसी इच्छाएं भव-संसरण की वृद्धि कर हमें दुख-चक्र में ही बांधे रखती हैं। भगवान बुद्ध हम सब को प्रेरित करते हैं कि भवसागर से मुक्ति ही हमारी साधना का एकमात्र लक्ष्य होना चाहिये।

१३६.

---

[23] जिसमें कोई ध्वनि (नाद) न हो

अथ पापानि कम्मानि, करं बालो न बुज्झति। पाप कर्म करते समय, मूर्ख को कुछ न बूझता ;
सेहि कम्मेहि दुम्मेधो, अग्गिदड्ढोव तप्पति॥ अपने ही कर्मों से दुर्बुद्धि, फिर आग-जले सा तपता॥

लोग अज्ञान वश पाप-कर्म करते समय यह नहीं समझ पाते कि यह दुष्कृत्य है क्योंकि कई दुष्कृत्य करते समय (यथा व्याभिचार, मादक पदार्थ का सेवन, टैक्स चोरी, इत्यादि) सुखद अनुभूति हो सकती है। इन दुष्कृत्यों का आधार मन में उत्पन्न राग, द्वेष अथवा मोह होते हैं जिनको भगवान रागाग्नि, दोषाग्नि, एवं मोहाग्नि भी कहते हैं। स्वाभाविक है कि अंततः इनका फल भी अग्नि सदृश ही आता है जो मन को संतापित करता है।

१३७.

यो दण्डेन अदण्डेसु, जो अहिंसक को दंड़ित करता,
अप्पदुट्ठेसु दुस्सति। निर्दोष पर दोष लगाता;
दसन्नमञ्ञतरं ठानं, इन दस दुःख-गतियों में से ,
खिप्पमेव निगच्छति॥ शीघ्र ही एक को प्राप्त करता:

१३८.

वेदनं फरुसं जानिं, सरीरस्स च भेदनं। तीव्र वेदना, अंगभंग,
गरुकं वापि आबाधं, चित्तक्खेपञ्च पापुणे॥ बड़ा रोग, चित्त विक्षेप;

१३९.

राजतो वा उपसग्गं,अब्भक्खानञ्च दारुणं। राज दण्ड , झूठा आरोप ,
परिक्खयञ्च ञातीनं,भोगानञ्च पभङ्गुरं॥ बंधु-नाश ,सम्पति-क्षय ;

१४०.

अथ वास्स अगारानि, अग्गि डहति पावको। उसके घरों को अग्नि जला देती।
कायस्स भेदा दुप्पञ्ञो, निरयं सोपपज्जति॥ शरीर छोडने पर दुर्बुद्धि, निरय लोक में जन्म लेता॥

कई बार किसी निर्दोष व्यक्ति के प्रति दुर्भावना से प्रेरित होकर हम झूठा दोषारोपण कर देते हैं। भगवान बुद्ध ऐसे दुष्कृत्यों को घोर अपराध की श्रेणी में रखते हुए कहते हैं कि ऐसे दुष्कृत्य से निम्नलिखित दस प्रकार के दुखदायक फलों में से एक न एक फल तो आयेगा ही:

शारीरिक कष्ट , अंगभंग, गहन रोग, चित्त विक्षेप, राजा द्वारा दंड़ित होना, झूठा आरोप, बांधवों का विनाश , सम्पति का क्षय, घर का जल जाना और मृत्यु के उपरांत वह दुर्बुद्धि निरय लोक में जन्म लेता है।

१४१.

न नग्गचरिया न जटा न पङ्का,	न निर्वस्त्र रहना, न जटा रखना,न कीचड लपेटना,
नानासका थण्डिलसायिका वा।	न उपवास, न सोना कड़ी धरती पर,
रजोजल्लं उक्कुटिकप्पधानं,	न धूल लपेटना, न उकडू बैठना,
सोधेन्ति मच्चं अवितिण्णकङ्खं॥	करता मर्त्य को शुद्ध, यदि शंकाएँ हों मन-भीतर ॥

भगवान बुद्ध के समय कुछ लोग नाना प्रकार की कठोर शारीरिक मुद्राएं जैसे एक पाँव पर खडे रहना, एक हाथ उठा कर रखना, उकडू बैठना, व शरीर पर भस्म, धूल या कीचड लपेटना, जटा रखना, निर्वस्त्र रहना, इत्यादि को ही चित्त शुद्धि का मार्ग मानते थे। विभिन्न प्रकार के व्रत, उपवास हमें संयमित जीवन जीने में सहायक हो सकते हैं, पर वे चित्त को शुद्ध नहीं कर सकते। चित्त शुद्धि के लिये आर्य अष्टांगिक मार्ग को भावित करना होता है। जब तक इस मार्ग के प्रति शंकाएं बनी रहती हैं तब तक हम इस पर निष्ठापूर्वक चल नहीं पाते और मुक्ति से दूर ही रह जाते हैं।

१४२.

अलङ्कतो चेपि समं चरेय्य,	यदि अलंकृत होते हुए भी समभाव में जिए,
सन्तो दन्तो नियतो ब्रह्मचारी।	शांत, संयमित, स्थिर, ब्रह्मचारी रहे ;
सब्बेसु भूतेसु निधाय दण्डं,	सभी प्राणियों के प्रति दण्ड, हिंसा त्याग दे,
सो ब्राह्मणो सो समणो स भिक्खु॥	उसे ही ब्राह्मण, श्रमण या भिक्षु कहें ॥

सम्राट प्रसेनजित का एक मंत्री संतति, अपनी प्रिय नर्तकी की अचानक मृत्यु के कारण शोकाकुल हो अपनी राजसिक पोशाक में ही जेतवन गया और भगवान से अपने दुःख का वर्णन किया। भगवान ने उसे समझाया कि उस नर्तकी के प्रति आसक्ति ही उसके दुःख का वास्तविक कारण था, और जन्म-जन्मांतर से यह आसक्ति उसे अंततः दुख ही देती रही है; अतः समझदारी इसी में है कि इस आसक्ति को त्याग दिया जाए। भगवान के सारगर्भित प्रवचन को सुन कर वह पूरी तरह से अनासक्त हो अरहंत बना। तुरंत ही उसे भास हो गया कि उसका अंत समय आ गया है और वह अलौकिक तरीके से परिनिर्वाण को प्राप्त हुआ। अचम्भित भिक्षुओं ने भगवान से राजसिक वेशभूषा में मृत्यु को प्राप्त हुए उस मंत्री के बारे में पूछा कि वह ब्राह्मण कहलायेगा या श्रमण, तब भगवान ने उत्तर में यह गाथा कही।

एक सच्चे भिक्षु या ब्राह्मण की पहचान उसके वस्त्र नहीं, उसके मन की शुद्धता है जो कि उसके शांत, संयमित एवं समता पूर्ण आचरण में झलकती है। यदि किसी भी मनुष्य में यह सब गुण हों तो वह भी श्रमण / ब्राह्मण समान ही है चाहे वह राजकीय पोशाक एवं आभूषणों से अलंकृत हो !

१४३.

हिरीनिसेधो पुरिसो,	लज्जा वश जो न करे अकुशल कर्म,
कोचि लोकस्मि विज्जति।	विरला इस लोक में ऐसा पुरुष ;
यो निद्दं अपबोधेति ,	जो निंदा से बचा रहता,
अस्सो भद्रो कसामिव॥	जैसे चाबुक से बचे उत्तम अश्व॥

१४४.

अस्सो यथा भद्रो कसानिविट्ठो,	चाबुक खाये उत्तम अश्व सदृश,
आतापिनो संवेगिनो भवाथ।	बनो उद्योगशील, संवेगवान,
सद्धाय सीलेन च वीरियेन च,	श्रद्धा, शील, वीर्य व समाधि द्वारा,
समाधिना धम्मविनिच्छयेन च।	करो धर्म की ठीक पहचान।
सम्पन्नविज्जाचरणा पतिस्सता,	विद्या-आचरण युक्त, स्मृतिवान बन,
जहिस्सथ दुक्खमिदं अनप्पकं॥	कर सकोगे इस महान दुख का प्रहाण॥

भगवान बुद्ध ने जन्म-जरा-मृत्यु रूपी दुख-चक्र से मुक्ति के लिये प्रयासरत साधकों को उनके उपयुक्त निर्देश दिये। यहाँ पर वे लज्जा (हिरि) के गुण की ओर ध्यान आकर्षित कर रहे हैं।

लज्जावान व्यक्ति निंदा से बचने के लिये अकुशल कर्म नहीं करता जिससे उसे सभी शीलों को पुष्ट करने में सहायता मिलती है। अपने अनुभव से वह समझ जाता है कि शील-विशुद्धि का आधार चित्त शुद्धि है जिसके लिये विभिन्न आध्यात्मिक इंद्रियों –श्रद्धा, वीर्य, सति, समाधि, प्रज्ञा का विकास करना आवश्यक है। प्रज्ञा के विकसित होने पर धर्मानुकूल आचरण सहज हो जाता है और वह नए कर्म नहीं बनाता। धीरे-धीर साधक पुराने कर्मों को क्षीण कर निर्वाण की ओर अग्रसर हो जाता है जिससे सभी दुखों से मुक्ति हो जाती है।

यह दो गाथाएँ भगवान ने थेर पिलोतिकतिस्स के संदर्भ में कहीं जो लज्जा को आधार बना अपने धूमिल होते धम्मसंवेग को फिर पुष्ट कर लेते और अंततः अरहंत बने।

(देखें परिशिष्ट 10 पिलोतिकतिस्स थेर वत्थु)

१४५.

उदकञ्हि नयन्ति नेत्तिका,	सेचक मोड़ते जल को,
उसुकारा नमयन्ति तेजनं।	तीरकार साधें बाण।
दारुं नमयन्ति तच्छका,	बढ़ई गढ़े काष्ठ को,
अत्तानं दमयन्ति सुब्बता॥	ज्ञानी साधे निज मन॥

देखें गाथा 80

११. जरावग्गो

१४६.

को नु हासो किमानन्दो,	कैसा उल्लास, कैसा आनंद,
निच्चं पज्जलिते सति।	जब जग को जला रही हो आग?
अन्धकारेन ओनद्धा,	अंधकार से तुम हो घिरे ,
पदीपं न गवेसथ॥	क्यों न खोजते चिराग ?

इस गाथा में भगवान बुद्ध, अज्ञान वश इंद्रिय सुख के आनंद में डूबे हुए हम सब को जागृत करने का प्रयास करते हैं। आधुनिक काल में लगभग समस्त मानव जाति की दशा यही है – बेझिझक आनंद , न शील, न लज्जा। वे समझाते हैं कि यह 'आनंद' की तलाश अंतहीन तृष्णाओं की अग्नि को और भड़का रही है जो दुख का मूल कारण हैं। प्रज्ञा रूपी दीपक को प्रज्वलित कर हम अज्ञानता के अंधकार से निकल, यह समझ पायेंगे कि कैसे इंद्रिय-सुखों की आसक्ति के कारण हम संसार चक्र में फंस गये हैं।

१४७.

पस्स चित्तकतं बिम्बं,	देखो यह सुसज्जित काया,
अरुकायं समुस्सितं।	घावों से भरी, फूली, रोगी,
आतुरं बहुसङ्कप्पं,	इच्छाओं में डूबी रहती,
यस्स नत्थि धुवं ठिति॥	जो न कभी स्थिर होगी॥

१४८.

परिजिण्णमिदं रूपं,	जीर्ण-शीर्ण यह देह पुरानी,
रोगनीळं पभङ्गुरं।	रोगों का घर, अत्यंत भंगुर ;

भिज्जति पूतिसन्देहो,

मरणन्तञ्हि जीवितं॥

१४९.

यानिमानि अपत्थानि ,

अलाबूनेव सारदे।

कापोतकानि अट्ठीनि,

तानि दिस्वान का रति॥

१५०.

अट्ठीनं नगरं कतं,

मंसलोहितलेपनं।

यत्थ जरा च मच्चु च,

मानो मक्खो च ओहितो॥

दुर्गंधपूर्ण, हर क्षण विघटित,

अंततः हो जाती चूर ॥

इन फेंकीं गई, अपथ्य-सी

शरद् ऋतु की लौकी जैसी,

कबूतर सी श्वेत हड्डियां,

इनको देख आसक्ति कैसी?

हड्डियों का नगर बनाया,

माँस और रक्त के लेप से ।

जिसमें जरा और मृत्यु,

मान-डाह जा छिपे ॥

अलग-अलग संदर्भों में कही गई यह चार गाथाएं, हमें शरीर की वास्तविकता से अवगत करती हैं ताकि काम वासना में कमी आए।

इसे दूर करने हेतु, एक बार भगवान भिक्षुओं को एक अति सुंदर गणिका के मृत फूले हुए शरीर को दिखाने ले गये और उन्हें उसके शरीर की वास्तविकता एवं क्षण भंगुरता से अवगत कराया। जब वह युवती थी तो उसकी बहुत मांग रहती थी, परंतु मरणोपरांत कोई उसकी ओर देखना भी नहीं चाहता था। जरा-धर्मा , मरण-धर्मा यह शरीर पल-पल विघटित होता रहता है। नाना प्रकार की व्याधियों से यह शरीर ग्रस्त रहता है तथा इसके नौ द्वारों से दुर्गंध ही आती रहती है। इस मरण-धर्मा शरीर से कैसी आसक्ति ?

कई बार भगवान भिक्षुओं को कच्चे शमशान भेजते थे जहाँ पर लावारिस शव फेंक दिये जाते थे। इनके सड़ गल जाने के पश्चात तो केवल हड्डियां ही रह जाती थी; इस वास्तविकता को देख कर शरीर के प्रति अनासक्ति भाव ही जागता था।[24]

गाथा (150) में भगवान मानव शरीर को हड्डियों के नगर की उपमा देते हैं जिसे मांस, नाड़ियों और रक्त से लेप दिया गया और जिसमें मान (अहंकार) एवं डाह छिप गये हैं जो मानव को भ्रमित करते रहते हैं। यह गाथा इस वास्तविकता की ओर इशारा करती है कि कई बार हम शरीर की नश्वर सुंदरता को व्यक्तिगत मान कर, अत्यंत अहंकार जगाते हैं जो अंततः दुःख का कारण बनता है।

१५१.

जीरन्ति वे राजरथा सुचित्ता,	सुंदर राज-रथ भी जर्जरित होते,
अथो सरीरम्पि जरं उपेति।	यह शरीर भी होता जीर्ण।
सतञ्च धम्मो न जरं उपेति,	पर संतों के सद्गुण न होते क्षीण,
सन्तो हवे सब्भि पवेदयन्ति॥	ज्ञानियों से ऐसा कहते संत प्रवीण ॥

कौशल नरेश प्रसेनजित रानी मल्लिका की मृत्यु के बाद, एक बार भगवान बुद्ध के पास आकर कहते हैं कि मुझे कुछ सूझ नहीं रहा कि मैं अब क्या करूं। भगवान राजा को समझाते है कि उनका शरीर अब धीरे-धीरे जर्जरित हो रहा है, ठीक उसी प्रकार जैसे उनके पिता और दादा के सुंदर मजबूत रथ भी जर्जरित हो गए हैं। परंतु सत्पुरुषों के सद्गुण जीर्ण नहीं होते, मृत्यु के बाद भी अगले जन्म में उनके साथ ही रहते हैं, जिस प्रकार रानी मल्लिका के सद्गुण उसको मृत्यु के बाद, तुषित देवलोक ले गए। इशारा स्पष्ट था कि अब उसे भी, अपनी रानी मल्लिका के समान सद्गुणों का संवर्धन करना चाहिए; शील, समाधि, प्रज्ञा का विकास करना चाहिए। यह शिक्षा हम सब को भी याद रखनी चाहिए।

१५२.

अप्पस्सुतायं पुरिसो, बलिबद्धोव जीरति।	अल्पश्रुत पुरुष, बैल समान होता जीर्ण।
मंसानि तस्स वड्ढन्ति, पञ्ञा तस्स न वड्ढति॥	उसका माँस ही बढ़ता, प्रज्ञा रहती क्षीण ॥

[24] विस्तार हेतु देखें सतिपट्ठान सुत्त, म नि 10

एक ऐसा पुरुष, जिसने धर्म ठीक से सुना नहीं, समझा नहीं, उसकी तुलना भगवान बुद्ध एक बैल से करते हैं जो आयु बढ़ने पर केवल मोटा होता है। ठीक उसी प्रकार ऐसा पुरुष जैसे-जैसे बूढ़ा होता जाता है, उसका माँस तो बढ़ता है पर प्रज्ञा की वृद्धि नहीं होती।

१५३.

अनेकजातिसंसारं,	अनेक जन्मो तक इस संसार,
सन्धाविस्सं अनिब्बिसं।	भटकता रहा मैं बारम्बार।
गहकारं गवेसन्तो,	घर निर्माता की खोज में,
दुक्खा जाति पुनप्पुनं॥	पाये दुखमय जन्म अपार॥

१५४.

गहकारक दिट्ठोसि,	घर निर्माता! देख लिया तुझे,
पुन गेहं न काहसि।	फिर न बनेगा यह घर-द्वार।
सब्बा ते फासुका भग्गा,	सारी कड़ियाँ तोड़ दी तेरी,
गहकूटं विसङ्खतं।	ढ़हा शिखर, न रहा आधार ;
विसङ्खारगतं चित्तं,	तृष्णाओं का हो गया क्षय
तण्हानं खयमज्झगा॥	चित्त गया संस्कारों के पार॥

यह दो गाथायें पूर्ण सम्बोधि की प्राप्ति के बाद भगवान बुद्ध के प्रथम वचन कहे जाते हैं। भगवान, बोधिसत्व के रूप में लम्बी जीवन यात्रा के सार को संक्षेप में बताते हुए कहते हैं कि अनगिनत जन्मो तक वे इस शरीर के निर्माण करने वाले की असफल खोज करते रहे जिस कारण बार-बार दुखमय पुनर्जन्म हुआ।

अंततः उन्होंने वास्तविक निर्माता – तृष्णा – को पहचान ही लिया और उसको समाप्त करने का आर्य अष्टांगिक मार्ग ढूँढ़ ही लिया। भगवान कहते हैं कि उस मार्ग को पूर्णतया विकसित कर, अविद्या रूपी अज्ञान के शिखर को तोड दिया है। सभी तृष्णाओं और अन्य विकारों को समाप्त कर दिया है। चित्त

संस्कारों से पार (असंखत) हो गया। निर्वाण का साक्षात्कार कर संसार चक्र से छुटकारा पा लिया है। अब उनका पुनर्जन्म नहीं होगा।

१५५.

अचरित्वा ब्रह्मचरियं,	न जिया शुद्ध जीवन,
अलद्धा योब्बने धनं।	न यौवन में कमाया धन;
जिण्णकोञ्चाव झायन्ति,	मुरझाता जैसे जीर्ण क्रौंच,
खीणमच्छेव पल्लले॥	मत्स्यहीन जलाशय में।

१५६.

अचरित्वा ब्रह्मचरियं,	न जिया शुद्ध जीवन,
अलद्धा योब्बने धनं।	न यौवन में कमाया धन।
सेन्ति चापातिखीणाव,	पड़ा जीर्ण धनुष समान,
पुराणानि अनुत्थुनं॥	कराहते, कुरेदते अतीत-मन॥

यह दो गाथायें एक धनी युवा दम्पति के संदर्भ में कहीं गयीं जिन्होंने मौज-मस्ती कर अपनी अकूट पैतृक धन सम्पति नष्ट कर दी और बुढ़ापे में दरिद्रता का जीवन जीना पड़ा। भगवान समझाते हैं कि जो लोग अभी संसार में ही सुखद जीवन जीना चाहते हैं और गृह-त्याग नहीं करना चाहते (या कर सकते) उनके लिये आवश्यक है कि वे एक सम्यक आजीविका द्वारा धन का उपार्जन करते रहें। यदि विरासत में धन-सम्पति मिली है तो भी उसका संवर्धन करते रहना चाहिये। वरना बुढ़ापे में, उस पैतृक धन के समाप्त होने पर अत्यंत कठिनाई का सामना करना पड़ सकता है। गृहस्थों के लिये यह बहुत ही व्यावहारिक शिक्षा है।

१२. अत्तवग्गो

१५७.

अत्तानञ्चे पियं जञ्ञा,	अपने आप को प्रिय जान,
रक्खेय्य नं सुरक्खितं।	रखें अपने को सुरक्षित।
तिण्णं अञ्ञतरं यामं,	जीवन के तीन प्रहरों में से,
पटिजग्गेय्य पण्डितो॥	एक में तो ज्ञानी हो सचेत ॥

वास्तविक सुरक्षा तो त्रिरत्न की शरण लेने से ही होती है, आर्य अष्टांगिक मार्ग के पालन से ही होती है। धम्म की शरण का पहला आयाम है शीलों का पालन करना। अतः शील पालन (सम्यक वाणी, सम्यक कर्म, सम्यक आजीविका) के प्रति तो हर समझदार गृहस्थ को जीवन के हर पढ़ाव- बचपन, यौवन और बुढ़ापे- में सजग रहना चाहिये। इस गाथा में तो भगवान कह रहे हैं कि कम से कम एक पड़ाव में तो अवश्य ही सजग रहो। शील पालन समाधि का आधार है और समाधि प्रज्ञा का। जीवन की हर उथल-पुथल में स्थिर सुरक्षा तो प्रज्ञा ही प्रदान करती।

१५८.

अत्तानमेव पठमं, पतिरूपे निवेसये।	पहले अपने आप को, उचित कार्य में लगाएं।
अथञ्ञमनुसासेय्य, न किलिस्सेय्य पण्डितो॥	अन्य को फिर दें उपदेश, तो न हो ज्ञानी को क्लेश।

१५९.

अत्तानं चे तथा कयिरा, यथाञ्ञमनुसासति।	अपने को बनाएँ वैसा, दूसरों को उपदेश दें जैसा।
सुदन्तो वत दमेथ, अत्ता हि किर दुद्दमो॥	आत्म-संयत ही करे दमन, अति दुष्कर अपना दमन॥

एक बहुत प्रचलित कहावत है 'पर उपदेश कुशल बहुतेरे' जिसका तात्पर्य है कि दूसरों को उपदेश देने में बहुत लोग कुशल होते हैं पर स्वयं उसका पालन नहीं करते। इन दो गाथाओं में भगवान बुद्ध इसी

बात को समझा रहे हैं कि हम जो दूसरों को शिक्षा देते हैं , पहले हमें उसे अपने व्यवहार में लाना चाहिये अन्यथा अन्ततः हमारी निंदा ही होगी। जैसे, यदि हम दूसरों को संयमित जीवन जीने की सलाह देते हैं तो पहले हमें अपने जीवन में संयम लाना चाहिये जो कि उपदेश देने से बहुत कठिन है । धम्म शिक्षा देने वाले आचार्यों के लिए भगवान बुद्ध का यह अत्यंत महत्वपूर्ण निर्देश है।

१६०.

अत्ता हि अत्तनो नाथो,	स्वयं हम अपने नाथ,
को हि नाथो परो सिया।	कौन पराया है हमारा नाथ ?
अत्तना हि सुदन्तेन,	अपने को संयमित कर,
नाथं लभति दुल्लभं ॥	मिलता दुर्लभ अपना नाथ।

भगवान बुद्ध समझा रहे हैं कि हम स्वयं ही अपने स्वामी, अपना भला करने वाले हैं । कोई कल्याण-मित्र केवल मार्ग दिखा सकता है, मार्ग पर चलना तो हमें ही है। (देखें गाथा 276)

पर हम अपने स्वामी तभी बन सकते हैं जब हमें अपने मन पर नियंत्रण हो। अन्यथा, हमारे विकार ही हमारे स्वामी बन जाते हैं और जैसे चाहें वैसे नचाते रहते हैं। प्रिय अनुभव हुआ, तो "राग" कहता है यही अवसर है, खूब आनंद लो, ENJOY !! और हम पहले भी ऐसा करने से हुए दुष्परिणाम भूल जाते हैं, और इतिहास खुद को दोहराता है। इसी प्रकार, अप्रिय अनुभव हुआ तो "द्वेष" हमारा स्वामी बन जाता है और हमारे मुँह से कठोर, कढ़वी वाणी निकल जाती है, और एक बार फिर, बाद में हम पश्चाताप करते हैं।

अपने मन को साधना द्वारा संयमित करने से हम अपने स्वामी बन जाते हैं; हमें पिछले अनुभवों की सीख याद रहती है और हम अकुशल कर्म करने से बच सकते हैं।

१६१.

अत्तना हि कतं पापं, अपने द्वारा किया पाप,

अत्तजं अत्तसम्भवं। अपने ही से जन्मा ;

अभिमत्थति दुम्मेधं, मूर्ख को ऐसे कुचल दे,

वजिरं वस्ममयं मणिं॥ हीरा जैसे शिला काट दे ॥

१६२.

यस्स अच्चन्तदुस्सील्यं, जिसका दुराचार खूब फैला,

मालुवा सालमिवोत्थतं। मालुवा जैसे शाल पर चढ़े,

करोति सो तथत्तानं, वह स्वयं ही अपने ऊपर,

यथा नं इच्छती दिसो॥ वैसा करता, जैसा शत्रु चाहते ॥

१६३.

सुकरानि असाधूनि, अनुचित करना है सरल,

अत्तनो अहितानि च। अपना अहित करना भी;

यं वे हितञ्च साधुञ्च, पर जो है उचित, हितकर,

तं वे परमदुक्करं॥ उसे करना कठिन सदा ही ॥

इन गाथाओं में भगवान समझा रहे हैं कि स्वेच्छा से किये गये पाप-कर्म हमारी ही हानि करते है ठीक उसी प्रकार जैसे एक शिला से निकला हुआ हीरा उसी शिला को काट देता है।

यदि किसी के दुराचार का साम्राज्य हर दिशा में फैला हो तो वही दुराचार अन्ततः उसे भी नष्ट कर देता है जैसे मालुवा लता जिस पेड़ पर फैल जाती है उसे अंततः नष्ट कर देती है। एक दुराचारी अपने व्यवहार से अनगिनत शत्रु बना लेता है जिनसे उसे हमेशा खतरा बना रहता है। हमेशा तनाव में रहता है, शत्रुओं को सफलता पूर्वक चकमा देना उसके जीवन की प्राथमिकता बन जाती है। पुलिस से बचता फिरता है। इस प्रकार वह अपनी ही हानि कर अपने साथ शत्रुवत व्यवहार करता है। दिक्कत यह है कि मनमाना अहितकर अनैतिक जीवन जीना सरल है जबकि हितकर नैतिक जीवन जीना दुष्कर

है। इसके लिए आत्म-संयम की आवश्यकता होती है, मन को साधने का कठिन प्रयास करना पड़ता है, जीवन के प्रति दृष्टिकोण बदलना पड़ता है।

१६४.

यो सासनं अरहतं,	अरहंतों की शिक्षा को,
अरियानं धम्मजीविनं।	जो हैं आर्य धर्म में रमे,
पटिक्कोसति दुम्मेधो,	मिथ्या दृष्टि आश्रित हो
दिट्ठिं निस्साय पापिकं।	जो दुर्मेध कोसे;
फलानि कट्ठकस्सेव,	बाँस के फूल सदृश,
अत्तघाताय फल्लति॥	आत्मघात हेतु फले॥

१६५.

अत्तना हि कतं पापं,	अपने द्वारा कृत पाप,
अत्तना संकिलिस्सति।	स्वयं को ही करता अशुद्ध।
अत्तना अकतं पापं,	अपने द्वारा अकृत पाप,
अत्तनाव विसुज्झति।	स्वयं को ही रखता विशुद्ध।
सुद्धी असुद्धि पच्चत्तं,	शुद्धि-अशुद्धि अपने हाथ,
नाञ्ञो अञ्ञं विसोधये॥	कोई न करे अन्य को शुद्ध॥

एक महिला जो एक भिक्षु को प्रतिदिन भोजन कराती थी, वह बार-बार भगवान बुद्ध का प्रवचन सुनने के लिए जाने का आग्रह करती थी, पर वह भिक्षु टालता रहा। एक दिन वह स्वयं ही जेतवन विहार चली गई। भिक्षु को आशंका हुई कि भगवान का सारगर्भित प्रवचन सुन कहीं उस महिला की उसमें श्रद्धा कम न हो जाए, तो वह भी शीघ्रता से उसके पीछे-पीछे जेतवन पहुंच गया। वहां जाकर उसने भगवान से यह कहा कि वे महिला को केवल दान एवं शील की शिक्षा ही दें क्योंकि वह मंदबुद्धि है। भगवान उसका वास्तविक इरादा जान गये और उसे सावधान किया कि ऐसा कह कर वह एक उपासिका को उनकी शिक्षा से वंचित रखने का प्रयास कर रहा है जो कि एक पाप कृत्य है, जिसका

बहुत घोर दुष्परिणाम आता है। हम सब को ऐसे अकुशल कर्मों से बचना चाहिये ताकि चित्त अशुद्ध न हो।

१६६.

अत्तदत्थं परत्थेन,	बहुत पराये हित हेतु,
बहुनापि न हापये।	अपने हित की न हो क्षति;
अत्तदत्थमभिञ्ञाय,	अपना हित ठीक से जान,
सदत्थपसुतो सिया॥	सच्चे हित हेतु हो समर्पित॥

यह गाथा अध्यात्मिक हित के संदर्भ में कही गयी है। कई बार दूसरों की सहायता करने की धुन में हम अपने मन को मैला कर देते हैं- जैसे किसी पर हुए अन्याय का प्रतिकार करते हुए, अथवा किसी बीमार की सेवा करते हुए, मन में क्रोध अथवा दुर्भावना जगाना। भगवान बुद्ध हमें सावधान करते हैं ताकि प्रमाद के कारण ऐसी भूल न हो जाये जिससे हमारा अहित हो।

१३. लोकवग्गो

१६७.

हीनं धम्मं न सेवेय्य, पमादेन न संवसे।	हीन आचरण न करो, प्रमाद के वश मत हों।
मिच्छादिट्ठिं न सेवेय्य, न सिया लोकवड्ढनो॥	मिथ्या-दृष्टि से बचो,आवागमन मत बढ़ाओ ॥

१६८.

उत्तिट्ठे नप्पमज्जेय्य, धम्मं सुचरितं चरे।	उठो ! प्रमाद त्यागो ! सद्धर्म का आचरण करो ।
धम्मचारी सुखं सेति, अस्मिं लोके परम्हि च॥	धर्मचारी सुख से जीता, हो यह लोक या परलोक॥

१६९.

धम्मं चरे सुचरितं, न नं दुच्चरितं चरे।	सद्धर्म का आचरण करो, दुराचरण कभी न करो ।
धम्मचारी सुखं सेति, अस्मिं लोके परम्हि च॥	धर्मचारी सुख से जीता, हो यह लोक या परलोक ॥

मिथ्या-दृष्टि और प्रमाद के कारण कई बार हम राग, द्वेष और मोह जगा देते हैं और निकृष्ट आचरण कर बैठते हैं। इस प्रकार संस्कार और गहरे हो जाते हैं जिसके फलस्वरूप संसार-चक्र बढ़ जाता है ।

भगवान हमें प्रमाद त्यागने की प्रेरणा देते हुए कहते हैं कि निरन्तर सजग रहने पर हर परिस्थिति में सति एवं प्रज्ञा के आधार पर हमारा आचरण धर्मानुकूल ही होगा। सजग रहते हुए हम कभी भी ऐसा कार्य नहीं करेंगे जिससे हमारे शील पर कोई आंच आए; इस प्रकार दुराचरण से बचते रहेंगे । ऐसा सद्धर्म से प्रेरित आचरण हमें इस लोक में भी सुख देता है तथा मृत्यु उपरांत भी। इसके विपरीत दुराचरण इस जन्म में भी तथा अगले जन्मो में भी दुख ही देता है ।

१७०.

यथा पुब्बुळकं पस्से, यथा पस्से मरीचिकं।	जैसे देखें बुलबुले को, जैसे मरीचिका देखें ।
एवं लोकं अवेक्खन्तं, मच्चुराजा न पस्सति॥	वैसे ही इस लोक को देखें, तो 'मार' हमें न देखे ॥

१७१.

एथ पस्सथिमं लोकं, चित्तं राजरथूपमं। आओ, देखो यह लोक, जैसे सुसज्जित राज-रथ।
यत्थ बाला विसीदन्ति, नत्थि सङ्गो विजानतं॥ मूढ़ जिसमें डूबे रहते , ज्ञानी न होते आसक्त ॥

भगवान 'लोक' शब्द के दो अर्थ बताते हैं –व्यावहारिक अर्थ: यह दृश्यमान जगत (एवं अन्य 30 लोक), और पारमार्थिक अर्थ है छह इंद्रियों के माध्यम से होने वाले अनुभव, क्योंकि जो भी अज्ञान वश इनमें आसक्त होता है वह 'जन्म-मृत्यु' के चक्र में – मार के बंधन में -- बंध जाता है। केवल इंद्रियों के माध्यम से 'देखने' पर यह जगत बहुत सुंदर दिखता है पर गहराई से जाँचने पर इसकी नश्वरता का बोध हो ही जाता है। क्षण भंगुर इंद्रिय सुख के आस्वादन में छिपे खतरे की ओर नजर पड़ ही जाती है। जब संसार को देखने का दृष्टिकोण बदलता है - यह संसार हमें मरीचिका जैसे लगता है - तो इंद्रिय सुख से मोहभंग हो जाता है और इस संसार चक्र से बाहर निकलने का मार्ग प्रशस्त हो जाता है।

१७२.

यो च पुब्बे पमज्जित्वा, जो पहले रहा हो प्रमादी,
पच्छा सो नप्पमज्जति। फिर बाद में छोड़े प्रमाद ;
सोमं लोकं पभासेति, आलोकित करता यह लोक,
अब्भा मुत्तोव चन्दिमा॥ मेघ-मुक्त चन्द्रमा समान ॥

१७३.

यस्स पापं कतं कम्मं, जो अपने पाप कर्म को,
कुसलेन पिधीयति। कुशल कर्मों से ढ़क देता
सोमं लोकं पभासेति, आलोकित करता यह लोक,
अब्भा मुत्तोव चन्दिमा॥ मेघ-मुक्त चन्द्रमा जैसा ॥

एक बहु-प्रचलित कहावत है :सुबह का भूला यदि शाम को घर आ जाये, तो उसे भूला नहीं कहते। तात्पर्य यह है कि यदि कोई प्रमाद वश गलती कर बैठता है पर फिर होश आने पर उसका सुधार कर लेता है (जैसे अंगुलिमाल) , तो वह प्रशंसनीय हो जाता है। भगवान बुद्ध इन दो गाथाओं में इसी बात

को बादल (विकारों) से आच्छादित चन्द्रमा (शुद्ध चित्त) की सटीक उपमा द्वारा समझाते हैं। जैसे चन्द्रमा बादलों के छंट जाने पर धरती को आलोकित करता है, वैसे ही विकारों के समाप्त होने पर मनुष्य विश्व को अपनी शांति प्रदान करने वाली आभा से लाभांवित करता है।

१७४.

अन्धभूतो अयं लोको,	यह लोक है अंधे जैसा,
तनुकेत्थ विपस्सति।	विरलों में ही होती अंतर्दृष्टि।
सकुणो जालमुत्तोव,	जाल-मुक्त पक्षी समान,
अप्पो सग्गाय गच्छति॥	थोड़े ही पाते स्वर्ग (निर्वाण)॥

१७५.

हंसादिच्चपथे यन्ति,	हंस चलते सूर्य-पथ पर,
आकासे यन्ति इद्धिया।	ऋद्धिवान लें आकाश-मार्ग।
नीयन्ति धीरा लोकम्हा,	धीर पार कर जाते लोक ,
जेत्वा मारं सवाहिनिं॥	जीत सेना सहित मार॥

इस विश्व में अधिकांश लोग प्रज्ञा एवं अंतर्दृष्टि-विहीन हैं अतः वास्तविकता को नहीं देख पाते। भासमान भौतिक सुखों के जाल में फंस कर संसार चक्र में ही घूमते रहते हैं - इससे बाहर निकलने की इच्छा ही नहीं जागती। भगवान की अनित्यता की शिक्षा, जो सजगता से अपने अनुभवों का विवेचन करने पर सहज ही समझ में आ सकती है , अर्थात :

जीवन अस्थिर है। मृत्यु अटल है। मेरी मृत्यु अवश्य ही होगी। मेरे जीवन का अन्त मृत्यु ही है। मेरा जीवन अनिश्चित है। मेरी मृत्यु निश्चित है।

इस शिक्षा को सामान्य लोग गम्भीरता से नहीं लेते। कुछ ही विरले जीवन की नश्वरता की इस शिक्षा को आत्मसात करते हैं जिससे उनका जीवन के प्रति दृष्टिकोण बदल जाता है। इंद्रिय सुख खोखले लगते हैं, एक प्रकार का जाल जो हमें संसार चक्र में बांध कर रखता हैं। इससे धर्म संवेग जागता है

और वे इस बंधन से निकलने के लिये उपयुक्त साधना करने में लग जाते हैं। (देखें परिशिष्ट 11: पेसकाराधित वत्थु)

थोड़े से लोग, दृढ़ता से साधना कर अपने सभी विकारों को मिटा देते हैं, और निर्वाण का साक्षात्कार कर मार के बंधन से, भवसागर से, बाहर हो जाते हैं। प्रायः ऐसे अरहंत कई ऋद्धियों के स्वामी भी होते हैं।

१७६.

एकं धम्मं अतीतस्स, मुसावादिस्स जन्तुनो।	जो व्यक्ति बोले झूठ, सत्य का अतिक्रमण करता,
वितिण्णपरलोकस्स, नत्थि पापं अकारियं॥	परलोक में न विश्वास, वह हर पाप कर सकता ॥

भगवान बुद्ध ने सच बोलने के महत्व पर प्रकाश डालते हुए कहा कि झूठ बोलने वाले व्यक्ति को अन्य शीलों को भी तोड़ने का कोई सामाजिक डर नहीं होगा, क्योंकि वह आसानी से इससे मुकर कर सकता है। दूसरी ओर, जो व्यक्ति केवल इस एक सिद्धांत का पालन करता है, वह अपने द्वारा किए गए दुष्कृत्यों को सच्चाई से प्रकट करने के परिणाम-स्वरूप होने वाली नैतिक शर्म की भावना से सुरक्षित रहता है। भगवान द्वारा श्रामणेर राहुल तो दिये गए पहले प्रवचन, अम्बलट्ठिक-राहुलोवाद सुत्त (म नि 61) में इसकी विस्तृत चर्चा है।

१७७.

न वे कदरिया देवलोकं वजन्ति,	कंजूस न जाते देवलोक,
बाला हवे नप्पसंसन्ति दानं।	मूर्ख न करते प्रशंसा दान की।
धीरो च दानं अनुमोदमानो,	धीर करें दान का अनुमोदन,
तेनेव सो होति सुखी परत्थ॥	जिससे होते परलोक में सुखी ॥

भगवान बुद्ध आगंतुकों को सर्वप्रथम दान का महत्व समझाते थे। अपनी आजीविका में से दान देने से धन-सम्पति के प्रति आसक्ति कम होती है। ऐसा होने पर अनुचित तरीकों से धन कमाने की प्रवृत्ति कम हो जाती है जिससे शील पालन करने में सहायता मिलती है। इस शुद्ध आचरण से देवलोक में

पुनर्जन्म की सम्भावना बढ़ जाती है तथा साधना का मार्ग भी प्रशस्त होता है। (देखें अ नि 8.35 और 5.148)

पर कई लोग दान देने को संसाधनों को बरबाद करना मानते हैं। एक बार महाराज प्रसेनजित ने भव्य दान का आयोजन किया तो उनके एक मंत्री को लगा कि महाराज अपना धन व्यर्थ ही उड़ा रहे हैं। बाद में भगवान ने महाराज प्रसेनजित को समझाया कि इस प्रकार एक कुशल कार्य के प्रति द्वेष जगा कर उनका वह मंत्री अपना ही अहित कर रहा था।

१७८.

पथब्या एकरज्जेन,	पृथ्वी का एकछत्र शासन,
सग्गस्स गमनेन वा।	या करना स्वर्ग गमन;
सब्बलोकाधिपच्चेन,	सब लोकों का आधिपत्य भी,
सोतापत्तिफलं वरं॥	उनसे श्रेष्ठ है पद श्रोतापन्न।

श्रद्धालु गृहस्थ आमतौर पर देवलोकों में पुनर्जन्म की इच्छा रखते हुए पुण्य कर्म करते हैं। भगवान बुद्ध बताते हैं कि सभी सांसारिक उपलब्धियाँ हमें संसार चक्र में ही बाँधे रखती हैं जबकि सोतापत्तिफल की प्राप्ति यह सुनिश्चित करती है कि सम्पूर्ण मुक्ति से पहले हमारे सात से अधिक पुनर्जन्म न हों। अतः साधकों को यही लक्ष्य रखना चाहिये। (देखें परिशिष्ट 12: अनाथपिण्डिकपुत्तकाला वत्थु)

१४. बुद्धवग्गो

१७९.

यस्स जितं नावजीयति,	जिसकी विकारों पर जीत अजेय,
जितं यस्स नो याति कोचि लोके।	जीते विकार कभी न लौटें,
तं बुद्धमनन्तगोचरं,	उस अनन्त-विहारी बुद्ध को,
अपदं केन पदेन नेस्सथ॥	किस पद-चिन्ह से पा सको ?

१८०.

यस्स जालिनी विसत्तिका,	जिसे जाल-सी विष तृष्णाएँ,
तण्हा नत्थि कुहिञ्चि नेतवे।	भटका न सकें अब कहीं ;
तं बुद्धमनन्तगोचरं,	उस अनन्त-विहारी बुद्ध को,
अपदं केन पदेन नेस्सथ॥	किस पद-चिन्ह से पा सको ?

ये दो गाथाएं भगवान बुद्ध ने ब्राह्मण मागण्डिय को कहीं जब उन्होंने उसके अपनी अति सुंदर बेटी (मागण्डिय) से विवाह के प्रस्ताव को ठुकरा दिया। यह गाथाएं भगवान ने प्रथम बार, मार की पुत्रियों द्वारा उन्हें मोहित करने के असफल प्रयास के समय कहीं थी और दूसरी बार मागण्डिय के पिता को।

भगवान समझाते हैं कि जिसने अपने मन से राग, द्वेष और मोह को निकाल दिया है, सभी विकारों पर जीत प्राप्त कर ली है, उसकी इस विजय से उसे कोई भी प्रलोभन अपदस्थ नहीं कर सकता। अब किसी भी इन्द्रिय सुख से उसे लुभाया नहीं जा सकता क्योंकि उन्होंने सभी तृष्णाओं को समाप्त कर दिया है । उनके मन में ऐसा कोई भी चिन्ह नहीं जिसके आधार पर मार की समस्त सेना भी उन को पकड़ कर अपने माया-जाल में कैद कर सकें।

१८१.

ये झानपसुता धीरा, नेक्खम्मूपसमे रता।	झान में संलग्न धीर, त्याग-जनित शांति में रत ;
देवापि तेसं पिहयन्ति, सम्बुद्धानं सतीमतं॥	ऐसे स्मृतिमान बुद्धों से, देवता भी करते स्पृहा ॥

भगवान बुद्ध के तावतिंस लोक से वापिस आने पर, भगवान के साथ देवों एवं ब्रह्माओं के समूह को देख भंते सारिपुत्त ने मुदित मन से कहा:‘ भगवान, केवल मनुष्य ही नहीं देवता और ब्रह्मा भी आपका आदर और सम्मान करते हैं’। इसके प्रत्युत्तर में भगवान बुद्ध ने भंते सारिपुत्त को यह गाथा कही।

१८२.

किच्छो मनुस्सपटिलाभो,	कठिन मिलना मानव जीवन,
किच्छं मच्चान जीवितं।	कठिन मर्त्य का जीवन;
किच्छं सद्धम्मस्सवनं,	कठिन सद्धर्म का श्रवण,
किच्छो बुद्धानमुप्पादो॥	कठिन बुद्ध का होना उत्पन्न ॥

कई कल्पों पूर्व कश्यप बुद्ध के समय लम्बे समय तक भिक्षु रहने के बाद, एक दिन एक भिक्षु ने असावधानी से घास का एक तिनका तोड़ लिया। इस छोटी सी भूल का भिक्षु विनय के अनुसार दोष मुक्ति का कार्य न कर पाने के कारण वह सदा चिंतित रहता जिसके रहते उसका अगला जन्म एक नागराज के रूप में हुआ। नाग के रूप में वह अगले बुद्ध की प्रतीक्षा करने लगा। बहुत लम्बे अंतराल के बाद जब सिद्धार्थ गौतम सम्यक सम्बुद्ध हुए तो वह उनसे मिला और अपनी कहानी सुनाई। तब भगवान ने यह गाथा कही।

इस वृतांत से ही यह स्पष्ट हो जाता है कि मानव जीवन मिलना, सद्धर्म का श्रवण तथा बुद्ध के दर्शन होना कितना दुर्लभ है। अतः हमें वर्तमान जीवन का सदुपयोग करना चाहिये।

१८३.

सब्बपापस्स अकरणं,	सभी पाप कर्मों का त्याग,
कुसलस्स उपसम्पदा।	कुशल कर्मों का वर्धन;
सचित्तपरियोदपनं ,	निज चित्त का शोधन,
एतं बुद्धान सासनं॥	यही बुद्धों का शिक्षण ॥

१८४.

खन्ती परमं तपो तितिक्खा,	क्षांति, धैर्य हैं परम तप,
निब्बानं परमं वदन्ति बुद्धा।	निर्वाण ही है परम पद।
न हि पब्बजितो परूपघाती,	प्रव्रजित न होता पर-घाती,
न समणो होति परं विहेठयन्तो॥	श्रमण न होता पर-उत्पीड़क॥

१८५.

अनूपवादो अनूपघातो ,	न पर-निन्दा, न पर-घात,
पातिमोक्खे च संवरो।	भिक्षु विनय से संयमित।
मत्तञ्ञुता च भत्तस्मिं,	भोजन की मात्रा का ज्ञान,
पन्तञ्च सयनासनं।	एकांत निवास और शयन;
अधिचित्ते च आयोगो,	लोकोत्तर चित्त में लगन,
एतं बुद्धान सासनं॥	यही बुद्धों का शिक्षण॥

यह तीन गाथाएं भिक्षु पातिमोख[25] के नाम से प्रसिद्ध हैं जो भगवान बुद्ध ने 1250 अर्हंतों के समूह को कही थीं जब वे अनायास ही वेलुवन विहार में माघ पूर्णिमा के दिन आये। इस अवसर के बाद ही भिक्षु संघ द्वारा इन गाथाओं का नियमित पाठ शुरु हुआ। सभी बुद्धों की शिक्षा का यह सार, सभी श्रावकों के लिये उपयुक्त है। इसके तीन आयाम हैं:

शील: अकुशल कर्मों (पर-घात, चोरी, व्याभिचार, झूठ बोलना एवं पर-निन्दा, नशे का सेवन) से विरत रहना।

समाधि: चित्त को सम्यक तरीके से एकाग्र कर वश में करना ताकि शुभ कार्य सहर्ष कर सकें और अशुभ कार्य से विरत रहने में सहायता मिले ।

प्रज्ञा: संसार के वास्तविक स्वरूप (अनित्य, असंतोष, सारहीन) को जानकर चित्त से राग, द्वेष, मोह को समाप्त कर उसे शुद्ध करना।

[25] भिक्षुओं को दिये गये निर्देश

जैसे-जैसे यह तीनों आयाम पुष्ट होते हैं निर्वाण के प्रति लगन बढ़ती है तथा सांसारिक सुखों (स्वादिष्ट भोजन, आराम दायक शयन गृह इत्यादि) की इच्छा कम होती जाती है।

१८६.

न कहापणवस्सेन,	स्वर्ण-मुद्राओं की वर्षा भी,
तित्ति कामेसु विज्जति।	न करे कामनाएं तृप्त सभी;
अप्पस्सादा दुखा कामा,	भोग दे अल्प-सुख, पर अंत में दुःख,
इति विञ्ञाय पण्डितो॥	यह सत्य जानता है ज्ञानी।

१८७.

अपि दिब्बेसु कामेसु,	दिव्य कामभोग भी उन्हें,
रतिं सो नाधिगच्छति।	न दे पाते रति उन्हें वहाँ ;
तण्हक्खयरतो होति,	सम्यक-सम्बुद्ध के श्रावक होते
सम्मासम्बुद्धसावको॥	तृष्णा-क्षय में रत जहाँ॥

कामनाओं की तुलना छेद वाले घड़े से की जाती है – कितना भी पानी डाल दो, वह भरता ही नहीं। इस निरन्तर बदलते, क्षण भंगुर संसार में किसी भी प्रकार का इंद्रिय सुख तृप्ति नहीं दे सकता। जो ज्ञानी अंतर्दृष्टि से यह समझ जाते हैं, वे दिव्य कामभोगों को भी त्याग, तृष्णाओं का समूल नाश करने में लग जाते हैं ताकि निर्वाण रूपी परम-सुख का साक्षात्कार हो।

१८८.

बहुं वे सरणं यन्ति, पब्बतानि वनानि च।	अनेक शरणों में जाते, पर्वतों और वनों में,
आरामरुक्खचेत्यानि, मनुस्सा भयतज्जिता॥	बगीचों, वृक्षों, चैत्यों में, मनुष्य भयाक्रांत॥

१८९.

नेतं खो सरणं खेमं, नेतं सरणमुत्तमं।
नेतं सरणमागम्म, सब्बदुक्खा पमुच्चति॥

न यह शरण है क्षेमवान, न यह शरण है उत्तम।
ऐसी शरण लेकर भी, न हो सब दुःखों से मुक्त॥

१९०.

यो च बुद्धञ्च धम्मञ्च, सङ्घञ्च सरणं गतो।
चत्तारि अरियसच्चानि, सम्मप्पञ्ञाय पस्सति॥

जो बुद्ध, धम्म, तथा संघ की शरण जाता।
चार आर्य सत्यों का सम्यक प्रज्ञा से दर्शन पाता -

१९१.

दुक्खं दुक्खसमुप्पादं, दुक्खस्स च अतिक्कमं।
अरियं चट्ठङ्गिकं मग्गं, दुक्खूपसमगामिनं॥

दुःख, दुःख की उत्पत्ति, दुःख का अतिक्रमण; व
आर्य-अष्टांगिक मार्ग, जो दुःख उपशमन को जाता।

१९२.

एतं खो सरणं खेमं, एतं सरणमुत्तमं।
तं सरणमागम्म, सब्बदुक्खा पमुच्चति॥

यही शरण है क्षेमवान, यही शरण है उत्तम।
इस शरण में जाने से, हो सब दुःखों से मुक्त॥

संकट आने पर सभी मनुष्य किसी न किसी आश्रय की तलाश करते हैं जो उनकी रक्षा कर सके, संकट दूर कर सके। जो लोग पूरी तरह से तर्कसंगत और भौतिकवादी हैं वे प्रकृति - पार्क, समुद्र, झीलों, वनों, पहाड़ों - में आनंद की तलाश करके संकट से राहत पाते हैं। जो लोग पारलौकिक में विश्वास रखते हैं, वे मंदिरों, चैत्यों आदि में शांति की तलाश करते हैं। भगवान बुद्ध कहते हैं कि ये सब पूरी तरह से सुरक्षित शरणस्थल नहीं हैं। इसके विपरीत त्रिरत्नों एवं चार आर्य सत्यों की शरण विश्वसनीय है। चार आर्य सत्य हमें दुःख, उसकी उत्पत्ति के वास्तविक कारण और उस आर्य अष्टांगिक मार्ग से अवगत कराते हैं जो हमें स कारण को छोड़ने में सक्षम बनाता है। आर्य अष्टांगिक मार्ग को भावित करना हमें हर प्रकार के दुःख को दूर करने में आत्म- निर्भर बनाता है, अतः यह एक विश्वसनीय शरण है।

१९३.

दुल्लभो पुरिसाजञ्ञो,
न सो सब्बत्थ जायति।
यत्थ सो जायति धीरो,

दुर्लभ है सत्पुरुष का जन्म,
सर्वत्र नहीं होता उत्पन्न।
जहाँ ऐसा धीर जन्में,

तं कुलं सुखमेधति॥ उस कुल में हो सुख का वर्धन॥

शीलवान, संयमी तथा सभी से मित्रवत व्यवहार करने वाले सत्पुरुष बहुत दुर्लभ होते हैं। जिस कुल में वे उत्पन्न होते हैं, तथा जहाँ भी वे रहते हैं, वहाँ सुख का वर्धन ही होता है। सत्पुरुषों का अच्छा प्रभाव केवल कुलों तक सीमित नहीं रहता – समाज, प्रांत, देश तथा कभी-कभी तो सम्पूर्ण विश्व, पर भी पड़ता है। कई जातक-कथाओं में भी ऐसे बोधिसत्व-पुरुष के माध्यम से झगड़े शांत होने और समुदाय में मेल-मिलाप बढ़ने का चित्रण मिलता है

१९४.

सुखो बुद्धानमुप्पादो, सुखदायक जन्म बुद्धों का,

सुखा सद्धम्मदेसना। तथा उपदेश सद्धर्म का।

सुखा सङ्घस्स सामग्गी, सुखदायक संघ की एकता, एवं

समग्गानं तपो सुखो॥ मिल-जुल कर तप करना।

यह गाथा भगवान बुद्ध ने उन भिक्षुओं को कहीं जो चर्चा कर रहे थे कि सच्चा सुख किसमें है? कोई कह रहा था कि सच्चा सुख किसी राजा के समान धन सम्पदा व वैभव में है; किसी के लिए नाना प्रकार के इंद्रिय सुख में, तथा किसी के लिए तो पेट भर स्वादिष्ट भोजन में ही सच्चा सुख था। भगवान बुद्ध उन्हें समझाते हैं कि सच्चा सुख इंद्रिय सुखों या महान भौतिक उपलब्धियों में नहीं है क्योंकि ये जन्म-मरण रूपी महान दुख से मुक्ति नहीं दिलाते। सच्चा सुख तो किसी बुद्ध के उत्पन्न होने, उनकी शिक्षाओं को सुनने, तथा भिक्षु संघ के सद्भाव व साथ मिलकर साधना करने में है।

१९५.

पूजारहे पूजयतो, बुद्धे यदि व सावके। पूजनीयों की पूजा- बुद्ध हों या उनके श्रावक;

पपञ्चसमतिक्कन्ते, तिण्णसोकपरिद्दवे॥ जो प्रपंच का अतिक्रमण कर, शोक संताप से मुक्त॥

१९६.

ते तादिसे पूजयतो, निब्बुते अकुतोभये।	जो निब्बुत[26], सर्वत्र निर्भय, विमुक्त, ऐसे सदृश-
न सक्का पुञ्ञं सङ्खातुं, इमेत्तमपि केनचि॥	उनकी पूजा के पुण्य-फल हैं अपार, अनन्त ॥

यह दो गाथाएं मंगल सुत्त के एक अंश 'सम्माननियों को गौरव देना' के विस्तार के रूप में देखी जा सकती हैं। सम्माननीय हैं: भगवान बुद्ध, और उनके वे श्रावक जो जन्म मरण के चक्र का अतिक्रमण कर हर प्रकार के शोक और भय से मुक्त हो गये हैं। इनका आदर सत्कार करने, इनकी सेवा करने से अपरिमित पुण्य अर्जित होते हैं – जैसा कि संघ वंदना में भी आता है:

एस भगवतो सावक सङ्घो; आहुनेय्यो, पाहुनेय्यो, दक्खिणेय्यो, अञ्जलि करणीयो, अनुत्तरं पुञ्ञक्खेत्तं लोकस्स 'ति ।

ऐसे हैं भगवान के श्रावक-संघ; वे हैं भेंट देने योग्य, आतिथ्य के योग्य , दक्षिणा देने के योग्य, और नमस्कार के योग्य, वे हैं इस लोक में अतुलनीय पुण्य क्षेत्र ।

[26] निर्वाण प्राप्त, प्रशांत

१५. सुखवग्गो

१९७.

सुसुखं वत जीवाम, वेरिनेसु अवेरिनो।	सुख से जीते हम, बैरियों में निर्वैर।
वेरिनेसु मनुस्सेसु, विहराम अवेरिनो॥	वैरी मनुष्यों के बीच,रहते हम निर्वैर॥

१९८.

सुसुखं वत जीवाम, आतुरेसु अनातुरा।	सुख से जीते हम, भव-रोगियों में निरोग।
आतुरेसु मनुस्सेसु, विहराम अनातुरा॥	भव-रोगी मनुष्यों के बीच, रहते हम निरोग॥

१९९.

सुसुखं वत जीवाम, उस्सुकेसु अनुस्सुका।	सुख से जीते हम, उत्सुकों[27] में अनुत्सुक।
उस्सुकेसु मनस्सेसु, विहराम अनुस्सुका॥	उत्सुक मनुष्यों के बीच,रहते हम अनुत्सुक॥

यह तीन गाथाएं भगवान बुद्ध ने अपने सम्बंधियों – शाक्यों एवं कोलियों -- को कहीं जो रोहिणी नदी के पानी के बटवारे को लेकर युद्ध पर आमादा हो गये थे।

अपने संघ का उदाहरण देते हुए उन्होंने कहा कि वे किस प्रकार भोगों के प्रति उदासीन हो कर सुख से जीते हैं- निर्वैर, भवरोग से मुक्त। इसके विपरीत, उनके चारों ओर सामान्य जनता भोगों के लिये उत्सुक हो कर संघर्ष-पूर्ण, वैर से उद्वेलित जीवन जीती है। इसी कारण धम्म-विनय के अनुसार जीवन जीने वाले भिक्षु और उनके विहार, गृहस्थों के लिये इंद्रिय सुखों के प्रलोभन से छूटने का प्रयास करने हेतु प्रेरणा बनते हैं।

सभी मानव समूहों के लिये भी यह एक उत्तम शिक्षा है कि निर्वैर तथा भोगों के प्रति अनातुर होकर हम मिल जुल कर सुख से मैत्री पूर्ण जीवन जी सकते हैं।

---

[27] जो वस्तुओं के पीछे दौड़-धूप करते हैं।

२००.

सुसुखं वत जीवाम, येसं नो नत्थि किञ्चनं।	सुख से जीते हम, हो अकिंचन।
पीतिभक्खा भविस्साम, देवा आभस्सरा यथा॥	प्रीति-भक्षी होंगे हम, आभास्वर देव समान॥

भगवान ने 'मार' को यह वचन तब कहे जब वह भिक्षाटन में भोजन न मिलने पर उनका उपहास कर रहा था। वे बोले :'आभास्वर देवों के समान हम ध्यान से अर्जित प्रीति का भक्षण कर स्थूल भोजन के बिना भी सुख से जी सकते है'।

२०१.

जयं वेरं पसवति, दुक्खं सेति पराजितो।	विजय जननी वैर की, दुःख में सोए पराजित।
उपसन्तो सुखं सेति, हित्वा जयपराजयं॥	सुख से सोता शान्त चित्त, त्याग हार-जीत॥

यह गाथा भगवान ने सम्राट प्रसेनजित के तीन बार अपने भानजे सम्राट अजातशत्रु से युद्ध हारने के संदर्भ में कही। इतिहास साक्षी है कि युद्ध से कभी भी समस्याओं का स्थाई हल नहीं हो पाता। जो जीतता है उसके प्रति युद्ध हारने वाले के दुखी मन में वैर बना रहता है। अतः हार-जीत से ऊपर उठ कर बात-चीत से समस्याओं का समाधान निकालना ही उचित है। आधुनिक काल में, जब चारों ओर युद्ध की विभीषिका फैली हुई है, यह शिक्षा कितनी समीचीन लगती है।

२०२.

नत्थि रागसमो अग्गि,	राग सदृश न अग्नि,
नत्थि दोससमो कलि।	द्वेष सदृश न दोष।
नत्थि खन्धसमा दुक्खा,	खन्ध सदृश न दुःख,
नत्थि सन्तिपरं सुखं॥	शान्ति (निर्वाण) सदृश न सुख।

पांच नश्वर खंधों (रूप, वेदना, संज्ञा, संस्कार, विज्ञान) के प्रति तादात्म्य के रहते निरन्तर राग और द्वेष जागता है जो अंततः दुःख ही देते हैं। जैसे, जब शरीर बीमार होता है, बूढ़ा होने लगता है तो अच्छा नहीं लगता, दुःख होता है क्योंकि इससे तादात्म्य है – यह मेरा है, यह मैं हूं – इसे स्वस्थ रहना चाहिए । अच्छे भोजन को खाने पर, मधुर संगीत सुनने पर, सुंदर दृश्य देखने पर होने वाली सुखद वेदना शीघ्र ही बदल जाती है, पर उसके पश्चात आने वाली दुखद वेदना लम्बे समय तक बनी रहती है-- अच्छा नहीं लगता, दुःख होता है क्योंकि सुखद वेदना के प्रति राग है, दुखद वेदना के प्रति द्वेष। इसी प्रकार जब तक किसी भी खन्ध के प्रति तादात्म्य है, उसके प्रति परिस्थितियों के अनुसार राग या द्वेष जागता रहता है – दुख जागता रहता है। इन खंधों के प्रति तादात्म्य को त्याग, साधना द्वारा राग, द्वेष और मोह को समाप्त कर, निर्वाण की शांति का परम सुख प्राप्त होता है।

२०३.

जिघच्छापरमा रोगा, सङ्खारपरमा दुखा। क्षुधा परम रोग, संस्कार परम दुःख ।
एतं ञत्वा यथाभूतं, निब्बानं परमं सुखं॥ ऐसा यथाभूत जानकर, पायें निर्वाण-परम सुख ॥

एक पुरानी कहावत है: 'भूखे भजन न होय गोपाला'। इसलिये, भूख को परम रोग भी कहा जाता है। इसका उपचार करके ही साधना द्वारा चित्त को संस्कार विहीन कर परम सुख निर्वाण प्राप्त किया जा सकता है। (देखें परिशिष्ट 13 : एक उपासक वत्थु)

२०४.

आरोग्यपरमा लाभा, सन्तुट्ठिपरमं धनं। आरोग्य परम लाभ, संतोष परम धन ॥
विस्सासपरमा ञाति, निब्बानं परमं सुखं॥ विश्वास-पात्र परम बंधु, निर्वाण परम सुख ॥

यह गाथा भगवान बुद्ध ने सम्राट प्रसेनजित को तब सुनाई जब उन्होंने बताया कि भोजन कम करने के बाद, वह अधिक स्वस्थ, और ऊर्जावान महसूस कर रहे थे। हम सब का अनुभव है कि यदि शरीर रोगी हो तो सभी उपलब्धियाँ फीकी लगती है। इसी प्रकार, यदि संतोष न हो तो अपार धन भी तृष्णा शांत नहीं कर पाता, मन दुखी ही रहता है । यदि कोई भी हमारा विश्वास-पात्र नहीं है तो इसका अर्थ यह हुआ कि हम मित्र विहीन हैं -- जीवन तनाव पूर्ण बना रहता है । पर, परम सुख तो मन के आश्रव क्षीण होने पर, निर्वाण का साक्षात्कार होने पर ही प्राप्त होता है।

२०५.

पविवेकरसं पित्वा , रसं उपसमस्स च।	एकान्त रस पान कर, चख शान्ति का रस ॥
निद्दरो होति निप्पापो, धम्मपीतिरसं पिवं॥	निडर एवं निष्पाप होता, पी प्रीति का धर्म रस ॥

जब भगवान ने वैशाली में यह घोषणा की कि वे तीन मास पश्चात शरीर त्याग देंगे तो अधिकतर भिक्षु भ्रमित हो यह न समझ पाए कि क्या करें और वे भगवान बुद्ध के समीप रहने लगे। भिक्षु तिस्स ने यह संकल्प लिया कि वे भगवान के जीवन काल में ही अरहंत फल प्राप्त करेंगे और इसलिए एकांत में जा कर गहन साधना में रत हो गए। कुछ भिक्षुओं को यह ठीक नहीं लगा और उन्होंने भगवान से शिकायत की कि भंते तिस्स आपका आदर नहीं करते और आप से दूर रहते हैं। भंते तिस्स ने एकांत वास का वास्तविक कारण समझाया तो भगवान बुद्ध ने उसकी प्रशंसा कि और कहा उनके बताए मार्ग पर चलना ही उनका सच्चा सत्कार है। भगवान ने भंते तिस्स को प्रेरणा देते हुए यह गाथा कही कि जब कोई साधक एकांत में रह कर गहन साधना करता है तो समाधि के पुष्ट होने पर पीति और प्रशब्धि का धर्म रस चख़ता है। तत्पश्चात उस समाधि की सहायता से चित्त शुद्ध कर निर्वाण की परम शांति का अनुभव करता है। ऐसा कर वह निर्भय एवं निष्पाप हो जाता है।

२०६.

साहु दस्सनमरियानं, सन्निवासो सदा सुखो।	आर्यों का दर्शन सुखद, संग उनका सदा सुखकर।
अदस्सनेन बालानं, निच्चमेव सुखी सिया॥	मूर्खों को न देखना, यह भी सदा ही सुखकर॥

२०७.

बालसङ्गतचारी हि, दीघमद्धान सोचति।	दीर्घकाल तक करे शोक, जो करे मूर्खों का संग।
दुक्खो बालेहि संवासो,अमित्तेनेव सब्बदा।	मूर्खों का सहवास दुखद, जैसे रहना शत्रु संग ॥
धीरो च सुखसंवासो, ञातीनंव समागमो॥	ज्ञानी का सहवास सुखद,जैसे बंधु-जनों का संगम।

२०८.

तस्मा हि धीरञ्च पञ्ञञ्च बहुस्सुतञ्च,	अतः जो है धीर, प्रज्ञावान, बहुश्रुत,

धोरय्हसीलं वतवन्तमरियं।	व्रती, आर्य और दृढ़ शीलवान ;
तं तादिसं सप्पुरिसं सुमेधं,	करे संसर्ग ऐसे सत्पुरुष, सुबुद्धि का,
भजेथ नक्खत्तपथं व चन्दिमा ॥	जैसे चंद्रमा चले नक्षत्र-पथ के साथ ॥

उपड्ढसुत्त[28] में भगवान भंते आनंद को कहते हैं कि अच्छे मित्र का संघ हमारे आध्यात्मिक जीवन का आधार है। यही बात मंगल सुत्त की पहली ही पंक्ति में कही गई है: मूर्खों की संगति न करना, ज्ञानियों की संगति करना ...यह उत्तम मंगल है। यही शिक्षा इन तीन गाथाओं में विविध प्रकार से आती है|

वास्तव में मूर्खों का संग दुख ही देता है जब कि ज्ञानियों, आर्यों का साथ सुख देता है क्योंकि वे हमें न सिर्फ आर्य अष्टांगिक मार्ग पर चलने की प्रेरणा देते हैं वरन उसमें आने वाली बाधाओं को दूर करने में सहायता भी करते हैं। मूर्ख मित्र तो कई बार, मूर्खता के कारण, शत्रुवत आचरण ही कर बैठता है। मूर्खों के सहवास से कहीं अच्छा है एकांत में रहकर साधना करना। इसी कारण भगवान, इस गाथा में सलाह देते हैं कि हमें धीर, दृढ़-शीलवान, ज्ञानी सत्पुरुषों एवं प्रज्ञावान आर्यों का अनुकरण करना चहिये।

[28] स नि 45.2

१६. पियवग्गो

२०९.

अयोगे युञ्जमत्तानं,	अयोग्य कर्मों में लगे,
योगस्मिञ्च अयोजयं।	दूर रहें साधना से ।
अत्थं हित्वा पियग्गाही,	श्रेय त्याग, प्रेय भोगी,
पिहेतत्तानुयोगिनं॥	स्पृहा करे साधकों से ॥

२१०.

मा पियेहि समागञ्छि,	न करो प्रिय से भी समागम,
अप्पियेहि कुदाचनं।	कभी नहीं अप्रिय का।
पियानं अदस्सनं दुक्खं,	प्रिय को न देखना दुखद,
अप्पियानञ्च दस्सनं॥	और अप्रिय को देखना।

२११.

तस्मा पियं न कयिराथ,	प्रिय का वियोग दुखद,
पियापायो हि पापको।	अतः कुछ भी न बनायें प्रिय ।
गन्था तेसं न विज्जन्ति,	वह ही ग्रन्थि रहित जिसके,
येसं नत्थि पियाप्पियं॥	न कोई प्रिय, न अप्रिय ॥

२१२.

पियतो जायती सोको,	प्रियता से जन्मे शोक,
पियतो जायती भयं।	प्रियता से जन्मे भय।
पियतो विप्पमुत्तस्स,	प्रियता से मुक्त जो जन,
नत्थि सोको कुतो भयं॥	उसे न शोक, कैसा भय?

२१३.

पेमतो जायती सोको, पेमतो जायती भयं।	स्नेह से जन्मे शोक, स्नेह से जन्मे भय।
पेमतो विप्पमुत्तस्स, नत्थि सोको कुतो भयं॥	स्नेह से मुक्त जो, उसे न शोक, कैसा भय ?

इन पाँच गाथाओं में भगवान बुद्ध हमारा ध्यान लोगों और परिवार के सदस्यों के प्रति अत्यधिक प्रेम रखने के दुष्परिणाम की ओर आकर्षित करते हैं। अपनों से बिछड़ना प्रकृति का नियम है, पर जब हमारे मन में उनके प्रति गहरा लगाव होता है तो हम यह भूल जाते हैं। इससे गहरी मानसिक पीड़ा होती है। इसके अलावा प्रेम हमें ध्यान, अध्ययन और चिंतन के गहन अभ्यास के लिए एकांत में रहने से रोककर धम्म में हमारी प्रगति को भी बाधित कर सकता है। अतः भगवान बुद्ध सुझाव देते हैं कि हमें किसी से भी अत्यधिक प्रेम नहीं करना चाहिये।

इस सुझाव से कौशल प्रदेश के नागरिक, यहाँ तक कि उनके सम्राट प्रसेनजित भी, पहले तो बहुत नाराज हुए क्योंकि उन्हें लगा कि प्रेम न करने से तो परिवार टूट जायेंगे। अंततः, जैसा सम्राट प्रसेनजित को उनकी महारानी मल्लिका ने समझाया, प्रजा को भी समझ आया कि बच्चों से अत्यधिक प्रेम के कारण उनसे बिछड़ने पर बहुत दुख होता है। भगवान माता-पिता, बच्चों और सम्बंधियों की देख-रेख को तो बहुत महत्व देते हैं परन्तु उनके प्रति आसक्ति तो दुख ही देती है।

आजकल के संदर्भ में हम देखें तो कई बार बेटे से आसक्ति के कारण उसकी शादी के बाद माँ को लगता है कि बेटा अब उसका ध्यान नहीं रखता और अपनी पत्नी को अधिक महत्व देता जिससे घर में क्लेश उत्पन्न हो जाता है। अत्यधिक प्रेम, अर्थात आसक्ति, बंधन बन जाता है जब कि शुद्ध प्रेम में केवल सद्भावना सेवा का भाव रहता है।

२१४.

रतिया जायती सोको, रतिया जायती भयं।	राग से जन्मे शोक, राग से जन्मे भय ॥
रतिया विप्पमुत्तस्स, नत्थि सोको कुतो भयं॥	राग से मुक्त जो, उसे न शोक, कैसा भय ?

२१५.

कामतो जायती सोको, कामतो जायती भयं।	काम से जन्मे शोक, काम से जन्मे भय ॥
कामतो विप्पमुत्तस्स, नत्थि सोको कुतो भयं॥	काम से मुक्त जो, उसे न शोक, कैसा भय?

२१६.

तण्हाय जायती सोको, तण्हाय जायती भयं।
तण्हाय विप्पमुत्तस्स, नत्थि सोको कुतो भयं॥

तृष्णा से जन्मे शोक, तृष्णा से जन्मे भय।
तृष्णा से मुक्त जो, उसे न शोक, कैसा भय ?

अलग-अलग परिस्थितियों में कही गयी इन तीन गाथाओं का संदेश एक ही है – इंद्रिय सुख का राग, इंद्रिय सुख की तृष्णा- विशेष रूप से कामुकता के कारण ही शोक और भय उत्पन्न होता है। यह सत्य कभी न कभी हम सब के अनुभव में आ ही जाता है।

आधुनिक समय में भी हमें बार-बार अखबार में ऐसा समाचार दिख ही जाता है 'पत्नी ने पूर्व प्रेमी के साथ मिल पति की हत्या की' या 'पति ने पत्नी के पूर्व प्रेमी की हत्या की' जिसका परिणाम होता है अत्यधिक शोक और भय। अन्य तृष्णाएं यथा धन-सम्पति की तृष्णा, पद-प्रतिष्ठा की तृष्णा, सत्ता की लालसा, इत्यादि भी शोक और भय का कारण बनती हैं। अनुचित तरीकों से धनार्जन का मुख्य कारण धन की तृष्णा ही तो है , जिसके फलस्वरूप मनुष्य भयाक्रांत रहता है 'किसी को पता न चल जाए' । सत्ता की लालसा लोगों को किसी भी तरह से चुनाव जीतने को मजबूर करती है। सब कुछ चलता है: काले धन का प्रयोग कर रिश्वत देना, हिंसा करवाना, प्रतिद्वंद्वी के बारे में झूठी खबरें छपवाना। तो जीतने की बाद भी डर बना रहता है ''किसी को पता न चल जाए'।

२१७.

सीलदस्सनसम्पन्नं , धम्मट्ठं सच्चवेदिनं।
अत्तनो कम्म कुब्बानं, तं जनो कुरुते पियं॥

जो शील व अन्तर्दृष्टि सम्पन्न, धर्मिष्ठ, सत्यवादी;
अपना कर्तव्य निभाता जो, प्रिय हो जाता सब का ही ।

यद्यपि यह गाथा भंते महाकश्यप के बारे में कही गई थी हम देखते हैं कि यह आज भी कुछ हद तक सत्य है। एक शीलवान, कर्तव्यनिष्ठ और सत्य-दर्शी व्यक्ति हमेशा भरोसेमंद होता है। उसकी सलाह, तथा उसके साथ बातचीत हमेशा सुखद और लाभदायक होती है क्योंकि उसका कोई स्वार्थी उद्देश्य नहीं होता है। स्वाभाविक है कि ऐसा व्यक्ति सभी सज्जनों को प्रिय होता है। आधुनिक समाज में जहाँ दुर्जनों की संख्या बहुत अधिक है, ऐसा सत्यवादी व धर्मिष्ठ तो शायद लोगों को प्रथम दृष्टि में पसंद न आए, पर अपने अंतर्मन में तो वे भी उसे एक श्रेष्ठ पुरुष ही मानते हैं। अति विषम परिस्थितियों में, जब सारे उपक्रम निष्फल हो जाते हैं, कोई चालाकी काम नहीं आती, तब उसी से सलाह लेने जाते हैं।

२१८.

छन्दजातो अनक्खाते,	अवर्णनीय सुख की इच्छा जागी,
मनसा च फुटो सिया।	उसी में मन लगा रहता।
कामेसु च अप्पटिबद्धचित्तो,	काम भोगों से विरक्त चित्त,
उद्धंसोतोति वुच्चति॥	ऊर्ध्वगामी कहलाता॥

अधिकतर प्राणी विषय भोगों के बहाव में बहते-बहते दुख रूपी भवसागर में डूब ही जाते हैं। पर जब वास्तव में धर्म संवेग जागता है तब प्राणी उस विषय भोगों के बहाव के विपरीत दिशा में चलने लगता है। सारा ध्यान निर्वाण के अवर्णनीय सुख की ओर केंद्रित रहता है और शनैः-शनैः उसका मन काम भोगों के तुच्छ सुख से विरक्त हो जाता है। सभी संस्कारों का उपशमन, हर प्रकार की उपधि (व्यक्तिगत पहचान) का त्याग, और सभी तृष्णाओं का क्षय करने हेतु उपयुक्त साधना में ही मन लगा रहता है। ये सभी सामान्य जनों के उद्देश्यों के विपरीत है ; अतः ऐसे साधक को ऊर्ध्वगामी कहा जाता है।

२१९.

चिरप्पवासिं पुरिसं, दूरतो सोत्थिमागतं।	चिर प्रवासी पुरुष जब, लौटे दूर से सुरक्षित।
ञातिमित्ता सुहज्जा च, अभिनन्दन्ति आगतं॥	सुहृद मित्र, सम्बंधी करें खुशी से स्वागत॥

२२०.

तथेव कतपुञ्ञम्पि, अस्मा लोका परं गतं।	वैसे ही पुण्यकारी जब, जाये परलोक।
पुञ्ञानि पटिगण्हन्ति, पियं ञातीव आगतं॥	पुण्य कर्म करें स्वागत, ज्यों प्रिय सम्बंधी लोग।

भगवान ने यह गाथा भंते महामोग्गलान को कही जो ता वतिंस देवलोक में एक धनी के लिये बने महल को देख कर अचम्भित थे। एक सटीक उपमा द्वारा भगवान बुद्ध समझाते हैं कि परलोक जाकर एक पुण्य कर्म करने वाले को उसके पुण्यों के फल वैसे ही स्वागत करते हैं जैसे किसी बहुत दूर से लौटे प्रवासी का उसके मित्र तथा सम्बंधी करते हैं। (देखें परिशिष्ट 14: नंदिय वत्थु)

१७. कोधवग्गो

२२१.

कोधं जहे विप्पजहेय्य मानं,	क्रोध छोड़ें, त्यागें मान,
संयोजनं सब्बमतिक्कमेय्य।	सब संयोजनों का करें अतिक्रमण ।
तं नामरूपस्मिमसज्जमानं,	नाम-रूप से हों अनासक्त,
अकिञ्चनं नानुपतन्ति दुक्खा॥	न दुख से तपते वे अकिंचन ॥

पांच खंधों से आसक्ति से आत्म-भाव तथा द्वेष उत्पन्न होता है, जिनके कारण क्रोध उपजता है; और क्रोध का फल है अत्यंत दुख और संताप। अतः भगवान बुद्ध सलाह देते हैं कि नाम-रूप से आसक्त न हों तथा अपरिग्रही रहें ताकि क्रोध जनित दुखों से बच सकें। (देखें परिशिष्ट 15 : रोहिनीखत्तियकञ्ञा वत्थु)

२२२.

यो वे उप्पतितं कोधं,	जो आये हुए क्रोध को,
रथं भन्तंव वारये ।	अस्थिर रथ भांति रोक ले;
तमहं सारथिं ब्रूमि,	उसे मैं कहता सारथी,
रस्मिग्गाहो इतरो जनो॥	अन्य तो केवल लगाम पकड़े।

इस गाथा का संदर्भ: एक भिक्षु वन में अपनी कुटिया बनाने हेतु, एक पेड़ काट रहा था। उस पेड़ पर रहने वाली महिला देवता का पुत्र इस प्रक्रिया में चोटिल हो गया। महिला देवता को बहुत क्रोध आया, पर उसने उत्पन्न क्रोध का दमन कर हिंसक बदला नहीं लिया ताकि उसका शील न टूटे। वह भगवान बुद्ध के पास रोते हुए गई और पूरा वृतांत सुनाया। भगवान ने उसकी प्रशंसा करते हुए कहा कि क्रोध से अस्थिर मन को संयमित करना वास्तव में अत्यंत कठिन है; और उसे विहार में अपनी गन्धकुटी के पास के वृक्ष पर रहने की अनुमति दी। इस घटना के बाद भगवान ने भिक्षुओं को पेड़, झाड़ियों तथा अन्य वनस्पतियों को काटने पर रोक लगा दी।

२२३.

अक्कोधेन जिने कोधं,	क्रोध को जीतो अक्रोध से,
असाधुं साधुना जिने।	बुराई को अच्छाई से।
जिने कदरियं दानेन,	कंजूस को जीतो दान से,
सच्चेनालिकवादिनं॥	मिथ्या-भाषी को सत्य से॥

२२४.

सच्चं भणे न कुज्झेय्य,	सत्य बोलें, न क्रोधित हों,
दज्जा अप्पम्पि याचितो।	याचक को दें-चाहे थोड़ा ही,
एतेहि तीहि ठानेहि,	इन तीन कारणों से जन,
गच्छे देवान सन्तिके॥	जायें समीप देवताओं के ही॥

इस गाथा 223, का संदेश आधुनिक समय के लिए बहुत महत्वपूर्ण है जब अधिकांश लोग 'जैसे को तैसा' में विश्वास करते हैं। भगवान समझाते हैं कि बुराई को अच्छाई तथा क्रोध को मैत्री की शांत तरंगों से ही जीता जा सकता है। इसी प्रकार कोई मिथ्या-भाषी सच बोलने से और कंजूस दान से उत्पन्न प्रसन्नता को देखने पर ही प्रभावित हो सकता है। (देखें परिशिष्ट 16: उत्तरा उपासिका वत्थु)

अगली गाथा 224, ऐसे आचरण के लाभ को इंगित करती है। एक बार भंते महामोग्गलान ने देवलोक की अपनी यात्रा के दौरान पाया कि वहाँ लोगों का जन्म 'छोटे-छोटे' कुशल कर्मों के परिणामस्वरूप ही हुआ था – जैसे सदा सत्य बोलना, स्वामी के दुर्वचनों पर मन में क्रोध न जगाना, अथवा भिक्षुओं को फलों और सब्जियों जैसी तुच्छ वस्तुओं का थोड़ा-सा दान देना। इस बात पर आश्चर्य प्रकट करते हुए उन्होंने भगवान से प्रश्न किया कि क्या उन्हें सत्य बताया गया। तब भगवान बुद्ध ने यह गाथा कहते हुए उनसे कहा कि जो उन्होंने देखा और सुना सब सत्य ही था।

२२५.

अहिंसका ये मुनयो, निच्चं कायेन संवुता।	अहिंसक हैं जो मुनि, नित्य काया में संयमित।
ते यन्ति अच्चुतं ठानं, यत्थ गन्त्वा न सोचरे॥	वे जाते अच्युत स्थान, जहाँ शोक न कदाचित।

२२६.

सदा जागरमानानं, अहोरत्तानुसिक्खिनं।	जो सदा जागृत, दिन-रात अभ्यास रत;
निब्बानं अधिमुत्तानं, अत्थं गच्छन्ति आसवा।।	निर्वाण की ओर अभिमुख, आसव होते अस्त।

संयमित काया एवं मन, तथा सजगता एक दूसरे के पूरक हैं। निरन्तर सजग रहने पर ही हम इंद्रिय-विषयों के आकर्षण एवं विकर्षण रूपी बंधनों से चित्त को बचा कर उसकी शुद्धि का काम कर सकते हैं। तभी हमारे कायिक एवं वाचिक कर्म संयमित रह पाते हैं जिससे सजग रहना उत्तरोत्तर सहज होता जाता है। चित्त शुद्धि से हमारे आश्रव घटते हैं और हम निर्वाण की ओर अग्रसर हो जाते हैं जिसका साक्षात्कार कर हम हर प्रकार के शोक से पूर्णतया मुक्त हो जाते हैं।

२२७.

पोराणमेतं अतुल,	पुरानी बात है यह, अतुल,
नेतं अज्जतनामिव।	न आधुनिक काल की।
निन्दन्ति तुण्हिमासीनं,	निंदा होती चुप रहने वाले की,
निन्दन्ति बहुभाणिनं।	और वाचाल की।
मितभाणिम्पि निन्दन्ति,	निंदा होती मितभाषी की भी,
नत्थि लोके अनिन्दितो।।	लोक में कोई बचता नहीं ॥

२२८.

न चाहु न च भविस्सति,	न हुआ है, न होगा,
न चेतरहि विज्जति।	न है पुरुष ऐसा कोई ;
एकन्तं निन्दितो पोसो,	जो हो केवल निंदित,
एकन्तं वा पसंसितो।।	या केवल प्रशंसित ही ॥

२२९.

यं चे विञ्ञू पसंसन्ति,	ज्ञानी जिसकी प्रशंसा करें,
अनुविच्च सुवे सुवे।	करके जांच दिन-प्रतिदिन ।
अच्छिद्दवुत्तिं मेधाविं,	ऐसा दोष रहित मेधावी,
पञ्ञासीलसमाहितं॥	हो प्रज्ञा-शील सम्पन्न॥

२३०.

निक्खं जम्बोनदस्सेव,	जम्बू (नदी)-स्वर्ण की मुद्रा समान,
को तं निन्दितुमरहति।	कौन करे उसे निंदित ?
देवापि नं पसंसन्ति,	देवता भी करते प्रशंसा,
ब्रह्मुनापि पसंसितो॥	और ब्रह्मा द्वारा भी वह प्रशंसित ॥

ये चार गाथाएँ भिक्षु अतुल और उनके साथियों को संबोधित थीं, जिन्होंने भगवान बुद्ध से चार वरिष्ठ भिक्षुओं के प्रति असंतोष जताया क्योंकि धर्म-देसना के उनके अनुरोध पर भंते रेवत तो मौन ही रहे, भंते सारिपुत्त ने बहुत लंबा, समझने में कठिन प्रवचन दिया, और भंते आनंद ने बहुत ही संक्षिप्त प्रवचन में केवल धर्म की रूपरेखा ही दी।

भगवान समझाते हैं कि इस संसार में कोई ऐसा नहीं जिसकी निंदा न हो- चाहे वह कम बोलता हो या वाचाल; यदि वह मौन ही रहता है तब भी लोग उसकी निंदा करने का कोई न कोई कारण ढूंढ ही लेते हैं।

हाँ, यदि विज्ञ लोग ठीक से जाँच कर उसे वास्तव में दोषरहित, बुद्धिमान, प्रज्ञा और शील-सम्पन्न जानकर, उसकी प्रशंसा करते हैं, तो उसे कौन दोषी ठहराएगा? वह तो जम्बू नदी से प्राप्त शुद्ध सोने से बने सिक्के के समान है। देवता भी उसकी स्तुति करते हैं; बड़े-बड़े ब्रह्मा भी उसकी प्रशंसा करते हैं।

भगवान का संदेश स्पष्ट है : यदि हमारा ध्येय यह हो कि कोई हमारी निंदा न करे, तो यह बिल्कुल असम्भव है, कोई न कोई तो निंदा करेगा ही। हमारा प्रयास तो यह होना चाहिए कि हम ज्ञानियों की कसौटी पर खरे उतरें; यदि ज्ञानी हम में कोई दोष नहीं देखते और हमारी प्रशंसा करते हैं, तभी हम वास्तव में दोष मुक्त हैं।

२३१.

कायप्पकोपं रक्खेय्य, कायेन संवुतो सिया। काया के प्रकोप से बचें,काया को संयत करें।

कायदुच्चरितं हित्वा, कायेन सुचरितं चरे॥ काया के दुष्कृत्य त्यागें, काया से सुकृत्य करें॥

२३२.

वचीपकोपं रक्खेय्य, वाचाय संवुतो सिया। वाणी के प्रकोप से बचें, वाणी को संयत करें।

वचीदुच्चरितं हित्वा, वाचाय सुचरितं चरे॥ वाणी के दुष्कृत्य त्यागें, वाणी से सुकृत्य करें॥

२३३.

मनोपकोपं रक्खेय्य, मनसा संवुतो सिया। मन के प्रकोप से बचें, मन को संयत करें।

मनोदुच्चरितं हित्वा, मनसा सुचरितं चरे॥ मन के दुष्कृत्य त्यागें, मन से सुकृत्य करें॥

२३४.

कायेन संवुता धीरा, अथो वाचाय संवुता। काया संयत धीर की, और वाणी भी संयत।

मनसा संवुता धीरा, ते वे सुपरिसंवुता॥ मन संयत जिस धीर का, वही सचमुच सुसंयत॥

भारत की सभी धार्मिक परम्पराओं में काया और वाणी के संयम को बहुत महत्व दिया जाता है। पर कई बार यह संयम बहुत ही सतही तौर पर किया जाता है। जैसे काया के संयम के रूप में एक विशेष प्रकार की वेशभूषा पहनना, बालों को एक विशेष प्रकार से रखना, पैरो में खड़ाऊं पहनना इत्यादि। इसी प्रकार वाणी के संयम का अर्थ हो जाता है: बोलने की जगह कागज़ पर लिख कर दूसरों से चर्चा करना।

भगवान बुद्ध समझाते हैं कि वास्तविक संयम का अर्थ है, काया और वाणी के दुष्कृत्यों को त्यागना। इसके लिये आवश्यक है कि मन भी संयमित हो क्योंकि काया और वाणी के कर्मों का आधार है मन में उपजने वाले संकल्प। हमारे संकल्प यदि सम्यक हों तो वाणी या शरीर से कोई भी दुष्कृत्य हो ही नहीं सकता।

१८. मलवग्गो

२३५.

पण्डुपलासोव दानिसि,	पीले पत्ते जैसा तू अब,
यमपुरिसापि च ते उपट्ठिता।	यमदूत खड़े पास तेरे ।
उय्योगमुखे च तिट्ठसि,	प्रयाण के लिये तैयार,
पाथेय्यम्पि च ते न विज्जति॥	और पाथेय नहीं कुछ पास तेरे॥

२३६.

सो करोहि दीपमत्तनो,	स्वयं अपना द्वीप बना ले,
खिप्पं वायम पण्डितो भव।	शीघ्र प्रयत्न कर, ज्ञानी बन।
निद्धन्तमलो अनङ्गणो,	दिव्य आर्य भूमि ही पायेगा,
दिब्बं अरियभूमिं उपेहिसि ॥	सब मैल त्याग, दोष रहित बन ॥

२३७.

उपनीतवयो च दानिसि,	अब आयु तेरी हुई समाप्त,
सम्पयातोसि यमस्स सन्तिके।	आ पहुँचा निकट यमराज के।
वासो ते नत्थि अन्तरा,	राह में न कोई विश्राम स्थल,
पाथेय्यम्पि च ते न विज्जति॥	पाथेय भी न कुछ पास तेरे।

२३८.

सो करोहि दीपमत्तनो,	स्वयं अपना द्वीप बना ले,
खिप्पं वायम पण्डितो भव।	शीघ्र प्रयत्न कर, ज्ञानी बन।
निद्धन्तमलो अनङ्गणो,	सब मैल त्याग, दोष रहित बन,
न पुनं जातिजरं उपेहिसि॥	न जन्म-जरा पायेगा पुनः ।

ये 4 गाथाएँ उस वृद्ध व्यक्ति को संबोधित की गईं जिसकी मृत्यु निकट ही थी।

भगवान बुद्ध पुनर्जन्म की प्रक्रिया के लिए लंबी यात्रा पर जाने वाले व्यक्ति की उपमा का उपयोग करते हैं जो अपने साथ कुछ पाथेय (भोजन) जरूर रखता है। चूंकि, मृत्यु के बाद केवल अच्छे कर्म ही हमारा साथ देते हैं, इसलिए भगवान बुद्ध हमें दान आदि अच्छे कर्म करने को प्रेरित करते हैं जिससे हमारा पुनर्जन्म अच्छे लोक में हो। यह बात आदित्त सुत्त[29] में भी सुंदर उपमा के द्वारा समझाई गई है।

" *जब घर जल रहा हो तो जो बर्तन बाहर निकाल दिया जाए, वही [भविष्य में] काम आता है, इसी प्रकार यह संसार बुढ़ापा और मृत्यु (रूपी अग्नियों) में जल रहा है अतः जो सम्पति हम दान द्वारा बाहर निकाल लें, वही ठीक से बचा है और भविष्य में काम में आती है*"।

दान से भी उत्तम है मानसिक अशुद्धियों को दूर करने के लिए साधना रत रहना । यदि हम इन अशुद्धियों को पूरी तरह से हटा सकें तो जन्म और मृत्यु के चक्र से पार पा सकते हैं।

२३९.

अनुपुब्बेन मेधावी, थोकं थोकं खणे खणे।	मेधावी, क्रमशः थोड़ा-थोड़ा, क्षण-प्रतिक्षण;
कम्मारो रजतस्सेव, निद्धमे मलमत्तनो॥	निकाले मन का मैल, जैसे सुनार निकाले चाँदी का मैल ।

कई बार हम साधना में धीमी प्रगति से हतोत्साहित हो जाते हैं। भगवान इस गाथा में समझाते हैं कि चित्त शुद्धि शनैः शनैः ही होती है; आवश्यकता है निरंतर प्रयास रत रहने की।

२४०.

अयसाव मलं समुट्ठितं,	लोहे से उत्पन्न मल,
ततुट्ठाय तमेव खादति।	जिससे उत्पन्न, उसे ही खाये।
एवं अतिधोनचारिनं,	ऐसे ही अतिचारी के कर्म,
सानि कम्मानि नयन्ति दुग्गतिं॥	उसे ही दुर्गति की ओर ले जाते ॥

[29] स.नि. 1.41

मन में जैसे ही अकुशल संकल्प रूपी मैल जागते हैं, जैसे दुर्भावना, वैर, क्रोध, अहंकार, लोभ, वासना, ईर्षा, इत्यादि; मन तुरंत विचलित हो जाता है। अतः इनसे प्रेरित पाप कर्म होने से पहले ही मानसिक और शारीरिक कष्ट होता है और अंततः वे दुष्कृत्य हमें दुर्गति की ओर ले ही जाते हैं। इस प्रकार मन से ही उत्पन्न हुए यह मैल मन को ही दुःख पहुंचाते हैं। भगवान इसकी तुलना लोहे के भीतर उपजे ज़ंग से करते हैं, जो धीरे-धीरे लोहे को ही खा जाता है।

२४१.

असज्झायमला मन्ता, अनुट्ठानमला घरा।	बेसुरा पाठ मंत्रों का मल, निष्क्रियता घर का मल।
मलं वण्णस्स कोसज्जं, पमादो रक्खतो मलं॥	आलस्य सुंदरता का मल, प्रमाद रक्षक का मल॥

२४२.

मलित्थिया दुच्चरितं, मच्छेरं ददतो मलं।	दुराचार स्त्री[30] का मल, कंजूसी दाता का मल।
मला वे पापका धम्मा, अस्मिं लोके परम्हि च॥	हो यह लोक या परलोक, पाप कर्म है सर्वत्र मल॥

२४३.

ततो मला मलतरं, अविज्जा परमं मलं।	इन सब मलों से बढ़ कर, है अविद्या, परम मल।
एतं मलं पहन्त्वान, निम्मला होथ भिक्खवो॥	इस मल को त्याग कर, भिक्षुओ! बनो निर्मल॥

अलग – अलग परिस्थितियों में कहीं गई इन गाथाओं में व्यवहारिक परिस्थिति से आरम्भ कर भगवान उत्तरोत्तर सूक्ष्म मल की ओर हमारा ध्यान आकर्षित करते हैं।

घर की साफ-सफाई के प्रति उदासीनता, घर में मैल (गंदगी) का कारण बनती है; आलसी व्यक्ति अपनी शारीरिक स्वच्छता का ठीक से ध्यान नहीं रखता तो बदसूरत दिखता है; चौकीदार की लापरवाही उसके रक्षक के दायित्व को कलंकित करती है; व्यभिचारिता एक स्त्री को दुराचारी बना देती है; कंजूसी दान देने में बाधा बनती है, और पाप कर्म हर किसी के लिये दुःख का कारण बनता है। पर इन सब से गहरा मल है अविद्या का, जो उपरोक्त सभी प्रकार के विकारों की उत्पत्ति और उनसे

---

30 दुराचार स्त्री और पुरुष दोनों का ही मल है; क्योंकि यह गाथा एक दुराचारी स्त्री के संदर्भ में दी गई थी अतः स्त्री शब्द ही उस संदर्भ में उपयुक्त था।

प्रेरित पाप कर्मों का मूल कारण है। अतः भगवान हमें अविद्या दूर कर पूर्णतया निर्मल बनने की प्रेरणा देते हैं।

२४४.

सुजीवं अहिरिकेन,	जीवन आसान उस निर्लज्ज का,
काकसूरेन धंसिना।	जो दुःसाहसी कौवे जैसा ;
पक्खन्दिना पगब्भेन,	पर-अहितकारी, बकवादी ,
संकिलिट्ठेन जीवितं॥	जो मलिन जीवन जीता ॥

२४५.

हिरीमता च दुज्जीवं,	जीवन दुष्कर लज्जावान का,
निच्चं सुचिगवेसिना।	जो नित्य शुचिता खोजता;
अलीनेनाप्पगब्भेन,	अप्रमादी, मित-भाषी,
सुद्धाजीवेन पस्सता॥	शुद्ध जीविका वाले ज्ञानी सा ॥

छठी शताब्दी ईसा पूर्व के समाज की वस्तुस्थिति का यह वर्णन आधुनिक समय के लिये भी बिल्कुल सटीक प्रतीत होता है। आजकल भी तथाकथित 'स्मार्ट', दुस्साहसी और वाक्पटु लोग नियमों को अपनी सुविधा के अनुसार तोड़-मोड़ कर फलते-फूलते दिखते हैं। प्रमादवश, निर्लज्जता को आधुनिकता, पर-निंदा को 'प्रतिस्पर्धा की आवश्यकता' मान कर बेहिचक दूसरों का अहित करते हुए, एक मलिन जीवन जीते हैं।

दूसरी ओर जो मितभाषी लोग, सजगता से नियमों का पालन कर शुद्ध, शीलवान जीवन जीना चाहते हैं, वे खुद को अनैतिक लोगों के साथ उलझते हुए पाते हैं। इस कारण कई बार उनका जीवन कठिनाई में बीतता है।

इन गाथाओं द्वारा भगवान हमें सावधान करते हैं कि शुद्धता का जीवन जीने में कई कठिनाइयां आ सकती हैं, और हमें इनका सामना करने के लिए तैयार रहना चाहिए। इनसे घबरा कर शुद्ध, शीलवान जीवन को अव्यावहारिक मान कर त्यागना नहीं चाहिए।

२४६.

यो पाणमतिपातेति, मुसावादञ्च भासति।	जो जीव-हिंसा करता, और मिथ्या-भाषण ;
लोके अदिन्नमादियति, परदारञ्च गच्छति॥	संसार में चोरी करता, और पर-स्त्री गमन ॥

२४७.

सुरामेरयपानञ्च, यो नरो अनुयुञ्जति।	भाँति-भाँति के मद्यपान में, जो नर लग्न रहता ।
इधेवमेसो लोकस्मिं, मूलं खणति अत्तनो॥	लोक में इसी जीवन में, अपनी ही जड़ खोदता ॥

२४८.

एवं भो पुरिस जानाहि, पापधम्मा असञ्ञता।	हे पुरुष, समझ- पाप है असंयत जीवन ।
मा तं लोभो अधम्मो च, चिरं दुक्खाय रन्धयुं॥	लोभ व अधर्म न दें तुझे, चिर काल तक तपन ।

ये तीन गाथाएं भगवान बुद्ध ने उन पांच उपासकों को कहीं थी जो उपोसथ के दिन केवल एक या दो शील रख कर अपना गुणगान करते हुए वाद विवाद कर रहे थे: "अमुक शील सबसे महत्वपूर्ण है , और उसका पालन करना सबसे कठिन"। भगवान ने उन्हें समझाया कि सभी पाँच शीलों का पालन किया जाना चाहिए और ये समान रूप से महत्वपूर्ण हैं। जीव हिंसा, चोरी, व्याभिचार, झूठ बोलना और मादक पदार्थों का सेवन, नाना प्रकार से हमारे शारीरिक और मानसिक दुःख का कारण बनता है। यदि इनमें से कोई एक भी शील हम तोड़ते हैं, तो उस पर पर्दा डालने के प्रयास में कई अन्य शील भी टूट ही जाते हैं।

अतः भगवान हमें प्रेरित करते हैं कि संयमित तथा सम्पूर्ण रूप से शीलवान जीवन जीना चाहिए ताकि हम पाप कर्मों से बचें और हमारा वर्तमान और भविष्य दोनों ही खराब न हों।

२४९.

ददाति वे यथासद्धं,	यथा श्रद्धा लोग देते दान,
यथापसादनं जनो।	मन की शुद्धता अनुरूप।
तत्थ यो मङ्कु भवति ,	जो होता क्षुब्ध यह देख
परेसं पानभोजने।	अन्य द्वारा दिये खान-पान,
न सो दिवा वा रत्तिं वा,	न दिन में न रात में,

समाधिमधिगच्छति॥	वह समाधिस्थ हो पाता।

२५०.

यस्स चेतं समुच्छिन्नं,	जिसके चित्त से हुई उच्छिन्न,
मूलघच्चं समूहतं।	समूल यह क्षुब्धता,
स वे दिवा वा रत्तिं वा,	चाहे दिन हो या रात,
समाधिमधिगच्छति॥	वह समाधिस्थ हो पाता।

ये गाथाएँ भगवान बुद्ध द्वारा उस भिक्षु के संदर्भ में कही गई थीं जो दानदाताओं द्वारा संघ को दी जाने वाली भेंट को देख कर क्षुब्ध हो जाता और उनको नीचा दिखाने का प्रयास करता था। वह डींग मारता कि उसके सम्बंधी तो इससे कहीं अधिक दान देते थे। ऐसी बातें कई बार आज भी आश्रमों और विहारों में सुनने को मिलती हैं।

भगवान समझाते हैं कि ऐसे भिक्षु का चित्त कभी भी समाहित नहीं हो सकता। जब कोई साधक इस क्षुब्धता को समूल नष्ट कर देता है, तो लोगों द्वारा दिये गये दान को देखकर चित्त में प्रमोद जागता है। प्रसन्नता समाधि का आधार है। साधना करने पर अब उसका चित्त बड़ी आसानी से समाधिस्थ हो सकता है।

२५१.

नत्थि रागसमो अग्गि, नत्थि दोससमो गहो।	राग सदृश न आग है, दोष सदृश न बंधन।
नत्थि मोहसमं जालं, नत्थि तण्हासमा नदी॥	मोह सदृश न जाल है, तृष्णा सदृश न प्रवाह॥

राग, दोष और मोह तीन मूल विकार हैं जिनसे स्फुटित शाखाएँ हमें विभिन्न तरीकों से भ्रमित करती हैं। राग हमारे मानस में निरंतर सुलगती हुई आग के समान है, जो कुछ न कुछ आहुति मांगती ही रहती है। जब कि द्वेष हृदय को संकुचित कर देता है, हम दूसरों से कटने लगते हैं। मोह रूपी दलदल में फँस कर हम किंकर्तव्यविमूढ़ और असहाय सा महसूस करते हैं, जैसे किसी जाल में फंस गए हों। मन में नाना प्रकार की तृष्णाएं और शंकाएं जागती हैं जो हमें धम्म को समझने और उसका ठीक से अभ्यास करने नहीं देतीं। और तृष्णाओं का तो कोई अंत ही नहीं – एक तृष्णा को हम किसी तरह से शांत करते

हैं, दूसरी उत्पन्न हो जाती है - एक निरंतर प्रवाह मान नदी की तरह जो कभी रुकती ही नहीं; दुःख की ओर तेजी से आगे बढ़ती ही जाती है।

२५२.

सुदस्सं वज्जमञ्ञेसं,	आसान दूसरों के दोष देखना,
अत्तनो पन दुद्दसं।	कठिन अपने दोष को देखना।
परेसं हि सो वज्जानि,	दूसरों के दोषों को फैलाते
ओपुनाति यथा भुसं।	जैसे ओसायें भूसा।
अत्तनो पन छादेति,	अपने दोष छिपाते, जैसे
कलिंव कितवा सठो॥	बेईमान छिपाए पासा।

२५३.

परवज्जानुपस्सिस्स ,	जो दूसरों के दोष ही देखे,
निच्चं उज्झानसञ्ञिनो।	सतत दोषारोपण करता।
आसवा तस्स वड्ढन्ति,	आसव उसके बढ़ते ही जाते,
आरा सो आसवक्खया॥	आसव-क्षय से दूर ही रहता ॥

भिन्न परिस्थितियों में दी गई इन दो गाथाओं में बहुत महत्वपूर्ण संदेश निहित है। सज्जन अपने दोष और दूसरों के गुण देखता है ताकि वह उनको अपने जीवन में उतार सके। इसके विपरीत दुर्जन अपने दोषों को छिपाता है परंतु दूसरों के दोषों को बढ़ा-चढ़ा कर प्रसारित करता है ताकि उसकी मिथ्या ख्याति बनी रहे। ऐसा व्यवहार उसे तात्कालिक तुष्टि दे सकता है पर इससे वह प्रायः अपने दोषों के प्रति आँख मूंद लेता है। यह वास्तव में उसकी अज्ञानता (आत्म भाव) का ही सूचक है। सतत दूसरों के दोष देखने वाले के आश्रव बढ़ते रहते हैं और वह मुक्ति से विपरीत दिशा में ही अग्रसर है।

२५४.

आकासेव पदं नत्थि,

समणो नत्थि बाहिरे।

पपञ्चाभिरता पजा,

निप्पपञ्चा तथागता॥

आकाश में पदचिन्ह न रहते,

श्रमण[31] न कहीं बाहर मिलते ।

लोग प्रपंच में रमे रहते,

तथागत निष्प्रपंच होते।

२५५.

आकासेव पदं नत्थि,

समणो नत्थि बाहिरे।

सङ्खारा सस्सता नत्थि,

नत्थि बुद्धानमिञ्जितं॥

आकाश में पदचिन्ह न रहते,

श्रमण न कहीं बाहर मिलते ।

संस्कार शाश्वत न होते,

बुद्ध कभी विचलित न होते ॥

यह दो गाथाएं भगवान बुद्ध ने अपने महापरिनिर्वाण से ठीक पहले, तपस्वी सुभद्द द्वारा उठाए गए सवालों के जवाब में कहीं थी।

भिक्षु संघ के बाहर आर्यों के न होने का कारण बताते हुए भगवान कहते हैं कि सामान्य जन नाना प्रकार के प्रपंचों में खुश रहते हैं जिस कारण तृष्णाओं का संवर्धन ही होता है और मनुष्य मुक्ति से दूर होता जाता है। मुक्ति का मार्ग तृष्णाओं को क्षीण करने का मार्ग है जिसके लिये सम्यक समाधि का अभ्यास करना आवश्यक है। गहरी समाधि के आधार पर ही प्रज्ञा जागृत करना सम्भव हो पाता है। जैसे-जैसे साधक की समाधि और प्रज्ञा सुप्रतिष्ठित होती है वह लोकधम्मों से विचलित नहीं होता क्योंकि वह *यथाभूतदस्सन* से जानता है कि यह सभी अनित्य और असंतोषजनक हैं । जैसे पक्षी आकाश में उड़ते समय कोई पदचिन्ह नहीं छोड़ते उसी प्रकार एक मुक्त आर्य के कर्मों का कोई पदचिन्ह (अर्थात संस्कार) नहीं रहता।

[31] तात्पर्य यह है कि आर्य, बौद्ध संघ के बाहर नहीं होते

१९. धम्मट्ठवग्गो

२५६.

न तेन होति धम्मट्ठो, येनत्थं साहसा नये।	धर्मिष्ठ नहीं वह होता, जो सहसा निश्चय करे।
यो च अत्थं अनत्थञ्च, उभो निच्छेय्य पण्डितो ॥	अर्थ-अनर्थ दोनों परखे, फिर ज्ञानी निश्चय करे ॥

२५७.

असाहसेन धम्मेन,	जो धीरज से, धर्म अनुसार,
समेन नयती परे।	निष्पक्षता से मार्गदर्शन करे।
धम्मस्स गुत्तो मेधावी,	धर्म रक्षक, मेधावी,
'धम्मट्ठो' ति पवुच्चति॥	वही धर्मिष्ठ कहलाए ॥

यह दो गाथायें भगवान ने भ्रष्ट न्यायाधीशों के संदर्भ में कहीं थी। एक अच्छे न्यायाधीश को मनमाना निर्णय नहीं लेना चाहिये वरन वह सभी पहलुओं को जांच कर, पूर्ण निष्पक्षता एवं विवेक से, दूध का दूध पानी का पानी करे। यही बात एक अच्छे कल्याण-मित्र के लिये भी आवश्यक है। उसे भी सोच-विचार कर, बगैर उत्तेजित हुए, सम-भाव से दूसरों का मार्गदर्शन करना चाहिये।

व्यक्तिगत जीवन में भी निर्णय लेने का यही तरीका होना चाहिये – चाहे भूमिका घर में माता पिता की हो, विद्यालय में शिक्षक की, या कार्यस्थल में अधिकारी की – हर पक्ष की बात सुनी जाए (चाहे वह बच्चे ही क्यों न हों !) और फिर निष्पक्षता से, बगैर किसी पूर्वाग्रह के, सोच समझ कर, शांत चित्त से निर्णय दिया जाए। ऐसा निर्णय ही धर्मानुकूल हो सकता है। इस प्रकार से अपनी जिम्मेदारियों का वहन करना हमारे मन को शुद्ध करने में सहायक होता है।

२५८.

न तेन पण्डितो होति,	पंडित नहीं वह होता,
यावता बहु भासति।	

खेमी अवेरी अभयो,

‘‘पण्डितो’’ति पवुच्चति॥

जो बस बहुत बोलता[32]।

क्षेमी, निर्वैर, निर्भय, ही

पंडित है कहलाता ॥

२५९.

न तावता धम्मधरो,

यावता बहु भासति।

यो च अप्पम्पि सुत्वान,

धम्मं कायेन पस्सति।

स वे धम्मधरो होति,

यो धम्मं नप्पमज्जति॥

धर्म-धारक वह न होता,

जो बस बहुत बोलता ।

थोड़ा सुनकर भी जो, धम्म को

तन-मन से अनुभव करता;

धर्म-आचरण में जो अप्रमादी,

वही धर्म-धारक होता ॥

दो अलग-अलग अवसरों पर कही गई इन दो गाथाओं में एक समान सूत्र है – भगवान के प्रवचनों को याद करने और सुनाने की क्षमता, प्रज्ञा का सूचक नहीं है। प्रज्ञा के सूचक हैं चित्त की शुद्धता जिसका प्रकटीकरण होता है हमारे मैत्रीपूर्ण, सौम्य व्यवहार, निर्भयता एवं हर परिस्थिति में समत्व-भाव में। यह तभी सम्भव होता है जब कोई प्रमाद रहित हो भगवान की शिक्षा को जीवन में उतारने का अभ्यास करता है। तभी वह सच्चा ‘धम्मधर’ – अर्थात भगवान बुद्ध की शिक्षा को धारण करने वाला - कहलाता है।

आधुनिक काल के आचार्यों के लिए यह एक उत्तम संदेश है; जो शुद्ध आचरण की बातें वे अपने प्रवचनों से सुनाते हैं, उन्हें अपने आचरण में उतारें, तभी वे धम्म-धारक कहलाने योग्य बनेंगे।

२६०.

न तेन थेरो सो होति,

येनस्स पलितं सिरो।

मात्र केश पकने से,

कोई ‘स्थविर’ नहीं हो जाता ।

[32] अर्थात धर्म की चर्चा करता, प्रवचन देता

परिपक्को वयो तस्स, | आयु हो जाए भले परिपक्व,
''मोघजिण्णो''ति वुच्चति॥ | पर 'व्यर्थ-वृद्ध' ही कहलाता ॥

२६१.

यम्हि सच्चञ्च धम्मो च, | जिसमें है सत्य, धर्म,
अहिंसा संयमो दमो। | इंद्रिय-संयम और अहिंसा ।
स वे वन्तमलो धीरो, | वैसा विगत-मल,धीर ही
''थेरो'' इति पवुच्चति॥ | सचमुच 'स्थविर' कहलाता ।

यह दो गाथाएं भगवान ने उन तीस भिक्षुओं को कहीं जिन्होंने अरहंत लकुण्टक भद्दिय भंते को एक श्रामनेर समझा क्योंकि वे बौने युवा थे। उन भिक्षुओं को इन दो गाथाओं के माध्यम से भगवान बुद्ध वास्तविक थेर (स्थविर) के गुण बताते हैं।

केवल उम्र में वरिष्ठता, बालों का सफ़ेद होना, किसी को थेर नहीं बनाती। जिस व्यक्ति में उम्र बढ़ने के साथ-साथ प्रज्ञा नहीं जागती, उसका बुढ़ापा तो व्यर्थ ही है। केवल एक प्रज्ञावान व्यक्ति जो चार आर्य सत्यों को ठीक से समझता है, जो अहिंसक और सदाचारी है, जो अपनी इंद्रियों को नियंत्रित करता है और मन को सभी मलों से मुक्त कर चुका है, उसे ही वास्तव में थेर कहा जा सकता है। 2600 वर्ष पूर्व भिक्षुओं को दिया गया यह मार्ग दर्शन आज भी उतना ही समीचीन है।

२६२.

न वाक्करणमत्तेन, | मात्र अच्छा वक्ता होना,
वण्णपोक्खरताय वा। | या सुंदर रूपवान होना;
साधुरूपो नरो होति, | किसी ईर्षालु, कंजूस, शठ, को
इस्सुकी मच्छरी सठो॥ | साधु-रूप नहीं बनाता ॥

२६३.

यस्स चेतं समुच्छिन्नं, | जिसके चित्त से ये सब दोष,
मूलघच्चं समूहतं। | समूल उच्छिन्न हो जाते,

स वन्तदोसो मेधावी,	वह विगत-दोष मेधावी ही,
''साधुरूपो''ति वुच्चति॥	सचमुच साधु-रूप कहलाते ॥

यह दो गाथाएं भगवान बुद्ध ने उन वाक्पटु भिक्षुओं को कहीं जिन्होंने यह सुझाव दिया कि नए भिक्षु और श्रामनेर जो वरिष्ठ भिक्षुओं की सेवा में रहते थे, वे उनके पास आकर भी धम्म की शिक्षा पाएं।

इन गाथाओं के माध्यम से भगवान समझाते हैं कि केवल भाषण-कौशल से कोई व्यक्ति सत्पुरुष नहीं बन जाता। कई बार धर्म को समझाने की वाक्पटुता लोगों को भ्रम में डाल देती है कि वह वक्ता धर्मिष्ठ है। इसी प्रकार भव्य व्यक्तित्व, आकर्षक रंग-रूप और साज-सज्जा भी धर्मिष्ठ होने का प्रमाण नहीं। जब तक मनुष्य घृणा, द्वेष, ईर्ष्या, कपट, कृपणता जैसे अकुशल मानसिक विकारों को जड़ से उखाड़ नहीं देता, तब तक उसका चित्त निर्मल नहीं हो पाता। ऐसा करने के बाद ही वह सत्पुरुष कहलाने योग्य बनता है।

२६४.

न मुण्डकेन समणो, अब्बतो अलिकं भणं।	व्रत[33]-हीन मिथ्या-भाषी, मुण्डन से श्रमण न होता।
इच्छालोभसमापन्नो, समणो किं भविस्सति॥	इच्छा लोभ से भरा कोई, भला कैसे श्रमण होगा ॥

२६५.

यो च समेति पापानि, अणुं थूलानि सब्बसो।	स्थूल सूक्ष्म सब पापों का, जो करता शमन।
समितत्ता हि पापानं, ''समणो''ति पवुच्चति॥	शमित कर सब पापों को, वह कहलाता 'श्रमण' ॥

हत्थक नामक एक भिक्षु की आदत थी कि वह अन्य सम्प्रदायों के श्रमणों को किसी स्थान पर बुलाकर धम्म के बारे में बहस के लिये चुनौती देता था। और फिर उस अपने द्वारा चुने हुए स्थान पर जाता और जब वे भिक्षु नहीं आते तो शेखी मारता कि उससे बहस करने से सभी घबराते थे, इत्यादि। भगवान बुद्ध को जब यह मालूम पड़ा तो उसे बुलाकर इन दो गाथाओं के द्वारा यह समझाया कि केवल सिर मुँड़ाने से कोई श्रमण नहीं बन जाता, खास तौर पर यदि वह झूठ बोलता है और अन्य शीलों का भी

33 भिक्षु विनय के विभिन्न नियम

पालन नहीं करता तथा लोभ आदि तृष्णाओं से ग्रसित है। सच्चा श्रमण तो वह है जो स्वयं उपयुक्त श्रम कर के, लोभ, द्वेष, मोह से उपजने वाले सभी स्थूल-सूक्ष्म विकारों का शमन कर देता है।

२६६.

न तेन भिक्खु सो होति, यावता भिक्खते परे।
विस्सं धम्मं समादाय, भिक्खु होति न तावता॥

दूसरों से भिक्षा माँगने से, न कोई भिक्षु होता।
विषम धर्म मानने वाला, भला कैसे भिक्षु होता।

२६७.

योध पुञ्ञञ्च पापञ्च, बाहेत्वा ब्रह्मचरियवा।
सङ्खाय लोके चरति, स वे 'भिक्खू'ति वुच्चति॥

पुण्य-पाप से ऊपर उठ, जो पवित्र जीवन जीता।
विवेकपूर्वक रहे संसार में, वही भिक्षु कहलाता।

यह दो गाथाएं भगवान बुद्ध ने उस ब्राह्मण को कहीं जो भिक्षाटन करता था और इस आधार पर भगवान से आग्रह कर रहा था कि उसे भी श्रमण कहना चाहिए। उसकी भ्रांति को दूर करते हुए भगवान बुद्ध कहते हैं कि केवल भिक्षार्जन से कोई व्यक्ति भिक्षु नहीं बन जाता, खास तौर पर वह जो बुद्ध-धम्म न अपना कर किसी और शिक्षा को अपनाता है। एक सच्चा भिक्षु वह है जो कर्ता भाव त्याग, इसी जीवन में पाप और पुण्य दोनों का अतिक्रमण कर देता है, और पवित्र जीवन जीते हुए ज्ञानपूर्वक संसार में जीवन व्यतीत करता है। ऐसा व्यक्ति ही अच्छा भिक्षु कहलाने योग्य है।

२६८.

न मोनेन मुनी होति, ळ्हरूपो अविद्दसु।
यो च तुलंव पग्गय्ह, वरमादाय पण्डितो॥

मौन से मुनि न होता, कोई मूढ़, अविद्वान ;
जो जाँच-परख कर श्रेष्ठ चुने, वही है विद्वान।

२६९.

पापानि परिवज्जेति, स मुनी तेन सो मुनि।
यो मुनाति उभो लोके[34], 'मुनि' तेन पवुच्चति।

पापों को त्यागता, समझदार, वही होता मुनि।
भीतर-बाहर दोनों जानें, सो ही कहलाता मुनि॥

[34] उभो लोके – दोनों लोक, अर्थात भीतर-बाहर दोनों प्रकार के आयतन

इन दो गाथाओं में भगवान प्रचलित शब्द मुनि की व्याख्या करते हैं। केवल मौन धारण करने से कोई मूढ़ , अविद्वान व्यक्ति मुनि नहीं बन जाता। जो भले-बुरे की जाँच-परख कर केवल श्रेष्ठ ही ग्रहण करता है, सभी पाप-कर्मों को त्याग देता है, वही समझदार व्यक्ति मुनि कहलाने योग्य है। जो भीतर-बाहर (छह आयतनों) को ठीक से जानता है, अर्थात उनके, अनित्य, दुख और अनात्म लक्षणों को अपने अनुभव से जानता है, वही सच्चा मुनि कहलाने योग्य है।

२७०.

न तेन अरियो होति,	जो करे प्राणियों पर हिंसा,
येन पाणानि हिंसति।	वह न 'आर्य' होता।
अहिंसा सब्बपाणानं,	सभी प्राणियों के प्रति अहिंसक,
'अरियो'ति पवुच्चति॥	वही 'आर्य' कहलाता॥

यह गाथा एक मछुआरे को कही गई थी। भगवान बुद्ध ने जब उसका नाम पूछा तो उसने उत्तर दिया 'आर्य'। तब भगवान ने उसे समझाया कि सच्चे आर्य किसी भी प्राणी की हत्या नहीं करते, पर चूंकि वह मछलियों की जान ले रहा था, अतः वह इस नाम के योग्य नहीं था। यह सत्य सुन कर उसमें इतना निर्वेद भाव जागा कि वह सोतापन्न अवस्था को प्राप्त हुआ।

२७१.

न सीलब्बतमत्तेन,	न मात्र शील-व्रत से,
बाहुसच्चेन वा पन।	न ही बहुश्रुत होने से ;
अथ वा समाधिलाभेन,	न केवल समाधि-लाभ से,
विवित्तसयनेन वा॥	न यह सोच कर कि "एकांत-वास में-

२७२.

फुसामि नेक्खम्मसुखं,	मैं निष्क्रमण-सुख का अनुभव करता,
अपुथुज्जनसेवितं।	जो संसारी नहीं कर पाते";
भिक्खु विस्सासमापादि,	भिक्षुओ! आत्म-संतुष्ट मत बैठो,
अप्पत्तो आसवक्खयं॥	जब तक आस्रव-क्षय न हो जाते॥

इन दो गाथाओं में भगवान भिक्षुओं को सजग करते हैं कि यह सोच आत्म-संतुष्ट हो कर न बैठें कि " हमने शील पालन और कठिन तपस्या कर ली है; हमने शिक्षा को विस्तार से समझ लिया है; हमारी समाधि पुष्ट है; एकांत वास में हम निष्क्रमण-सुख का अनुभव कर पाते हैं जो सामान्य सांसारिक की क्षमता से बाहर है"। वे समझाते हैं कि जब तक सभी आश्रव समाप्त न हों, अरहंत फल की प्राप्ति न हो, तब तक साधना रत रहें, परिश्रम को शिथिल न होने दें।

स्पष्ट है, हम सभी को इस निर्देश का ध्यान रखना चाहिये।

२०. मग्गवग्गो

२७३.

मग्गानट्ठङ्गिको सेट्ठो,	मार्गों में श्रेष्ठ अष्टांगिक मार्ग,
सच्चानं चतुरो पदा।	सत्यों में आर्य-सत्य चार।
विरागो सेट्ठो धम्मानं,	धर्मों[35]में वैराग्य श्रेष्ठ,
द्विपदानञ्च चक्खुमा॥	द्विपदों[36] में है चक्षुधर[37] ॥

२७४.

एसेव मग्गो नत्थञ्ञो,	न कोई ऐसा अन्य मार्ग,
दस्सनस्स विसुद्धिया।	दृष्टि करे जो विशुद्ध।
एतञ्हि तुम्हे पटिपज्जथ,	तुम इसी मार्ग पर चलो,
मारस्सेतं पमोहनं॥	करे यह मार को भ्रमित ॥

२७५.

एतञ्हि तुम्हे पटिपन्ना,	इस पथ पर आरूढ़ हो,
दुक्खस्सन्तं करिस्सथ।	दुःख का करोगे अन्त।
अक्खातो वो मया मग्गो,	इस मार्ग की मैंने व्याख्या की,
अञ्ञाय सल्लकन्तनं।	जान सब शूलों[38] का अन्त॥

२७६.

तुम्हेहि किच्चमातप्पं,	स्वयं तुम्हें ही तपना है,

[35] मन की वृतियाँ

[36] दो पैरो वाले मनुष्यों

[37] भगवान बुद्ध

[38] मनोविकार रूपी शूल जो दुःख का मूल कारण हैं

अक्खातारो तथागता। तथागत तो बस पथ बतलाते।

पटिपन्ना पमोक्खन्ति, जो ध्यानी इस पथ पर चलते,

झायिनो मारबन्धना॥ मार-बन्धन से मुक्त हो जाते॥

यह गाथाएं भगवान बुद्ध ने उन भिक्षुओं के समूह को कहीं जो श्रावस्ती लौटने के बाद अपनी यात्रा के मार्ग की चर्चा कर रहे थे – वहाँ पर मार्ग समतल नहीं था, वहाँ पर थोड़ी पहाड़ी थी, इत्यादि। भगवान ने समझाया कि साधकों को केवल अष्टांगिक मार्ग से सम्बंधित चर्चा ही करनी चाहिये क्योंकि यह मार्ग सभी मार्गों में श्रेष्ठ है और केवल इस मार्ग पर चर्चा करना ही श्रेयस्कर है।

इस मार्ग के गुण बताते हुए भगवान कहते हैं कि यह मार्ग सर्वोत्तम है क्योंकि इसे पुरुष-श्रेष्ठ सम्यक-सम्बुद्ध ने पुनः खोज निकाला और अपने सभी मनो-विकारों को समाप्त करने के लिए इसका उपयोग कर इसे मान्य किया। यह मार्ग इसलिए भी श्रेष्ठ है क्योंकि यह हमें मिथ्या-दृष्टि से सम्यक-दृष्टि की ओर ले जाता है। प्रेरणा हेतु वे कहते हैं 'मैंने इसी मार्ग पर चलकर मन के सभी विकारों का अन्त करने में सफलता पाई है, अब यह तुम सब पर निर्भर करता है कि इस मार्ग पर मनोयोग से चल कर दुखों का अन्त करें और मार के बंधन से मुक्त हों'; क्योंकि तथागत को केवल मार्ग दिखाते हैं, उस पर चलना तो तुम्हें ही पड़ेगा।

२७७.

''सब्बे सङ्खारा अनिच्चा''ति, सभी संस्कार[40] अनित्य हैं,

यदा पञ्ञाय पस्सति। जब कोई प्रज्ञा-पूर्वक देखता;

अथ निब्बिन्दति दुक्खे, तो दुःखों से निर्वेद जागता -

एस मग्गो विसुद्धिया॥ यह चित्त-शुद्धि का मार्ग है॥

२७८.

''सब्बे सङ्खारा दुक्खा''ति, सभी संस्कार दुःखमय हैं,

[40] जो कुछ भी निर्मित है, मिश्रित है, परिस्थितिजन्य है।

यदा पञ्ञाय पस्सति।	जब कोई प्रज्ञा-पूर्वक देखता ;
अथ निब्बिन्दति दुक्खे,	तो दुःखों से निर्वेद जागता-
एस मग्गो विसुद्धिया॥	यह चित्त-शुद्धि का मार्ग है ॥

२७९.

''सब्बे धम्मा[39] अनत्ता''ति,	सभी धम्म अनात्म हैं,
यदा पञ्ञाय पस्सति।	जब कोई प्रज्ञा-पूर्वक देखता;
अथ निब्बिन्दति दुक्खे,	तो दुःखों से निर्वेद जागता -
एस मग्गो विसुद्धिया॥	यह चित्त-शुद्धि का मार्ग है ॥

यह तीन गाथायें प्रज्ञा के तीन आयामों – अनित्य बोध, दुःख बोध एवं अनात्म बोध -को पुष्ट करने की साधना की ओर इंगित करती हैं।

यदि कोई साधक शांत चित्त से अपने सभी अनुभवों का यथाभूत विवेचन करे तो वह पाता है कि सभी अनुभव, और वे सभी चीज़ें जिन पर वह आधारित हैं, तथा वह अनुभव 'करने वाला' भी, निरन्तर परिवर्तित होते रहते हैं। कोई भी अनुभव, चाहे वह कितना ही प्रिय और सुखद क्यों न हो, देर-सवेर दुःख में परिवर्तित हो ही जाता है। इस प्रकार अनित्य बोध दुख-बोध का सृजक बनता है : अनिच्चे-दुक्खसञ्ञा। और यह सत्य भी उजागर होने लगता है कि जो अनित्य है, दुख है उसमें क्या सार हो सकता है: दुक्खे-अनत्तसञ्ञा। जैसे-जैसे साधक अपने अनुभव आधारित विवेचनों को आत्मसात करता है, दुःख बोध इतना पुष्ट हो जाता है कि संसार के सभी अनुभवों से, मोहभंग हो जाता है। राग, द्वेष, मोह क्षीण होने लगते हैं इसीलिए इस विवेचन को चित्त-शुद्धि का मार्ग कहा जाता है। चित्त की उत्तरोत्तर विशुद्धि से वैराग्य उत्पन्न होता है जो साधक को विमुक्ति की ओर अग्रसर करता है।

२८०.

उट्ठानकालम्हि अनुट्ठहानो,	उठने के समय न उठे[41] जो,

---

[39] जो कुछ भी है – लोकीय या लोकातीत

[41] उद्यम करने के समय उद्यम न करे

युवा बली आलसियं उपेतो।	युवा सबल हो कर आलसी।
संसन्नसङ्कप्पमनो कुसीतो,	शिथिल-संकल्प, प्रमादग्रस्त,
पञ्ञाय मग्गं अलसो न विन्दति॥	प्रज्ञा पथ न पाए आलसी ॥

हर कार्य के सम्पादन में, चाहे सांसारिक हो या आध्यात्मिक, वीर्य, उद्यम अति आवश्यक है। अतः जो युवावस्था में भी आलसी हो, जिसके संकल्प भी निर्बल हों वह न तो गृहस्थ जीवन में सफलता पाता है और न ही प्रज्ञा के मार्ग पर अग्रसर नहीं हो पाता है। भगवान की शिक्षा में तो वीर्य का अत्यंत महत्व है – श्रमण का सामान्य अर्थ भी यही लिया जाता है – जो मुक्ति के लिए श्रम करता है। वीर्य एक बोधि का अंग है, आर्य अष्टांगिक मार्ग का एक अंग (*सम्मा वायामो*), एक *इद्धिपाद*, एक इंद्रिय, और एक *पारमी* भी। अतः मुक्ति के मार्ग पर अग्रसर होने के लिए भी वीर्य , उद्यम अत्यंत आवश्यक है। (गाथा 155, 156 को भी देखें)

२८१.

वाचानुरक्खी मनसा सुसंवुतो,	वाणी संयत, मन सुसंयत,
कायेन च नाकुसलं कयिरा ।	काया के दुष्कृत्य त्याग ।
एते तयो कम्मपथे विसोधये,	तीनों कर्म-पथ रख विशुद्ध,
आराधये मग्गमिसिप्पवेदितं॥	ऋषि[42] प्रतिपादित पथ साध ॥

यह गाथा भगवान बुद्ध ने एक भिक्षु के संदर्भ में कही थी जिसने लोभ के वश अपने दो साथियों के मन में एक दूसरे के प्रति वैर भाव उत्पन्न किया और इस दुष्कृत्य के कारण पहले निरय लोक और फिर एक प्रेत के रूप में दुख भोगा। अतः भगवान सभी को मन-वाणी-शरीर के कर्म शुद्ध रखने और आर्य-अष्टांगिक मार्ग पर चलने के लिये के लिये प्रेरित करते हैं। प्रायः हम वाणी के कर्मों को इतनी गम्भीरता से नहीं लेते; इस गाथा की पृष्ठभूमि कहानी हमें सजग करती है कि वाणी के दुष्कृत्यों का भी अत्यंत गम्भीर परिणाम हो सकता है।

---

[42] भगवान बुद्ध

२८२.

योगा वे जायती भूरि,	साधना से उत्पन्न होती प्रज्ञा,
अयोगा भूरिसङ्खयो।	उसके अभाव तो प्रज्ञा क्षीण।
एतं द्वेधापथं ञत्वा,	प्रगति और विनाश के,
भवाय विभवाय च।	इन दोनों पथों को जान ;
तथात्तानं निवेसेय्य,	और अपने को वहाँ लगा,
यथा भूरि पवड्ढति॥	जिससे हो प्रज्ञा का वर्धन ॥

यह गाथा एक ऐसे वरिष्ठ भिक्षु के संदर्भ में कही गई जो भगवान बुद्ध की शिक्षा की सटीक व्याख्या करने के लिये प्रसिद्ध थे, पर इस क्षमता के कारण उन्हें बहुत अभिमान हो गया था। । इसी कार्य में व्यस्त रहने के कारण उन्होंने कई वर्षों तक शिक्षा के अनुकूल साधना नहीं की। उनके सिखाये गये कई शिष्य साधना कर मुक्त हो गये पर वे कुछ भी प्रगति न कर पाए। भगवान उन्हें बार-बार याद दिलाते रहते थे कि वह अभी भी खोखला ही है, ताकि वह स्वयं भी साधना करे। अन्ततः उसने गम्भीरता से साधना शुरु की । तब भगवान ने इस गाथा के माध्यम से उसको प्रेरित करते हुआ कहा कि प्रज्ञा धर्म की चर्चा मात्र से नहीं वरन साधना द्वारा उसे आत्मसात करने से जागती है। इस गाथा को सुनने के बाद उन्होंने अरहंत फल प्राप्त किया।

यह शिक्षा सभी आचार्यों को याद रखनी चाहिये। केवल प्रवचन देने से प्रायः अहंकार बढ़ने की सम्भावना रहती है जो प्रज्ञा क्षीण करता है और विनाश का मूल है। मुक्ति-दायक प्रज्ञा का विकास तो शिक्षा के अनुरूप साधना करने से ही होगा। भगवान की शिक्षा दुःख रूपी व्याधि की औषधि समान है, जिसकी केवल चर्चा मात्र से रोग ठीक नहीं होगा – उसका सेवन करने से ही लाभ होता है।

२८३.

वनं छिन्दथ मा रुक्खं,	वन (आसक्ति) काटो, वृक्ष नहीं;

वनतो जायते भयं।	वन (आसक्ति) से भय जागता।
छेत्वा वनञ्च वनथञ्च,	वन और झाड़ (तृष्णा) काटकर,
निब्बना होथ भिक्खवो॥	भिक्षुओ ! हो जाओ अनासक्त ॥

२८४.

याव हि वनथो न छिज्जति,	जब तक नर का नारी में,
अणुमत्तोपि नरस्स नारिसु।	राग लेशमात्र भी रह जाता।
पटिबद्धमनोव ताव सो,	बंधा रहता वह तब तक,
वच्छो खीरपकोव मातरि॥	माँ से जैसे बछड़ा दूध-पीता ॥

२८५.

उच्छिन्द सिनेहमत्तनो	अंतर्मन से स्नेह उखाड़ दो,
कुमुदं सारदिकंव पाणिना।	शरद-कुमुद सम हाथ से;
सन्तिमग्गमेव ब्रूहय,	सुगत-उपदिष्ट शान्ति पथ,
निब्बानं सुगतेन देसितं॥	निर्वाण-मार्ग भावित करो ॥

पहली दो गाथाएं उन पांच मित्रों के संदर्भ में कही गई थी जो बुढ़ापे में भिक्षु बनने पर भी आसक्ति के कारण भिक्षाटन हेतु अपने पुराने घरों में ही जाते थे।

पाली में वन शब्द के दो अर्थ हैं: वन (जंगल) और आसक्ति। यहाँ पर अधिक स्थानों पर दूसरा अर्थ लिया गया है।

भगवान समझाते हैं कि आसक्ति से भय जागता है (क्योंकि वह पुनर्जन्म का कारण बनती है) न कि निर्जन वनों से; अतः हमें आसक्ति को काटना चाहिए न कि पेड़ों को। तथा आसक्तियों में सबसे प्रबल होती है – नर की नारी के प्रति आसक्ति जो उसे इतने सुदृढ़ बंधन में बांधती है जैसे कि दूध-पीता बछड़ा अपनी माता से बंधा रहता है। भगवान बुद्ध ने कई सुत्तों में इसकी अलग-अलग तरह से व्याख्या की है। अंगुत्तर निकाय के पहले दस सुत्त नर और नारी के एक दूसरे की वाणी, गंध, स्पर्श, रूप और रस

के प्रति नैसर्गिक आकर्षण की ओर ध्यान दिलाते हैं। अतः मुक्ति के लिये इन आसक्तियों को त्यागना अनिवार्य है।

इसी कारण भगवान बुद्ध, तीसरी गाथा में भी अंतर्मन से आसक्ति को उखाड़ फेंकने की सलाह देते हैं ठीक उसी प्रकार जैसे कोई कमल के फूल को हाथ से तोड़ देता है। वे प्रेरणा देते हैं कि उनके द्वारा भली भाँति समझाये गये परम मुक्ति के मार्ग पर चल कर हम सब निर्वाण का अनुभव करें।

२८६.

इध वस्सं वसिस्सामि,	यहाँ वर्षा वास बिताऊंगा,
इध हेमन्तगिम्हिसु।	वहाँ शीत और ग्रीष्म।
इति बालो विचिन्तेति,	मूढ़ मन ऐसा सोचता,
अन्तरायं न बुज्झति॥	(मृत्यु) बाधा न बूझता।

२८७.

तं पुत्तपसुसम्मत्तं,	पुत्र, पशु और धन मद में,
ब्यासत्तमनसं नरं।	आसक्त जिस नर का मन।
सुत्तं गामं महोघोव,	मृत्यु उसे बहा ले जाती, जैसे
मच्चु आदाय गच्छति॥	सोते गाँव को बाढ़ महान॥

२८८.

न सन्ति पुत्ता ताणाय,	न पुत्र रक्षा कर सकें,
न पिता नापि बन्धवा।	न पिता, न बंधु जन।
अन्तकेनाधिपन्नस्स,	जब मृत्यु आ घेरती,
नत्थि ञातीसु ताणता॥	न त्राता कोई स्वजन॥

२८९.

एतमत्थवसं ञत्वा,	इस तथ्य को जान कर,
पण्डितो सीलसंवुतो।	शीलों में संयत विद्वान।

निब्बानगमनं मग्गं,	निर्वाण-गत्वा मार्ग का,
खिप्पमेव विसोधये॥	शीघ्र करें विशोधन ॥

गाथा 286, एक श्रेष्ठि को कही गई जिसको भगवान के कहने पर भंते आनन्द ने अवगत कराया कि उसके जीवन के कुछ ही दिन बचे हैं। दूसरी गाथा किस-गोतमी को भगवान ने कही जो अपने पुत्र के अकस्मात निधन से बहुत व्यथित थी। अगली दो गाथाएं 288 और 289, पटाचारा को कहीं गई जो एक ही दिन में अपने पति, दो पुत्रों और माता पिता को खोने के दुःख से विक्षिप्त हो गई थी। इन चारों गाथाओं का एक ही केंद्र बिंदु है, मरणानुसति – अर्थात मृत्यु की अनिश्चितता और अपरिहार्यता को याद करना। भगवान ने कई प्रवचनों (देखें अ नि 6.19-6.20) में इसके महत्व को समझाते हुए कहा है के यह अत्यंत लाभदायक साधना है हो अंततः निर्वाण की ओर ले जाती है ।

जब हम मृत्यु की अनिश्चितता को भूल जाते हैं, तो हम ऐसा करने के लिए जो अभी किया जा सकता था, दीर्घकालिक योजनाएँ बनाते हैं और फिर पछताते हैं जब मृत्यु दरवाजे पर दस्तक देती है।

हम पुत्रों, रिश्तेदारों और धन में सुरक्षा देखते हैं, यह जानते हुए भी कि इनमें से कोई भी हमें मृत्यु से बचा नहीं सकता। इसके विपरीत यह रवैया इन सब से आसक्ति पैदा करता है जो मृत्यु आने पर हमारी पीड़ा को और बढ़ा देती है।

इसलिए, भगवान बुद्ध हमें इस सत्य को निरंतर याद रखने, और पंचशीलों को जीवन का आधार बना कर अपने आचरण को शुद्ध करने की दिशा में गम्भीरता से काम करने को प्रेरित करते हैं। वे हमें जन्म-मरण के चक्र से मुक्ति हेतु आर्य अष्टांगिक मार्ग को भावित करने की सलाह देते हैं जो निर्वाण की ओर जाता है।

२१. पकिण्णकवग्गो (विविध)

२९०.

मत्तासुखपरिच्चागा, पस्से चे विपुलं सुखं।
चजे मत्तासुखं धीरो,सम्पस्सं विपुलं सुखं॥

अल्प-सुख के त्याग में, यदि देखें विपुल सुख ।
त्यागे धीर अल्प-सुख, देख आता विपुल सुख ॥

यह में गाथा आधुनिक काल में भी बहुत व्यवहारिक लगती है; कुछ भी प्राप्त करने के लिए हमें कुछ तो खोना पड़ता है। इसकी पृष्ठभूमि की कथा से भी यही बात बोधिसत्व के जीवन की एक दुखद घटना से स्पष्ट होती है।

एक पूर्वजन्म में बोधिसत्व तक्षशिला में संख नामक ब्राह्मण थे। उनका एक होनहार पुत्र था सुसिमा। ज्योतिष का अध्ययन करने के बाद वह इस शिक्षा से संतुष्ट न था। तब बोधिसत्व ने सुसिमा को ऋषिपतन जाने का सुझाव दिया जहाँ कई प्रत्येक-बुद्ध साधना-रत थे। सुसिमा ने वहाँ जा कर उनके मार्गदर्शन में गम्भीरता से साधना की और वह स्वयं भी प्रत्येक–बुद्ध बना; पर उसके कुछ समय बाद ही उसका परिनिर्वाण हुआ। अपने पुत्र को ढूँढ़ते हुए जब बोधिसत्व ऋषिपतन पहुंचे तो सुसिमा की जगह उसकी अस्थियों का चैत्य ही मिला। अत्यंत विषादग्रस्त होते हुए भी उन्होंने उस चैत्य की साफ-सफाई की, चारों तरफ फैली घास और झाड़ियां हटाईं, रास्ते में रेत बिछा कर पानी डाला, जंगल से पुष्प ला कर वहाँ अर्पित किए और समय-समय पर उस चैत्य की परिक्रमा के मार्ग पर पानी छिड़का, इत्यादि। इतनी विषम परिस्थिति में यह सब करना कितना कठिन रहा होगा? पर इस सेवा का - एक प्रत्येक बुद्ध (जो पहले उनका ही पुत्र था) के चैत्य की निष्काम सेवा का- महान फल तो मिलना ही था। भगवान समझाते हैं कि उस पुण्य का एक फल यह भी था कि उन्हें इस जन्म में देवों, मनुष्यों, नागों, गंधर्वों इत्यादि से इतना आदर-सत्कार मिला।

२९१.

परदुक्खूपधानेन, अत्तनो सुखमिच्छति।
वेरसंसग्गसंसट्ठो, वेरा सो न परिमुच्चति॥

दूसरे को दुख दे कर, जो अपना सुख चाहता ,
उलझ वैर संसर्ग में , वैर से मुक्त न होता।

यह गाथा भगवान बुद्ध ने उन दो महिलाओं को कहीं जो कई जन्मो से एक दूसरे से बदला लेकर तात्कालिक संतोष अनुभव कर रहीं थी और बारम्बार मानसिक दुःख से संतप्त रहती थी। भगवान ने उन्हें समझाया कि इस प्रकार उनका वैर कभी भी समाप्त नहीं हो पायेगा; क्षमा और मैत्री से ही वह इस दुष्चक्र से निकल पायेंगी। (इस गाथा की पृष्ठभूमि भी परिशिष्ट: 1. कालयक्खिणि वत्थु जैसे ही है।)

२९२.

यञ्हि किच्च अपविद्धं, अकिच्चं पन कयिरति।	करणीय को छोड़कर , अकरणीय जो करे।
उन्नळानं पमत्तानं, तेसं वड्ढन्ति आसवा॥	प्रमादी और दम्भी के ,आश्रव नित बढ़ते ॥

२९३.

येसञ्च सुसमारद्धा, निच्चं कायगता सति।	जिनकी कायगता स्मृति, सदा रहे उपस्थित ।
अकिच्चं ते न सेवन्ति, किच्चे सातच्चकारिनो।	अकरणीय वे न करते, सुकृत्य करें सतत ॥
सतानं सम्पजानानं, अत्थं गच्छन्ति आसवा॥	सजग संप्रज्ञावानों के, आश्रव होते विनष्ट ॥

यह सामान्य मानव स्वभाव है कि वह मानसिक थकान या बोरियत के वास्तविक कारण की जांच करने के बजाय कुछ उपयोगी प्रतीत होने वाली किसी गतिविधि में संलग्न होकर बोरियत से निपटता है। इन गाथाओं की पृष्ठभूमि में जो कथा है उसमें भी कुछ ऐसा ही प्रतीत होता है। भगवान बुद्ध देखते हैं कि कुछ भिक्षु अपना समय सरकण्ड़ों की चप्पलें बनाने में व्यर्थ कर रहे थे। वे उन्हें समझाते हैं कि भिक्षु बनने का ध्येय अरहंत-फल प्राप्ति की दिशा में उद्यम करना है; इसके लिये प्रमाद से दूर रहना, मन में उठने वाली सभी वृतियों को दृष्टा-भाव से पहचानना अति आवश्यक है। ध्यान में आने वाली बाधाओं को दूर करने हेतु निरंतर काया के प्रति सजग रहने का अभ्यास एक उत्तम तरीका है। जो लोग सतत ऐसा अभ्यास करते हुए हर परिस्थिति में सम्प्रज्ञानी रहते हैं, वे सदा उचित कार्य ही करते हैं तथा अकरणीय कार्यों से दूर रहते हैं । इस प्रकार सम्यक उद्यम से उनके चित्त की शुद्धता उत्तरोत्तर बढ़ती जाती है और आश्रव क्षीण होने लगते हैं।

२९४.

मातरं पितरं हन्त्वा,	माता (तृष्णा), पिता (अहं) का वध कर,
राजानो द्वे च खत्तिये।	दो क्षत्री राजाओं[43] संग ।
रट्ठं सानुचरं हन्त्वा,	अनुचर[44] सहित राष्ट्र[45] को मार,
अनीघो याति ब्राह्मणो॥	ब्राह्मण[46] रहे निश्चिन्त ॥

२९५.

मातरं पितरं हन्त्वा,	माता, पिता का वध कर,
राजानो द्वे च सोत्थिये।	दो क्षत्री राजाओं संग।
वेयग्घपञ्चमं हन्त्वा,	पाँचवें व्याघ्र[47] का अंत कर,
अनीघो याति ब्राह्मणो॥	ब्राह्मण रहे निश्चिन्त ॥

इन दो गाथाओं में भगवान असामान्य उपमाओं द्वारा मुक्ति के मार्ग में आने वाली मुख्य बाधाओं का एक सारांश प्रस्तुत करते हैं। नाना प्रकार की तृष्णाओं- इंद्रिय सुखों की तृष्णा, कुछ बनने की तृष्णा, 'कुछ न होने देने' की तृष्णा- की पूर्ति में ही अधिकांश जीवन गुजर जाता है। भगवान इन्हें माता कह कर सम्बोधित करते हैं क्योंकि यह हमारे पुनर्जन्म का निकटतम कारण हैं।

इंद्रियों और उनके विषयों के स्पर्श से उत्पन्न होने वाले सुख की चाह कामराग उत्पन्न करती है और उसके न मिलने पर क्रोध, द्वेष। इसके मूल में है – पांच खंधों से तादात्म्य, अर्थात अहंकार। भगवान इसे पिता की उपमा देते हैं।

यदि हम पर किसी भी मिथ्यादृष्टि - शाश्वतवाद या उच्छेदवाद- रूपी राजा का आधिपत्य हो जाए तो मुक्ति के मार्ग पर चलना असम्भव हो जाता है। अतः इन दोनों 'राजाओं' का वध आवश्यक हो जाता है।

43 शाश्वतवाद एवं उच्छेदवाद

44 राग

45 बारह भीतरी बाहरी आयतन

46 क्षीणास्रव, अरहंत

47 पाँच नीवरण में अंतिम शंका

इन तृष्णाओं के क्षीण होने पर सूक्ष्म बाधाएं – मैं का भाव, अधीरता, देवलोकों का राग, शंका इत्यादि- रह जाती हैं। आर्य अष्टांगिक मार्ग पर चलते हुए, साधक ध्यान में आने वाली सभी बाधाओं को पार कर, सति-सम्प्रज्ञान के द्वारा अनित्य, दुःख, और अनात्म बोध को पुष्ट कर, इन सूक्ष्म संयोजनों का भी समूल नाश कर पाता है। तब निर्वाण का साक्षात्कार सम्भव होता है जिससे साधक अरहंत फल प्राप्त कर निर्भय एवं चिंतामुक्त हो जाता है। तभी कोई सच्चा ब्राह्मण बनता है।

२९६.

सुप्पबुद्धं पबुज्झन्ति, सदा गोतमसावका।	गौतम बुद्ध के प्रबुद्ध श्रावक, सदा रहते जागृत।
येसं दिवा च रत्तो च, निच्चं बुद्धगता सति॥	दिन-रात जिनका चित्त, बुद्ध-स्मृति में स्थित॥

२९७.

सुप्पबुद्धं पबुज्झन्ति, सदा गोतमसावका।	गौतम बुद्ध के प्रबुद्ध श्रावक ,सदा रहते जागृत।
येसं दिवा च रत्तो च, निच्चं धम्मगता सति॥	दिन-रात जिनका चित्त, धम्म-स्मृति में स्थित॥

२९८.

सुप्पबुद्धं पबुज्झन्ति, सदा गोतमसावका।	गौतम बुद्ध के प्रबुद्ध श्रावक ,सदा रहते जागृत।
येसं दिवा च रत्तो च, निच्चं सङ्घगता सति॥	दिन-रात जिनका चित्त, संघ-स्मृति में स्थित॥

२९९.

सुप्पबुद्धं पबुज्झन्ति, सदा गोतमसावका।	गौतम बुद्ध के प्रबुद्ध श्रावक ,सदा रहते जागृत।
येसं दिवा च रत्तो च, निच्चं कायगता सति॥	दिन-रात जिनका चित्त, काया-स्मृति में स्थित॥

३००.

सुप्पबुद्धं पबुज्झन्ति, सदा गोतमसावका।	गौतम बुद्ध के प्रबुद्ध श्रावक ,सदा रहते जागृत।
येसं दिवा च रत्तो च, अहिंसाय रतो मनो॥	दिन-रात जिनका मन, अहिंसा में अनुरक्त॥

३०१.

सुप्पबुद्धं पबुज्झन्ति, सदा गोतमसावका।	गौतम बुद्ध के प्रबुद्ध श्रावक ,सदा रहते जागृत।
येसं दिवा च रत्तो च, भावनाय रतो मनो॥	दिन-रात जिनका मन, मैत्री भावना में रत।

यह छह गाथाएं भगवान बुद्ध ने एक बालक के संदर्भ में कहीं जो बुद्धानुसति के प्रभाव से एक भयावह परिस्थिति में सुरक्षित रहा। भगवान ने बताया कि इन छह गाथाओं में वर्णित अनुसतियों के अभ्यास से हर परिस्थिति में सुरक्षा मिल सकती है। (देखें परिशिष्ट 17: दारुसकटिकपुत्त)

इनमें पहली तीन अनुसतियां है बुद्ध, धम्म और संघ के गुणों का स्मरण जो हमें धर्म के मार्ग पर चल कर, धर्मानुकूल जीवन जीने को प्रेरित करती हैं। जैसे-जैसे हम साधना में प्रगति करते हैं, सति-सम्प्रज्ञान पुष्ट होता है, हमारी पांचो इंद्रियां (श्रद्धा, वीर्य, सति, समाधि, प्रज्ञा) पांच बल बन जाते हैं जो स्वतः ही हमें निर्भय बना देते हैं। इस प्रकार धर्म का कवच हमें निरंतर सुरक्षा प्रदान करता है।

बाकी की तीन स्मृतियां वास्तव में तीन प्रकार की साधनाएं हैं। कायागत सति के अंतर्गत आती है काया पर आधारित विभिन्न साधनाएं – अनेक प्रकार की अशुभ भावनाएं, धातुओं का विवेचन, आनापान सति, चार ध्यान, हर शारीरिक गतिविधि में सम्प्रज्ञान इत्यादि। यह चित्त को शांत रखती हैं तथा काया के प्रति तादात्म्य को समाप्त कर हमें निर्वाण की ओर ले जाती हैं जो निर्भयता की पराकाष्ठा प्रदान करता है।

अगली दो साधनाओं का लक्ष्य है, सभी प्राणियों के प्रति अहिंसा का आचरण (करुणा भावना), तथा असीम मैत्री, सद्भावना विकसित करना। जब हम सभी को मित्रवत देखते हैं तो कैसा भय ? सभी के प्रति सद्भावना मन को निरंतर आनंदित रखती है।

३०२.

दुप्पब्बज्जं दुरभिरमं,	दुष्कर कष्टदायक प्रवज्या,
दुरावासा घरा दुखा।	दुःखद रहने-अयोग्य घर।
दुक्खोसमानसंवासो,	प्रतिकूल जन का संग दुःखद,
दुक्खानुपतितद्धगू।	(संसार का) पथिक होना दुःखद।
तस्मा न चद्धगू सिया,	अतः (संसार का) पथिक मत बनो,
न च दुक्खानुपतितो सिया॥	बार-बार दुःख न सहो ॥

भगवान ने यह गाथा एक भिक्षु को कही जो अपने 'रसहीन' जीवन से ऊब गये थे। भगवान समझाते हैं कि प्रव्रजित का जीवन कष्टदायक तो है, पर दुःख तो गृहस्थ के जीवन मैं भी भरपूर है- नाना प्रकार

के कारणों से है। वास्तव में दुःख का मूल कारण तो है इस नश्वर संसार में अविरत आवागमन। अतः हम सभी को इस दुष्चक्र से निकलने हेतु निरंतर प्रयासरत रहना चाहिये ताकि बार-बार दुःख का सामना न करना पड़े। (देखें परिशिष्ट 18: वज्जिपुत्तकभिक्खु वत्थु)

३०३.

सद्धो सीलेन सम्पन्नो, यसोभोगसमप्पितो। श्रद्धा शील सम्पन्न ,यश-वैभव से युक्त।

यं यं पदेसं भजति, तत्थ तत्थेव पूजितो॥ जहाँ-जहाँ वह जाता, वहीं होता पूजित॥

भगवान के (अनागामी) गृहस्थ शिष्य चित्त, अपने मित्रों के साथ, एक मास तक जेतवन विहार में भोजन और अन्य बहुमूल्य दान देते रहे, पर जाते समय देवताओं ने उनकी खाली गाड़ियां फिर से अमूल्य वस्तुओं से भर दी। आश्चर्यचकित आनंद के इसका कारण पूछा तो भगवान ने यह गाथा कही।

३०४.

दूरे सन्तो पकासेन्ति, हिमवन्तोव पब्बतो। दूर से सन्त प्रकाशते, जैसे हिमालय महान।

असन्तेत्थ न दिस्सन्ति, रत्तिं खित्ता यथा सरा॥ दुष्ट समीप भी न दिखें, जैसे रात में बाण॥

सज्जनों की आभा और उनके अच्छे गुणों की सुगंध दूर-दूर तक फैलती है। जहाँ कहीं वे जाते हैं लोग उनसे मिलने, उनके दर्शन करने तथा उनके सारगर्भित वचनों को सुन अपना जीवन सुधारने के प्रयोजन से दूर-दूर से आते हैं। और जो संवेदनशील साधक हैं, वे तो दूर से भी उनकी 'उपस्थिति' महसूस कर सकते हैं। इसके विपरीत, दुर्जन केवल अंधकार फैलाते हैं। समाज में ऐसे लोग दौर्मनस्य और तनाव ही बढ़ाते हैं; और इसलिए वे अच्छे लोगों के लिए अदृश्य प्रायः ही बने रहते हैं। (देखें परिशिष्ट 19: चूलसुभद्दा वत्थु)

३०५.

एकासनं एकसेय्यं, एको चरमतन्दितो। एकांत में बैठे, शयन करे, तंद्रा रहित विहार करे।

एको दमयमत्तानं, वनन्ते रमितो सिया॥ अकेले, चित्त को संयमित करे, तो वन में आनंदित रहे॥

यह गाथा भगवान बुद्ध द्वारा भंते एकविहारी के संदर्भ में कही जो जंगल के एकांत में अकेले रहना पसंद करते थे। भगवान भंते की प्रशंसा करते हुए एकांत में रहने के दीर्घकालिक लाभ बताते हैं। एकांत में रहते हुए शरीर की हर अवस्था में – बैठे, खड़े, चलते या लेटे – ध्यान कर, इंद्रिय संवर सीखना सहज हो जाता है। संयमित चित्त से वन के एकांत में प्रसन्नता जागती है। प्रसन्न चित्त से समाधि का अभ्यास सुगम हो जाता है जो प्रज्ञा विकसित करने में बहुत सहायक होती है।

२२. निरय वग्गो

३०६.

अभूतवादी निरयं उपेति,	असत्यवादी जाए नरक में,
यो वापि कत्वा न करोमि चाह।	और जो पाप से करे इनकार ।
उभोपि ते पेच्च समा भवन्ति,	दोनों मर कर समान हों,
निहीनकम्मा मनुजा परत्थ॥	हीनकर्मी , परलोक जाकर ॥

३०७.

कासावकण्ठा बहवो, पापधम्मा असञ्ञता।	काषाय[48] वस्त्र डाले, असंयत और पापी जन।
पापा पापेहि कम्मेहि, निरयं ते उपपज्जरे॥	दुष्कृत्यों के कारण वे , नरक में लें पुनर्जन्म॥

३०८.

सेय्यो अयोगुळो भुत्तो, तत्तो अग्गिसिखूपमो।	असंयत दुराचारी, जो खाए राष्ट्र का अन्न;
यञ्चे भुञ्जेय्य दुस्सीलो, रट्ठपिण्डमसञ्ञतो॥	श्रेयस्कर तप्त लोहा खाना, अग्निशिखा समान ॥

अलग-अलग संदर्भों में दी गई यह तीन गाथाएं यद्यपि भिक्षुओं को दी गई थी, यह हम सभी के लिए एक चेतावनी है - झूठ बोलना या अपने बुरे कर्मों को नकारना – यह ऐसे दुष्कृत्य हैं जिनका फल नरक में पुनर्जन्म भी हो सकता है। जो लोग प्रव्रजित हो कर काषाय वस्त्र तो धारण कर लेते हैं पर असंयत जीवन जीते हैं उनका भी पुनर्जन्म नरक में हो सकता है। ऐसे भिक्षुओं के लिये, जो अच्छा दान प्राप्त करने हेतु अपनी साधना की उपलब्धियों को बढ़ा-चढ़ा कर बताते हैं, भगवान बड़े कठोर शब्दों में कहते हैं कि वे तो भिक्षाटन के भी अधिकारी नहीं है। असंयत भिक्षु का गृहस्थों के दिये हुए भोजन को खाना शर्म की बात है इससे अच्छा तो यह हो कि वे लाल गर्म लोहे का गोला खाएं।

---

48 पीले वस्त्र

३०९.

चत्तारि ठानानि नरो पमत्तो,	चार दुर्गतियाँ पाता प्रमादी नर,
आपज्जति परदारूपसेवी।	जो करता पर-स्त्री-गमन।
अपुञ्ञलाभं न निकामसेय्यं,	पाप-अर्जन, अशान्त निद्रा,
निन्दं ततीयं निरयं चतुत्थं॥	लोक निन्दा, चतुर्थ नरक गमन॥

३१०.

अपुञ्ञलाभो च गती च पापिका,	पाप कमाता, होती दुर्गति,
भीतस्स भीताय रती च थोकिका।	भय-युक्त काम-सुख भी कम।
राजा च दण्डं गरुकं पणेति,	राजा भी दे कठोर दण्ड,
तस्मा नरो परदारं न सेवे॥	अतः न करें पर-स्त्री-गमन॥

यह दो गाथाएं भगवान बुद्ध ने दानवीर गृहस्थ अनाथपिण्ड़िक के भतीजे को समझाने के लिये कहीं थी जो व्याभिचार का आदि था। भगवान उसे समझाते हैं कि यह एक ऐसा दुष्कृत्य है जिसके दूरगामी परिणाम होते है: पाप का अर्जन, अशान्त निद्रा, लोक-निंदा तथा राज दंड़ का भय बना रहता है। अंततः ऐसे पाप कर्म करने वाले की दुर्गति ही होती है और उसका पुनर्जन्म नरक में होता है। इस कारण भगवान समझाते हैं कि पर-स्त्री-गमन से बचना चाहिये।

३११.

कुसो यथा दुग्गहितो, हत्थमेवानुकन्तति।	जैसे ठीक से न पकड़ी कुशा, हाथ को ही काटे।
सामञ्ञं दुप्परामट्ठं, निरयायुपकड्ढति॥	वैसे मिथ्या श्रामण्य, नरक-पथ पर डाले॥

३१२.

यं किञ्चि सिथिलं कम्मं, संकिलिट्ठञ्च यं वतं।	जो हैं शिथिल कर्म, जो व्रत हुए दूषित;
सङ्कस्सरं ब्रह्मचरियं, न तं होति महप्फलं॥	अशुद्ध ब्रह्मचर्य जीवन, न देते फल विशिष्ट॥

३१३.

कयिरा चे कयिराथेनं, दळ्हमेनं परक्कमे।	जो कुछ भी करना है, दृढ़ पराक्रम से करें ;
सिथिलो हि परिब्बाजो, भिय्यो आकिरते रजं॥	शिथिल परिव्राजक तो,अधिक धूल[49]ही बिखेरे ॥

ये तीन गाथाएँ एक धृष्ट भिक्षु को संबोधित थीं, जिसने एक अन्य भिक्षु को झूठी सांत्वना देने के लिए, जो अनजाने में कुछ घास काटने के लिए पछतावा कर रहा था, बहुत सारी घास उखाड़ दी, यह जताने हेतु कि यह एक मामूली मामला था।

भगवान एक सुंदर उपमा के द्वारा समझाते हैं कि जैसे ठीक से न पकड़ी गई कुश घास भी हाथ काट देती है, इसी प्रकार यदि हम अष्टांगिक मार्ग पर चलने में लापरवाही करें तो परिणाम कष्टदायक हो सकते हैं – जैसे यदि कोई भिक्षु किसी भी नियम या उपनियम की जान बूझ कर अवहेलना करता है तो यह दुष्कृत्य उसे नरक की ओर ले जा सकता है।

इसी प्रकार यदि हम साधना करने में शिथिल रहें, यथोचित उद्यम न करें, तो हमें अपेक्षित परिणाम नहीं मिलते। अतः दुःख मुक्ति के मार्ग पर चलते हुए, सभी शीलों का कड़ाई से पालन कर, जीवन पवित्रता से जीना चाहिये। हर करणीय कार्य को पूरी श्रद्धा और उद्यम के साथ करेंगे तभी श्रामण्य जीवन का मधुर फल – निर्वाण, प्राप्त हो सकता है।

३१४.

अकतं दुक्कटं सेय्यो, पच्छा तप्पति दुक्कटं।	दुष्कृत्य न करना श्रेय, दुष्कृत्य दे संताप।
कतञ्च सुकतं सेय्यो, यं कत्वा नानुतप्पति॥	सुकृत्य करना श्रेय, जिससे न हो संताप॥

३१५.

नगरं यथा पच्चन्तं, गुत्तं सन्तरबाहिरं।	सीमान्त नगर समान, रहो बाहर-भीतर संरक्षित।
एवं गोपेथ अत्तानं, खणो वो मा उपच्चगा।	वैसे अपनी रक्षा करो, क्षण न हो उपेक्षित।
खणातीता हि सोचन्ति, निरयम्हि समप्पिता॥	क्षण-क्षण जो खो देते, नरक में हों व्यथित।

---

[49] राग आदि विकारों की धूल

अलग-अलग संदर्भों में कही गई इन दोनों गाथाओं का भाव एक ही है: दुष्कृत्यों से बचो और सुकृत्य करो। गलत काम करने तथा शील भंग करने में क्षणिक सुख का अहसास हो सकता है, पर अंततः संताप ही होता है। किसी भी देश की सीमा पर रहने वाले लोगों को निरंतर सजग रहना पड़ता है, क्योंकि सीमा पार के शत्रु उन्हें असावधान देख आक्रमण कर सकते हैं; इसी प्रकार हर समय, और विशेष रूप से जब परिस्थितियाँ विषम हों, हमें निरंतर सजगता द्वारा अपने मन को राग, द्वेष, मोह रूपी शत्रुओं से बचा कर रखना चहिये। यदि हम असावधान हो जाएं, तो यह शत्रु हम पर विजय प्राप्त कर सकते हैं जिस कारण मन, वाणी या शरीर से कोई ऐसा दुष्कृत्य हो सकता है जो भविष्य में नरक गमन का कारण बने।

३१६.

अलज्जिताये लज्जन्ति,	निर्दोष कर्म में लज्जित होते,
लज्जिताये न लज्जरे।	दोषयुक्त में न लज्जा करते।
मिच्छादिट्ठिसमादाना,	(ऐसे) मिथ्यादृष्टि प्राणी,
सत्ता गच्छन्ति दुग्गतिं॥	दुर्गति को प्राप्त होते।

३१७.

अभये भयदस्सिनो, भये चाभयदस्सिनो।	निर्दोष में भय देखते, दोषयुक्त में निर्भय रहते।
मिच्छादिट्ठिसमादाना, सत्ता गच्छन्ति दुग्गतिं॥	(ऐसे) मिथ्यादृष्टि प्राणी, दुर्गति को प्राप्त होते॥

३१८.

अवज्जे वज्जमतिनो, वज्जे चावज्जदस्सिनो।	उचित को वर्जित जान, वर्जित को उचित मानते।
मिच्छादिट्ठिसमादाना, सत्ता गच्छन्ति दुग्गतिं॥	(ऐसे) मिथ्यादृष्टि प्राणी, दुर्गति को प्राप्त होते॥

३१९.

वज्जञ्च वज्जतो ञत्वा,	वर्जित कर्म को अनुचित जानकर,
अवज्जञ्च अवज्जतो।	अनवर्जित कर्म को उचित मानते।

सम्मादिट्ठिसमादाना,	(ऐसे) सम्यक-दृष्टि प्राणी,
सत्ता गच्छन्ति सुग्गतिं॥	सद्गति को प्राप्त होते ॥

दो अलग-अलग अवसरों पर दी गई इन चार गाथाओं का मूल संदेश एक ही है – मिथ्या दृष्टि के कारण हम सदोष कर्म को दोषहीन व दोषहीन कर्म को दोषपूर्ण मान बैठते हैं जो अंततः हमारी दुर्गति का कारण बनता है।

सांसारिक मिथ्या दृष्टि के कई उदाहरण हम आज भी देखते हैं। कई लोग निरीह पशुओं की हत्या में कोई दोष नहीं देखते । रिश्वत की मांग करने में, विवाहेतर सम्बंध बनाने में लोग अपने को "स्मार्ट" व आधुनिक समझते हैं; जरा सी भी लज्जा नहीं आती। सत्य बोलने वाले को अव्यावहारिक, तथा विवाहेतर संबंधों को बुरा मानने वाले तो दकियानूसी कहा जाता है।

पर ऐसे मिथ्या दृष्टि वाले लोग, अंततः अपने दुष्कृत्यों का कड़वा फल तो भोगते ही हैं – कई बार इसी जन्म में और प्रायः भविष्य के जन्मो में। इसके विपरीत सम्यक-दृष्टि वाले लोग दुष्कृत्यों से बचते हुए केवल सुकृत्य ही करते है जिससे उन्हें मृत्यु के बाद सद्गति प्राप्त होती है।

२३. नागवग्गो:   हाथी

३२०.

अहं नागोव सङ्गामे,	जैसे रण-स्थल में हाथी ,
चापतो पतितं सरं।	धनुष से छोड़े बाण सहता ।
अतिवाक्यं तितिक्खिस्सं,	वैसे मैं कटु वचन सहूँ -
दुस्सीलो हि बहुज्जनो।	दुराचारी लोगों में रहता ॥

३२१.

दन्तं नयन्ति समितिं,	सधे (हाथी) जाते सभा में,
दन्तं राजाभिरूहति।	सधे (हाथी) पर ही राजा चढ़ता,
दन्तो सेट्ठो मनुस्सेसु,	मनुष्यों में भी संयमित श्रेष्ठ,
योतिवाक्यं तितिक्खति॥	जो कटु वचन सहता ॥

३२२.

वरमस्सतरा दन्ता,	श्रेष्ठ सधा हुआ खच्चर,
आजानीया च सिन्धवा।	सिंधु-नस्ल का घोड़ा,
कुञ्जरा च महानागा,	श्रेष्ठ महान गजराज,
अत्तदन्तो ततो वरं॥	पर आत्म संयत सबसे श्रेष्ठ ॥

ये तीन गाथाएँ भंते आनंद के उस शहर को छोड़ने के सुझाव पर भगवान बुद्ध की प्रतिक्रिया हैं जहाँ की रानी मागण्डिय के भाड़े के लोग उन्हें भद्दी-भद्दी गालियाँ दे रहे थे।

भगवान, भंते आनंद को समझाते हैं कि ऐसी अप्रिय परिस्थिति को क्षांति और धैर्य से सहन करना चाहिये, ठीक उसी प्रकार जैसे संग्राम में हाथी बिना विचलित हुए बाणों को सहता है।

भगवान कुछ प्रसिद्ध पशुओं के उदाहरण दे के समझाते हैं कि जैसे सधे हुए पशु (घोड़ा, खच्चर, हाथी इत्यादि) श्रेष्ठ माने जाते हैं क्योंकि वे मार्ग में आने वाली बाधाओं से विचलित नहीं होते और निर्दिष्ट कार्य करते रहते हैं; वैसे ही आत्म संयत मनुष्य सभी मनुष्यों में श्रेष्ठ कहा जाता है क्योंकि वह भी हर परिस्थिति में समभाव रखते हुए उचित कार्य करता रहता है तथा साथ-साथ चित्त को भी उत्तरोत्तर शुद्ध करता है। हमने गाथा 184 में भी देखा था, भगवान क्षांति और धैर्य को परम तप कहते हैं (*खन्ती परमं तपो तितिक्खा*) क्योंकि यह चित्त शुद्धि का साधन हैं।

३२३.

न हि एतेहि यानेहि,	यह यान न ले जा सकते ,
गच्छेय्य अगतं दिसं।	अगत दिशा (निर्वाण) की ओर।
यथात्तना सुदन्तेन,	जैसे कोई आत्म-संयत जन,
दन्तो दन्तेन गच्छति॥	संयत इंद्रियों से जाए उस ओर ॥

यह गाथा भगवान बुद्ध ने उस भिक्षु को कही जो पूर्व में हाथियों का प्रशिक्षक था। एक बार उसने देखा कि एक हाथी नदी के किनारे खड़ा है और उसका महावत उसको आगे नहीं बड़ा पा रहा। तब उसने भिक्षु विनय का उल्लंघन करते हुए उस महावत को ऐसी परिस्थिति में हाथी को सम्भालना सिखाया। भगवान उस भिक्षु को समझाते हैं कि निर्वाण के मार्ग पर प्रशिक्षित यानों (हाथी, घोड़ा, खच्चर इत्यादि) से नहीं चल सकते पर अपने को प्रशिक्षित कर, इंद्रियों को संयमित कर ही उस मार्ग पर आगे बड़ सकते हैं। स्पष्ट संदेश यही था कि विनय का पालन करना एक भिक्षु के लिए अत्यंत आवश्यक है। वह तो मुक्ति के मार्ग का पहला ही चरण है।

३२४.

धनपालो नाम कुञ्जरो,	धनपाल नामक हाथी,
कटुकभेदनो दुन्निवारयो।	अनियंत्रित, अत्यंत मद में।

बद्धो कबळं न भुञ्जति, बंधन में न खाये एक कौर,

सुमरति नागवनस्स कुञ्जरो॥ याद कर हाथी अपने वन के॥

यह गाथा भगवान ने उस युवक को कही थी जिसने कुछ समय के लिये अपने पिता को घर से बाहर निकाल दिया था। धनपाल नाम के अत्यंत बलशाली हाथी का उदाहरण देते हुए वे कहते हैं कि जब वह हाथी पकड़ा गया तो वह अपने माता पिता के लिये चिंतित रहता था जो अब वन में अकेले रह गए थे। जब वह मद में अनियंत्रित हुआ और उसे बांध दिया गया, तब उसने एक कौर भोजन भी नहीं किया यह याद कर कि वह वन में स्थित अपने बूढ़े माता-पिता की देखभाल नहीं कर पा रहा।

स्पष्ट संकेत था कि मनुष्यों से पशुओं की तुलना में अच्छे व्यवहार की अपेक्षा की जाती है। (देखें परिशिष्ट 20: परिजिण्ण ब्राह्मणपुत्त वत्थु)

आधुनिक काल में यह गाथा और अधिक प्रासंगिक हो गई है जब अधिकतर परिवारों में बच्चे बूढ़े माता–पिता को अकेला छोड विदेश में बस जाते हैं और उनकी देखभाल के लिये कोई नहीं होता।

३२५.

मिद्धी यदा होति महग्घसो च, आलसी यदि हो पेटू भी ,

निद्दायिता सम्परिवत्तसायी। करवट बदल-बदल कर सोये;

महावराहोव निवापपुट्ठो, चारे पर पले मोटे सूअर समान,

पुनप्पुनं गब्भमुपेति मन्दो॥ मंदबुद्धि पुनः पुनः गर्भ में पड़े।

भोजन की मात्रा को संतुलित करने की आवश्यकता को समझाते हुए भगवान याद दिलाते हैं कि अधिक भोजन करना आलस्य बढ़ाता है और सजगता घटाता है। ऐसे प्रमादी असंयत मनुष्य की बुद्धि मंद हो ही जाती है और वह मुक्ति के मार्ग पर आगे नहीं बढ़ सकता। अतः संसार चक्र से बाहर निकलने हेतु भोजन की मात्रा का ध्यान रखना आवश्यक है: *मत्तञ्ञुता च भत्तस्मिं*, (देखें गाथा 185)

शरीर के स्वास्थ्य की दृष्टि से भी अब सभी चिकित्सक समझाते हैं कि मोटापा अनेक रोगों की जननी है, अतः भोजन की मात्रा का ध्यान रखना बहुत आवश्यक है।

३२६.

इदं पुरे चित्तमचारि चारिकं,	पूर्व में चित्त विचरता था मेरा,
येनिच्छकं यत्थकामं यथासुखं।	जहाँ लगता सुख, वहीं चला जाता।
तदज्जहं निग्गहेस्सामि योनिसो,	अब उसे संयमित करूँगा,
हत्थिप्पभिन्नं विय अङ्कुसग्गहो॥	जैसे अंकुश साधे हाथी मतवाला॥

यह गाथा भगवान बुद्ध ने एक श्रामनेर को कही थी जो श्रामण्य त्यागने का मन बनाकर घर चला गया पर फिर समझाए जाने पर वापिस विहार आया। भगवान उसे प्रेरित कहते हुए कहते हैं कि वह अपने मन को संयमित करे ठीक उसी प्रकार जैसे एक महावत जंगली हाथी को प्रशिक्षित करता है ताकि उसका मन स्वच्छंदता त्याग दे।

सभी साधकों को इस गाथा के इस संदेश को आत्मसात करना चाहिए: चित्त को संयमित करना कठिन तो है, पर अति आवश्यक भी क्योंकि असंयत चित्त कभी भी आसक्ति जागृत होने पर पथभ्रष्ट हो सकता है।

उस श्रामनेर की भांति आधुनिक काल में कई भिक्षु काम-वासना के जागृत हो जाने के कारण, धर्म-रस चखने के बाद भी वापिस गृहस्थ बन जाते हैं। इसी प्रकार कई गृहस्थ भी साधना से लाभांवित होने के बावजूद, कुछ समय बाद जब उनके तात्कालिक दुःख कम हो जाते हैं, साधना करना छोड देते हैं, यह सोच के – अभी समय नहीं है, सेवानिवृत्ति के बाद करेंगे।

यह गाथा उन सभी को सुनानी चाहिए।

३२७.

अप्पमादरता होथ,	अप्रमाद में रत रहो,
सचित्तमनुरक्खथ।	निज चित्त की रक्षा करो ;
दुग्गा उद्धरथत्तानं,	कीचड में फँसे हाथी समान,
पङ्के सन्नोव कुञ्जरो॥	अपने को दुर्गति से उभारो।

भगवान भिक्षुओं को प्रेरित करते हैं कि अपने चित्त को निर्मल रखने हेतु निरंतर उद्यम करें। वे उदाहरण देते हैं उस दलदल में फंसे बूढ़े हाथी का जिसका उत्साह जब युद्ध संगीत से बढ़ाया गया तो वह पूरी ताकत लगा कर दलदल से बाहर आ गया। इसी प्रकार हमें भी कुशल उपायों (जैसे मरणानुसति, धम्मानुसति, इत्यादि) से धम्म-संवेग बड़ा कर विकारों की दलदल से बाहर निकलने हेतु सम्यक उद्यम करना चाहिए। गाथा 313 और 383 में भी भगवान सभी संस्कारों का क्षय करने हेतु "दृढ़ पराक्रम" करने की आवश्यकता बताते हैं।

३२८.

सचे लभेथ निपकं सहायं,	यदि मिले कोई बुद्धिमान,
सद्धिं चरं साधुविहारि धीरं।	समझदार, धीर साथी;
अभिभुय्य सब्बानि परिस्सयानि,	दूर करें सभी बाधाएँ,
चरेय्य तेनत्तमनो सतीमा॥	प्रसन्न, सजग, चलो उसके साथ ही॥

३२९.

नो चे लभेथ निपकं सहायं,	यदि न मिले कोई बुद्धिमान,
सद्धिं चरं साधुविहारि धीरं।	समझदार, धीर साथी,
राजाव रट्ठं विजितं पहाय,	जैसे नृप त्यागे विजित राज्य,
एको चरे मातङ्गरञ्ञेव नागो॥	चलो अकेले, जैसे वन में फिरता हाथी॥

३३०.

एकस्स चरितं सेय्यो,	अकेला चलना ही श्रेष्ठ,
नत्थि बाले सहायता।	न मूढ़ को बनाओ साथी।
एको चरे न च पापानि कयिरा,	अकेला चले, पाप न करे,
अप्पोस्सुक्को मातङ्गरञ्ञेव	अल्पेच्छ, जैसे वन में फिरता हाथी॥

यह तीन गाथाएं भगवान बुद्ध ने भंते आनंद एवं उनके साथ आये 500 भिक्षुओं को कहीं जब वे उन्हें बता रहे थे कि किस प्रकार जब वे कौसम्बी कि समीप निर्जन वन में तीन महीने तक वर्षावास में अकेले थे, एक समझदार हाथी ने मित्रवत उनकी देखभाल की। (देखें परिशिष्ट 21: समबहुलभिक्खु वत्थु)

भगवान की शिक्षा में अच्छे मित्र, कल्याण-मित्र को अध्यात्मिक प्रगति के लिये अति आवश्यक बताया गया है। इन तीन गाथाओं में वे हमें ऐसे बुद्धिमान, धैर्यवान और समझदार मित्र के संग चलने की प्रेरणा दे रहे हैं। और यह भी समझा रहे हैं कि यदि इसमें कोई बाधा हो तो उसे दूर करें और सजगता पूर्वक, प्रसन्नचित्त ऐसे कल्याण मित्र के साथ रहें। यदि ऐसा कोई समझदार सहचर न मिले तो एक निर्भय हाथी के समान अकेले रहना ही उचित है क्योंकि मूर्खों का साथ अमंगल-कारी ही होता है। मंगल सुत्त में भी भगवान यही समझाते हैं की मूर्खों की संगति नहीं करनी चाहिये और समझदार लोगों का ही संग करना चाहिए।

३३१.

अत्थम्हि जातम्हि सुखा सहाया,	आवश्यकता में मित्र है सुखकर,
तुट्ठी सुखा या इतरीतरेन।	जो कुछ है, उसमें संतोष सुखकर,
पुञ्ञं सुखं जीवितसङ्खयम्हि,	जीवन-संध्या में संचित पुण्य सुखकर,
सब्बस्स दुक्खस्स सुखं पहानं॥	सब दुखों का प्रहाण अति-सुखकर ॥

३३२.

सुखा मत्तेय्यता लोके,	लोक में मातृ-सेवा सुखकर,
अथो पेत्तेय्यता सुखा।	पितृ-सेवा भी सुखकर।
सुखा सामञ्ञता लोके,	लोक में श्रमण-सेवा सुखकर,
अथो ब्रह्मञ्ञता सुखा॥	निष्पाप की सेवा भी सुखकर ॥

३३३.

सुखं याव जरा सीलं,	बुढ़ापे तक शील पालन सुखकर,
सुखा सद्धा पतिट्ठिता।	श्रद्धा में स्थिर होना सुखकर।

सुखो पञ्ञाय पटिलाभो,	प्रज्ञावान हो जाना सुखकर,
पापानं अकरणं सुखं॥	पाप न करना है सुखकर ॥

भगवान बुद्ध इन तीन गाथाओं में एक अच्छे गृहस्थ जीवन के कुछ महत्वपूर्ण गुण रेखांकित करते हैं जो सुखकर हैं।

अच्छे मित्रों का होना सुखकर है क्योंकि आवश्यकता पड़ने पर वे हमारी सहायता करते हैं। वस्तुस्थिति में संतोष करना दूसरा गुण है जो हमें बेचैन होने से बचाता है। माता पिता, श्रमणों और आर्यों की सेवा, कर के हम पुण्य अर्जित करते हैं जिनको मृत्यु के समय याद कर हम प्रसन्न चित्त से प्राण त्यागने में समर्थ होते हैं।

समस्त जीवन शील का पालन करने से हम अकुशल कर्मों से बचे रहते हैं और इस प्रकार निर्दोष जीवन के सुख का अनुभव करते हैं। त्रिरत्न में श्रद्धा हमें दान आदि कुशल कर्म करने को प्रेरित करती है जो हमारे दीर्घकालिक सुख का कारण बनते हैं। यही श्रद्धा हमें शील के आधार पर समाधि और प्रज्ञा विकसित करने को प्रेरित करती है जिससे हम निर्वाण के परम सुख की ओर अग्रसर होते हैं और सभी दुखों का अन्त हो जाता है।

२४. तण्हावग्गो (तृष्णा)

३३४.

मनुजस्स पमत्तचारिनो, | प्रमादी मनुज की तृष्णा बढ़ती,
तण्हा वड्ढति मालुवा विय, | मालुवा-लता समान।
सो प्लवती हुरा हुरं, | भटके इस लोक से उस लोक,
फलमिच्छंव वनस्मि वानरो॥ | वन में फल खोजते वानर समान।

३३५.

यं एसा सहते जम्मी, | जिसे इस लोक की विषम तृष्णा
तण्हा लोके विसत्तिका। | पूरी तरह कर ले वश में ।
सोका तस्स पवड्ढन्ति, | शोक उसके बढ़ते जाएँ,
अभिवट्ठंव बीरणं॥ | जैसे बीरण घास बढ़े वर्षा में ॥

३३६.

यो चेतं सहते जम्मिं, | इस लोक की दुस्त्यज तृष्णा को,
तण्हं लोके दुरच्चयं। | जो कर ले अपने वश में;
सोका तम्हा पपतन्ति, | शोक उसके सब झर जाते,
उदबिन्दु व पोक्खरा॥ | जैसे बूंदें कमल पत्र से ॥

३३७.

तं वो वदामि भद्दं वो, | जो अपने कल्याण हेतु यहाँ एकत्र हुए हैं,
यावन्तेत्थ समागता। | देता उत्तम सलाह उन को ।

तण्हाय मूलं खणथ,	तृष्णा जड़ से उखाड़ फेंको,
उसीरत्थोव बीरणं।	जैसे उखाड़ें बीरण घास, खस[50] पाने को।
मा वो नळंव सोतोव,	तब “मार” न बारंबार करेगा नष्ट,
मारो भञ्जि पुनप्पुनं॥	जैसे नदी करे सरकण्ड़ों को॥

भगवान द्वितीय आर्य सत्य के विवरण में कहते हैं कि दुःख का मूल कारण है तृष्णा जो पुनर्जन्म दिलाती है। अतः सम्पूर्ण दुखों से मुक्ति के लिये हर प्रकार की तृष्णा का प्रहाण आवश्यक है। यदि हम प्रमादवश साधना नहीं करते, तो तृष्णाएं बढ़ती जाती हैं और हमारा पुनर्जन्म कभी इस लोक में और कभी उस लोक में होता रहता है। दुःख चक्र से मुक्ति तो दूर, दुःखों में वृद्धि ही होती है।

इसके विपरीत, यदि कोई सजग साधक आर्य अष्टांगिक मार्ग को भावित कर तृष्णा का सम्पूर्ण प्रहाण कर देता है जिससे कि तृष्णाओं की पुनः उत्पत्ति नहीं हो सकती, तो उसके सभी शोक समाप्त हो जाते है। वह जन्म-मरण के चक्र से मुक्त हो जाता है।

इसलिए भगवान उस समय उपस्थित सभी लोगों को सलाह देते हैं कि साधना रत हो कर सभी तृष्णाओं को जड़ से उखाड़ दें। जिस प्रकार सुगंधित खस पाने हेतु बीरण घास को जड़ से उखाड़ना पड़ता है वैसे ही उत्तम जीवन जीने हेतु तृष्णा को उखाड़ना अनिवार्य है । ऐसा करने पर ही वे अंततः मार के पाश से बच पायेंगे और जन्म-मरण के चक्र से छूट जाएंगे। अन्यथा जन्म-मरण के चक्र में विभिन्न योनियों में घूमते ही रहेंगे। (देखें परिशिष्ट 22 कपिलमच्छ वत्थु)

३३८.

यथापि मूले अनुपद्दवे दळ्हे,	जैसे दृढ़ जड़ नष्ट न हो,
छिन्नोपि रुक्खो पुनरेव रूहति।	तो कटा वृक्ष फिर उग आये ।
एवम्पि तण्हानुसये अनूहते,	तृष्णा-अनुशय जड़ से न उखड़े,
निब्बत्तती दुक्खमिदं पुनप्पुनं॥	तो दुःख पुनः-पुनः उग आये ॥

---

[50] सुगंधित घास

३३९.

यस्स छत्तिंसति सोता,	जिसके छत्तीसों[51] स्त्रोत,
मनापसवना भुसा।	मनभावन की ओर बहते ।
वाहा वहन्ति दुद्दिट्ठिं,	उस मिथ्या-दृष्टि के राग-लिप्त संकल्प,
सङ्कप्पा रागनिस्सिता॥	उसे बहा ले जाते ॥

३४०.

सवन्ति सब्बधि सोता,	ये स्त्रोत बहें चहुँ ओर,
लता उप्पज्ज तिट्ठति।	इनसे तृष्णा-लता उपजती।
तञ्च दिस्वा लतं जातं,	उपजी हुई इस लता को देख,
मूलं पञ्ञाय छिन्दथ॥	प्रज्ञा से काटो जड़ उसकी ॥

३४१.

सरितानि सिनेहितानि च,	इन तृष्णा-रूपी नदियों से,
मनस्सानि भवन्ति जन्तुनो।	प्राणियों के मन प्रसन्न होते ।
ते सातसिता सुखेसिनो,	ऐसे सुखासक्त, सुख-चाहने वाले,
ते वे जातिजरूपगा नरा॥	जन्म-जरा के फेर में पड़ते ॥

३४२.

तसिणाय पुरक्खता पजा,	तृष्णा में आबद्ध प्राणी ,
परिसप्पन्ति ससोव बन्धितो ।	बंधे खरगोश समान चक्कर काटते ।
संयोजनसङ्गसत्तका,	मन के संयोजनों में फँसे ,
दुक्खमुपेन्ति पुनप्पुनं चिराय॥	चिरकाल तक दुःख पाते ॥

---

51 छ इंद्रियाँ, उनके छ विषय, जिनके आधार पर काम-तृष्णा, भव-तृष्णा, और विभव-तृष्णा जागती है ।

३४३.

तसिणाय पुरक्खता पजा,	तृष्णा में आबद्ध प्राणी ,
परिसप्पन्ति ससोव बन्धितो।	बंधे खरगोश समान चक्कर काटते।
तस्मा तसिणं विनोदये,	अतः तृष्णा को दूर करो,
आकङ्खन्त विरागमत्तनो॥	जो राग से अपनी मुक्ति चाहते ॥

इन छह गाथाओं (338-344) में भगवान बुद्ध तृष्णा को जड़ से उखाड़ने के महत्व को एक उदाहरण से समझाते हैं। यदि किसी पेड़ के तने को काट दिया जाए पर उसकी जड़ सुरक्षित रहे तो कुछ समय बाद उसमें कोपलें निकल आती हैं और धीरे-धीरे एक नया पेड़ उग जाता है। तृष्णा की जड़ें हमारे अचेतन मन में सुषुप्त राग-द्वेष और मोह की अंतर्निहित प्रवृत्तियों (अनुसयों) में हैं; अतः जब तक इनका समूल नाश नहीं होता, तृष्णा बार-बार उत्पन्न होती रहती है ॥

जैसा कि भगवान द्वितीय आर्य सत्य के विवरण में समझाते हैं तृष्णाएं आनंद और राग के साथ जुड़ी हुई रहती हैं, तो जहाँ कहीं भी छह इंद्रियों या उनके विषयों में कुछ आनंद आता है वहीं पर तीन प्रकार की तृष्णा जाग जाती है जो मन को अभिभूत कर देती है। महासतिपट्ठान सुत्त (दी नि 22) में तो और अधिक विस्तार से तृष्णा के विभिन्न स्त्रोतों को चिह्नित किया गया है। इंद्रियों और उनके विषयों के अतिरिक्त विभिन्न इंद्रिय-विज्ञान, स्पर्ष, उनसे उत्पन्न होने वाली वेदना इत्यादि, कुल मिला कर साठ स्थानों पर तृष्णा के जागने की सम्भावना को बतलाया गया है। सच ही है कि तृष्णा के स्त्रोत चारों ओर उपलब्ध हैं; अतः प्रज्ञा रूपी तलवार से इनका समूल नाश दुःख से मुक्ति के लिये आवश्यक है। यदि हम ऐसा नहीं करते तो तृष्णा के पाश द्वारा बंधे हम संसार चक्र में वैसे ही घूमते रहते हैं जैसे किसी पेड़ से रस्सी द्वारा बंधा खरगोश, रस्सी को तोड़ बंधन से छूटने की कोशिश में केवल उस पेड़ के चक्कर ही काटता रहता है और दुःख ही पाता है। अतः जन्म-मरण के चक्र में अंतर्निहित दुःख से छूटने हेतु आर्य अष्टांगिक मार्ग को भावित और विकसित कर, तृष्णा का समूल नाश आवश्यक है। (देखें परिशिष्ट 23 सुकरपोतिक वत्थु)

३४४.

यो निब्बनथो वनाधिमुत्तो,	जो तृष्णाएं त्यागने जाए वन में,
वनमुत्तो वनमेव धावति।	तृष्णा छोड़, फिर दौड़े उन्हीं की ओर।

तं पुग्गलमेथ पस्सथ,	उस जन को ऐसा ही जानो,
मुत्तो बन्धनमेव धावति॥	जो मुक्ति छोड़ भागे बंधन की ओर ॥

यह गाथा भगवान ने उस भिक्षु को कही जिसने भंते महाकश्यप से चारों झान सीख कर उनमें प्रवीणता प्राप्त की ; पर एक बार भिक्षाटन में एक स्त्री को देख उस पर आसक्त हो, वह फिर गृहस्थ हो गया। वह गृहस्थ जीवन में धनार्जन हेतु उचित परिश्रम न कर सका और उसे घर छोड़ना पड़ा। फिर बाद के विषम घटना चक्र में फँस अत्यंत दुख में पड़ गया। झानों के अभ्यास ने उसे किसी तरह उस विषम परिस्थिति से निकाल दिया और वह फिर प्रवज्या लेने जेतवन गया। तब भगवान ने इस गाथा के माध्यम से उसे समझाया कि तृष्णाओं को त्याग फिर उनकी ओर दौड़ना ठीक वैसा ही है जैसे कोई मुक्ति से बंधन की ओर दौड़े।

आधुनिक काल में भी यह कहानी बहुत प्रासंगिक है न केवल भिक्षुओं के लिये, वरन उन गृहस्थों के लिए भी जो लम्बे समय तक साधना करने के बाद भी किसी भ्रम में पड़ कर भगवान के सिखाए अष्टांगिक मार्ग को त्याग देते हैं।

३४५.

न तं दळहं बन्धनमाहु धीरा,	धीर न कहें उसे दृढ़ बंधन,
यदायसं दारुज-पब्बजञ्च ।	जो है लोहे, लकड़ी, रस्सी का।
सारत्तरत्ता मणिकुण्डलेसु,	बंधन तो है मणि-कुण्ड़ल-आसक्ति,
पुत्तेसु दारेसु च या अपेक्खा॥	पुत्र, पत्नी से उत्कट अपेक्षा ॥

३४६.

एतं दळहं बन्धनमाहु धीरा,	धीर इसे ही दृढ़ बंधन कहें, अवनतिकारी,
ओहारिनं सिथिलं दुप्पमुञ्चं।	लगता ढ़ीला, पर है दुस्त्याज्य।
एतम्पि छेत्वान परिब्बजन्ति,	इसे छिन्न कर ही हों प्रव्रजित,
अनपेक्खिनो कामसुखं पहाय॥	सब अपेक्षाएं, काम-सुख त्याग ॥

भगवान बुद्ध ने यह दो गाथाएं उन भिक्षुओं को कहीं जिन्होंने भिक्षाटन से लौटते समय लोहे की ज़ंजीरों में बंधे कुछ कैदियों को देखा था। भगवान समझाते हैं कि यह बंधन उतने मजबूत नहीं है जितने धन, जेवरात, और परिवार से आसक्ति के बंधन होते हैं। यद्यपि यह अदृश्य बंधन बहुत मामूली और हलके लगते हैं पर वास्तव में यह होते हैं बहुत दृढ़। इनको काट पाना अत्यंत दुष्कर है। पर जब तक कोई इन्हें काट नहीं पाता तब तक प्रव्रजित जीवन का सफल होना बहुत मुश्किल है, क्योंकि प्रव्रजित को सभी काम सुखों की तृष्णाएं एवं सभी अपेक्षाएं त्यागनी होती हैं।

३४७.

ये रागरत्तानुपतन्ति सोतं,	वे राग-रंजित गिरते तृष्णा-स्रोत में,
सयंकतं मक्कटकोव जालं।	जैसे मकड़ी फंसे अपने बुने जाल में।
एतम्पि छेत्वान वजन्ति धीरा,	धीर यह तृष्णा-जाल तोड़ कर,
अनपेक्खिनो सब्बदुक्खं पहाय॥	सब दुःख त्याग, निराकांक्ष चलें जग में।

३४८.

मुञ्च पुरे मुञ्च पच्छतो,	त्याग भूत को, त्याग भविष्य को,
मज्झे मुञ्च भवस्स पारगू।	त्याग वर्तमान, कर भवसागर पार ॥
सब्बत्थ विमुत्तमानसो,	सर्वत्र विमुक्त जिसका मन हो,
न पुनं जातिजरं उपेहिसि॥	फिर जरा-जन्म न हो बारंबार ॥

एक सुंदर उपमा द्वारा भगवान समझाते हैं कि जैसे मकड़ी अपने ही बुने हुए जाल में फंस जाती है उसी प्रकार मनुष्य अपनी ही तृष्णाओं के जाल में फंस कर बार-बार दुखी होते हैं – ऐसा हो जाए, ऐसा न हो, वह पद मिल जाए, यह कष्ट शीघ्र दूर हो जाए, इत्यादि। जो समझदार लोग हैं वे इस जाल को पहचान कर, तृष्णाओं और सभी आकांक्षाओं को त्याग, दुःख मुक्त जीवन जीते हैं। ऐसा मनुष्य भूत, भविष्य या वर्तमान की सभी चिन्ताओं और आकांक्षाओं को त्याग अनासक्त जीवन का परम सुख अनुभव करता है। तृष्णाओं की शेषरहित समाप्ति मन को विमुक्त कर देती है जिसकी परिणति है निर्वाण का साक्षात्कार, और मनुष्य पुनर्जन्म-मृत्यु के चक्र से छूट जाता है।

३४९.

वितक्कमथितस्स जन्तुनो,	काम-विचारों से ग्रस्त प्राणी,
तिब्बरागस्स सुभानुपस्सिनो।	तीव्र राग-युक्त, देखे केवल काया-सुंदरता;
भिय्यो तण्हा पवड्ढति,	उसकी तृष्णाएँ अत्यधिक बढ़तीं,
एस खो दळ्हं करोति बन्धनं॥	अपने बंधनों को दृढ़ करता ॥

३५०.

वितक्कूपसमे च यो रतो,	काम-विचारों के शमन में जो रत,
असुभं भावयते सदा सतो।	सदा सजग, देखे काया-असुंदरता;
एस खो ब्यन्ति काहिति,	वह नष्ट कर ये तृष्णाएं,
एस छेच्छति मारबन्धनं॥	काटे बंधन "मार" का ॥

यह दो गाथाएं भगवान बुद्ध ने उस भिक्षु को कहीं जो भिक्षाटन में भोजन दान करने वाली एक स्त्री से आसक्त हो भिक्षु जीवन से ऊब रहा थे। भगवान समझाते हैं कि जो पुरुष किसी स्त्री की काया की भासमान सुंदरता के विचारों से ग्रस्त हो जाता है, उसकी तृष्णाएं बढ़ती रहती हैं जिससे वह सांसारिक बंधनों में जकड़ जाता है। अशुभ भावना (काया की असुंदरता का चिंतन-मनन) का अभ्यास करने से, और इसके साथ-साथ काम विचारों के शमन हेतु निरंतर सजगता रखने से तृष्णाएं घटती जाती हैं; और अंततः तृष्णाएं सम्पूर्णता से नष्ट हो जाती हैं। साधक मार के बंधन से मुक्त हो जाता है। (गाथा 284 भी देखें : जब तक नर का नारी में, राग लेशमात्र भी रह जाता। बंधा रहता वह तब तक, माँ से जैसे बछड़ा दूध-पीता॥)

३५१.

निट्ठङ्गतो असन्तासी,	निर्भय, पहुँचा अंतिम लक्ष्य,
वीततण्हो अनङ्गणो।	वीत-तृष्णा, निर्विकार;
अच्छिन्दि भवसल्लानि,	भव-शूलों को जड़ से उखाड़,
अन्तिमोयं समुस्सयो॥	यह है उसका अंतिम शरीर ॥

३५२.

वीततण्हो अनादानो,	वीत-तृष्णा, अपरिग्रही,
निरुत्तिपदकोविदो।	धर्म ग्रंथ-भाषा का ज्ञाता ;
अक्खरानं सन्निपातं,	अक्षर-समूह-विन्यास का,
जञ्ञा पुब्बापरानि च।	उनके पूर्वपर क्रम का ज्ञाता ;
स वे ''अन्तिमसारीरो,	"अन्तिमशरीर-धारी महाप्रज्ञ"
महापञ्ञो महापुरिसो''ति वुच्चति॥	ऐसा वह महापुरुष कहलाता ॥

यह दो गाथाएं भगवान बुध ने मार को सम्बोधित की थी जब वह हाथी का रूप धारण कर रात को सोए हुए श्रामणेर राहुल को चिंघाड़ कर भयभीत करने का प्रयास कर रहा था। भगवान उसे कहते हैं कि राहुल निर्भय है क्योंकि उसने साधना द्वारा सभी प्रकार के विकार और तृष्णाओं को समाप्त कर दिया है; अतः वह राहुल को भयभीत ना कर पायेगा।

भगवान आगे कहते हैं कि ऐसा अपरिग्रही जिसमें कोई तृष्णा शेष न हो, जिसने सभी भव-ग्रंथियाँ काट दी हैं, जो धर्म ग्रंथों की भाषा एवं व्याकरण का ज्ञाता है उस अंतिम-शरीर धारी, महापुरुष को महाप्रज्ञ कहा जाता है जो सर्वथा निर्भय हो गया है।

३५३.

सब्बाभिभू सब्बविदूहमस्मि,	सभी विषयों का विजेता,
सब्बेसु धम्मेसु अनूपलित्तो।	सभी अनुभवों से अलिप्त, मैं सर्वज्ञ हूँ ;
सब्बञ्जहो तण्हक्खये विमुत्तो,	सर्वत्यागी, तृष्णा-क्षय कर विमुक्त,
सयं अभिञ्ञाय कमुद्दिसेय्यं॥	स्वयं सब जाना- अपना आचार्य किसे कहूँ ?

यह गाथा भगवान ने अपना परिचय देते हुए परिव्राजक उपक[52] को कहीं थी जिसने उनसे पूछा था कि वे कौन हैं तथा उनका आचार्य कौन है। भगवान उसे कहते हैं : "मैं सभी अनुभूतियों से अलिप्त, सभी

[52] जब भगवान सम्बोधि के पश्चात बोधगया से सारनाथ जा रहे थे तो परिव्राजक उपक उनसे रास्ते में मिला।

विषयों का विजेता हूँ। मैंने सभी तृष्णाओं का क्षय कर दिया है, इस कारण पूर्ण रूप से हर बंधन से मुक्त हूँ"। क्योंकि वे अपने प्रयास से ही तृष्णाओं का शेष-रहित प्रहाण कर, आसक्ति रहित हो पूर्ण रूप से मुक्त हुए, सर्वज्ञ हुए, तो उनका कोई आचार्य नहीं था। अतः, वे परिव्राजक उपक से ही पूछते हैं, कि जब मुक्ति का मार्ग उन्होंने स्वयं ही खोजा, तो: " मैं किसे अपना आचार्य कहूँ"।

३५४.

सब्बदानं धम्मदानं जिनाति,	धर्म-दान सब दानों पर करता जीत[53],
सब्बरसं धम्मरसो जिनाति।	धर्म-रस सब रसों पर करता जीत;
सब्बरतिं धम्मरति जिनाति,	धर्म-प्रेम सब प्रेमों पर करता जीत,
तण्हक्खयो सब्बदुक्खं जिनाति॥	तृष्णा-क्षय सब दुखों पर करता जीत ॥

यह गाथा भगवान बुद्ध ने देवराज सक्क के चार प्रश्नों के उत्तर में कहीं।

"सबसे श्रेष्ठ दान कौन सा?" => धर्म-दान ;

"सबसे श्रेष्ठ रस कौन सा?"=> धर्म-रस ;

"सबसे श्रेष्ठ प्रेम कौन सा?"=> धर्म-प्रेम;

"तृष्णा-क्षय सबसे श्रेष्ठ क्यों कहा जाता है?" => क्योंकि यह सभी दुःखों को हर लेता है।

३५५.

हनन्ति भोगा दुम्मेधं,	भोग करें नष्ट उसी दुर्मेध को,
नो च पारगवेसिनो।	जो न चाहे दूसरे छोर[54] को;

---

53 अर्थात सब से श्रेष्ठ है

54 भव सागर का दूसरा छोर, मुक्ति

भोगतण्हाय दुम्मेधो,	भोगों की तृष्णा में पड़कर वह दुर्मेध,
हन्ति अञ्ञेव अत्तनं॥	स्वयं को मिटाए, जैसे किसी पराये को ॥

यह गाथा भगवान ने श्रावस्ती के एक कंजूस रईस के संदर्भ में कही जो दान पुण्य से दूर रहता था। धन की तृष्णा इतनी कि धनी होने के बावजूद वह एक गरीब की तरह रहता था; घर, वस्त्र, भोजन सब उसी तरह के करता था, ताकि सम्पति में कमी न हो। सारा जीवन उचित-अनुचित तरीकों से केवल धन संग्रह करता रहा। भगवान कहते हैं कि ऐसा दुर्बुद्धि भौतिकवादी धन की तृष्णा में पड़ अपनी ही हानि करता है। सांसारिक नियमों से वह बच भी जाए, धनार्जन के लिये किए गये अकुशल कर्मों का फल तो प्रकृति के नियमों अनुसार मिलेगा ही; और यह तृष्णा बारंबार जन्म-मृत्यु के चक्र में घुमाएगी ही।

३५६.

तिणदोसानि खेत्तानि, रागदोसा अयं पजा।	अपतृण[55] दोष खेतों का, राग दोष मनुष्यों का;
तस्मा हि वीतरागेसु, दिन्नं होति महप्फलं॥	अतः वीत-राग मनुष्यों को देना महाफलप्रद होता ॥

३५७.

तिणदोसानि खेत्तानि, दोसदोसा अयं पजा।	अपतृण दोष खेतों का, द्वेष दोष मनुष्यों का;
तस्मा हि वीतदोसेसु, दिन्नं होति महप्फलं॥	अतः वीत-द्वेष मनुष्यों को देना महाफलप्रद होता ॥

३५८.

तिणदोसानि खेत्तानि, मोहदोसा अयं पजा।	अपतृण दोष खेतों का, मोह दोष मनुष्यों का;
तस्मा हि वीतमोहेसु, दिन्नं होति महप्फलं॥	अतः वीत-मोह मनुष्यों को देना महाफलप्रद होता ॥

३५९.

(तिणदोसानि खेत्तानि, इच्छादोसा अयं पजा।	अपतृण दोष खेतों का, इच्छा दोष मनुष्यों का;
तस्मा हि विगतिच्छेसु, दिन्नं होति महप्फलं॥)	अतः विगतेच्छ मनुष्यों को देना महाफलप्रद होता ॥

---

[55] खरपतवार

तिणदोसानि खेत्तानि, तण्हादोसा अयं पजा।	अपतृण दोष खेतों का, तृष्णा दोष मनुष्यों का;
तस्मा हि वीततण्हेसु, दिन्नं होति महप्फलं॥	अतः वीत-तृष्णा मनुष्यों को देना महाफलप्रद होता॥

यह गाथाएं भगवान बुद्ध ने तावतिंस देवलोक में एक देवता को कहीं जिसने उनसे पूछा था कि भगवान बुद्ध के शासन से पूर्व महान दान देने के बाद भी उसे उतना सुखद फल नहीं मिला जितना कि उस देवता को मिला जिसने कि बहुत कम मात्रा में दान अरहंत अनिरुद्ध को दिया था। भगवान एक उपमा दे कर समझाते हैं कि दान एक बीज के समान है जिसका फल उस खेत की उर्वरता पर निर्भर है जिसमें उसे बोया जाता है। और जिस खेत में खरपतवार हों उसमें तो फसल बहुत कम होती है।

इसी प्रकार यदि दान किसी ऐसे व्यक्ति को दिया जाता है जिसका मन राग, द्वेष, मोह, इत्यादि विकारों से ग्रस्त है तो उसका फल किसी वीतराग, वीतद्वेष, वीतमोह अरहंत को दिये गये दान की अपेक्षा में बहुत कम आयेगा। यह प्रकृति का नियम है।

भगवान बुद्ध उस देवता को कहते हैं कि उसने वह महादान किसी अनार्य (या अनार्यों) को दिया था, जिसका फल अरहंत अनिरुद्ध को दिये गए दान से कम होना प्रकृति के नियमों के अनुरूप ही था।

इसी कारण भगवान के आर्य संघ को पुण्य क्षेत्र कहा जाता है। यही बात वेलाम सुत्त[56] में विस्तार से कही गई है। किसी श्रोतापन्न को दिये गये दान से उत्तम सकदागामि को दिया गया दान है; उससे भी श्रेष्ठ एक अनागामी को दिया गया दान, उससे भी अति उत्तम एक अरहंत को दिया गया दान; और इन सब से उत्तम एक सम्यक सम्बुद्ध को दिया गया दान होता है जिसका फल सबसे अधिक सुखद होता है।

---

[56] वेलाम सुत्त, अ नि 9.20

२५. भिक्खुवग्गो (भिक्षु)

३६०.

चक्खुना संवरो साधु, साधु सोतेन संवरो।	आँख का संयम उत्तम, उत्तम कान का संयम ।
घानेन संवरो साधु, साधु जिव्हाय संवरो।।	नाक का संयम उत्तम, उत्तम जीभ का संयम ॥

३६१.

कायेन संवरो साधु, साधु वाचाय संवरो।	काया का संयम उत्तम, उत्तम वाणी का संयम ।
मनसा संवरो साधु, साधु सब्बत्थ संवरो।	मन का संयम उत्तम, उत्तम सर्वत्र संयम।।
सब्बत्थ संवुतो भिक्खु, सब्बदुक्खा पमुच्चति।।	भिक्षु जो सर्व-संयमी, सभी दुःखों से होता मुक्त।।

यह दो गाथाएं उन पांच भिक्षुओं को कहीं गई जो अलग-अलग इंद्रिय के संयम का अभ्यास कर रहे थे और आपस में झगड़ रहे थे कि उनके द्वारा संयमित इंद्रिय ही बहुत महत्वपूर्ण है। भगवान उन्हें समझाते हैं कि सभी इंद्रियों – आँख, कान, नाक, जिह्वा, काया और मन - का संयम आवश्यक है, न कि केवल किसी एक इंद्रिय का। जो भिक्षु पांचों शारीरिक इंद्रियों तथा मन को भी संयमित कर लेता है, वही अंततः सभी दुःखों से मुक्त हो जाता है।

३६२.

हत्थसंयतो पादसंयतो,	हाथ संयत, पाँव संयत,
वाचासंयतो संयतुत्तमो।	वाणी संयत, पूर्ण सुसंयत;
अज्झत्तरतो समाहितो,	अन्तः सुखी, समाधि युक्त,
एको सन्तुसितो तमाहु भिक्खुं।।	एकाकी, संतुष्ट-उसे ही कहते भिक्षु ॥

यह गाथा भगवान बुद्ध ने उस भिक्षु को कही जिसने अपना अचूक निशाना दिखाने हेतु एक पत्थर उड़ते हुए हंस पर मारा जिससे उसकी मृत्यु हो गई ।

भगवान समझाते हैं कि हर भिक्षु को सम्पूर्ण इंद्रियों – यथा हाथ, पाव, वाणी इत्यादि- पर संयम रखने हेतु समाधि में पुष्ट होना चाहिये ताकि वह उन अहितकर आवेगों पर अमल करने से खुद को रोक सके, जो 'अनुसयों' (छिपी हुई प्रवृत्तियों) के कारण उत्पन्न हो सकते हैं। तब वह अंतर्मन में सुखी एवं संतुष्ट हो पाएगा, और तभी वह भिक्षु कहलाने योग्य बनता है।

३६३.

यो मुखसंयतो भिक्खु,	जो भिक्षु मुख से संयत,
मन्तभाणी अनुद्धतो।	बोले सोच-समझकर, निरभिमानी ;
अत्थं धम्मञ्च दीपेति,	अर्थ और धर्म प्रकाशित करता,
मधुरं तस्स भासितं॥	मधुर, सुविनीत उसकी वाणी ॥

भिक्षु कोकालिक दो अग्र श्रावकों – सारिपुत्त और महामोग्गलान - को अपशब्द कहने के कारण निरय लोक में गया। इस दृष्टांत द्वारा भगवान इस गाथा में समझाते हैं कि सोच-समझ कर, बिना अभिमान के, अर्थपूर्ण एवं मधुर वचन ही बोलने चाहिये। इसके विपरीत अपशब्द कहना, खास तौर पर किसी निर्दोष पर झूठे आरोप लगाना, अत्यंत दोषपूर्ण कर्म है, जिसका फल बहुत कष्टदायक होता है। (देखें गाथा 137-140)

३६४.

धम्मारामो धम्मरतो,	धर्म में करता रमण, धर्म में रत,
धम्मं अनुविचिन्तयं।	धर्म का करता निरंतर चिन्तन;
धम्मं अनुस्सरं भिक्खु,	धर्म का करता अनुस्मरण--
सद्धम्मा न परिहायति॥	वह भिक्षु सद्धर्म से न होता अवनत ॥

जो भिक्षु निरंतर धर्म का ही चिंतन करता है, जिसका मन धर्म में ही रमण करता है, हर परिस्थिति में 'सति-सम्पजञ्ञ' में स्थापित रहता है ऐसे भिक्षु की धर्म में उन्नति ही होती है, अवनति नहीं।

गाथा 21 में भी भगवान स्पष्ट आश्वासन देते हैं : अप्रमाद अमरत्व का मार्ग; अर्थात प्रमाद रहित रहते हुए, हम निर्वाण का साक्षात्कार कर, जन-मरण के चक्र को तोड सकते हैं जो कि धम्म के मार्ग पर चलने का गंतव्य, अंतिम लक्ष्य है।

३६५.

सलाभं नातिमञ्ञेय्य,	जो मिले, न कर उसका तिरस्कार,
नाञ्ञेसं पिहयं चरे।	दूसरों की प्राप्ति से न हो स्पृहा।
अञ्ञेसं पिहयं भिक्खु,	जो भिक्षु पर-लाभ से करे स्पृहा,
समाधिं नाधिगच्छति॥	उसका चित्त न पा सकता एकाग्रता।

३६६.

अप्पलाभोपि चे भिक्खु,	जो भिक्षु, यदि मिले कम भी ,
सलाभं नातिमञ्ञति।	न करता उसका तिरस्कार।
तं वे देवा पसंसन्ति,	जिसकी जीविका शुद्ध, अनालस--
सुद्धाजीविं अतन्दितं॥	उसकी प्रशंसा करें देवता बारंबार॥

यह दो गाथाएं भगवान ने उस भिक्षु को कही जो सुख सुविधाएं भोगने हेतु कुछ समय देवदत्त के विहार में रहा। भगवान समझाते हैं कि शुद्ध आजीविका से अर्जित अल्प आहार और अन्य आवश्यकताओं में संतोष करना बहुत लाभदायक है। दूसरों की सुख-सुविधाओं से स्पृहा करने वाला भिक्षु, कभी भी चित्त की एकाग्रता नहीं पा सकता जिस कारण उसकी धर्म में प्रगति अवरुद्ध हो जाती है।

यह शिक्षा गृहस्थों के लिए भी बहुत उपयोगी है। हम देखते हैं कि ज़्यादातर गृहस्थ धन और भौतिक सुख-सुविधाओं की एक कभी न खत्म होने वाली दौड़ में लगे रहते हैं, जिसकी वजह से वे लगातार तनाव में रहते हैं। वे हमेशा किसी नए हाई-टेक गैजेट, कोई शानदार कार, या किसी ऐसे नए उपकरण को देखते रहते हैं जिसे उनके पड़ोसी या दफ़्तर के किसी सहकर्मी ने अभी-अभी खरीदा हो, और वे उससे भी बेहतर कुछ खरीदने की फिराक में रहते हैं। ऐसी सोच कभी भी मन की शांति नहीं दे सकती—समाधि या प्रज्ञा में प्रगति की तो बात ही छोड़ दें।

३६७.

सब्बसो नामरूपस्मिं,	हर तरह के नाम-रूप में,
यस्स नत्थि ममायितं।	जिसका न भाव 'मैं' 'मेरे' का;
असता च न सोचति,	उनके न होने पर शोक न करे,
स वे ''भिक्खू''ति वुच्चति॥	वही सच्चा भिक्षु कहलाता।

पाँच खंधों के प्रति 'मैं' 'मेरे' का भाव अज्ञानता की प्रमुख अभिव्यक्ति है जिसके रहते नाना प्रकार के राग एवं द्वेष जनित विकार मन में जागते है। जिसमें इन खंधों के प्रति तादात्म्य नहीं रहता वह मुक्ति की ओर अग्रसर हो जाता है। वही भिक्षु-जीवन को चरितार्थ करता है।

यही अनत्तलक्खण सुत्त (स नि 22.59) का सार है :

अतः भिक्षुओं, जो भी रूप है – भूत, भविष्य अथवा वर्तमान काल का, आंतरिक अथवा बाह्य, स्थूल अथवा सूक्ष्म, निम्न अथवा उच्च, दूर अथवा पास – सभी रूपों को सम्यक प्रज्ञा से, यथाभूत ऐसे जानना चाहिये : "यह मेरा नहीं है, यह मैं नहीं हूँ, यह मेरा आत्म नहीं है।"

...इसी प्रकार हर खंध के लिए यही बात समझाई जाती है ..... और फिर...

इस प्रकार जानते हुए, भिक्षुओं, श्रुतवान आर्य श्रावक का रूप से मोहभंग हो जाता है, वेदना से मोहभंग हो जाता है, संज्ञा से मोहभंग हो जाता है, संस्कार से मोहभंग हो जाता है, विज्ञान से मोहभंग हो जाता है।

मोहभंग के कारण विरक्त हो जाता है, विरक्ति से चित्त विमुक्त हो जाता है, तथा विमुक्त चित्त यह जान जाता है "मुक्ति हो गयी है" और "पुनर्जन्म समाप्त हो गये हैं, ब्रह्मचर्य पूर्ण हुआ, करणीय कर लिया, अब और किसी अवस्था में आना नहीं होगा।"

३६८.

मेत्ताविहारी यो भिक्खु,	मैत्री भावना करे जो भिक्षु,
पसन्नो बुद्धसासने।	बुद्ध शिक्षा में जो रहे प्रसन्न।
अधिगच्छे पदं सन्तं,	पाता वही शांत पद,
सङ्खारूपसमं सुखं॥	सुखदायक संस्कार-उपशमन॥

३६९.

सिञ्च भिक्खु इमं नावं,	भिक्षु! नाव (मन) से गंदगी निकालो,
सित्ता ते लहुमेस्सति।	यह हल्की हो जायेगी।
छेत्वा रागञ्च दोसञ्च,	राग द्वेष को त्यागने पर,
ततो निब्बानमेहिसि॥	निर्वाण प्राप्त कर लोगे।

३७०.

पञ्च छिन्दे पञ्च जहे,	पाँचों[57] का छेदन करे, पाँचों को त्यागे[58],
पञ्च चुत्तरि भावये।	पाँचों[59] को सदैव भावित करे ;
पञ्च सङ्गातिगो भिक्खु,	पाँच[60] आसक्तियों का जो अतिक्रमण करे,
'ओघतिण्णो'ति वुच्चति॥	ऐसा भिक्षु 'बाढ़ से पार[61]' कहलाये ॥

३७१.

झाय भिक्खु मा पमादो,	ध्यान कर भिक्षु! न कर प्रमाद,
मा ते कामगुणे रमेस्सु चित्तं।	तेरा चित्त भोगों में रमण न करे।
मा लोहगुळं गिली पमत्तो,	प्रमाद में लोहे का गोला न निगल, (उससे)
मा कन्दि ''दुक्खमिद''न्ति डय्हमानो॥	जलते हुए 'यह दुख है' कह रोना न पड़े।

३७२.

नत्थि झानं अपञ्ञस्स,	प्रज्ञा विहीन न कर सके ध्यान,
पञ्ञा नत्थि अझायतो।	न ध्यान-विहीन में जागे प्रज्ञा।
यम्हि झानञ्च पञ्ञा च,	जिसमें प्रज्ञा, जो करे ध्यान,
वे निब्बानसन्तिके॥	उसके तो समीप है निर्वाण।

---

57 पाँच निचले संयोजन :सत्काय-दृष्टि, शील-व्रत से आसक्ति, शंकायें; कामराग, द्वेष

58 पाँच ऊर्ध्व संयोजन : रूपराग, अरुपराग, मान, बेचैनी और अविद्या

59 पाँच इंद्रियाँ : श्रद्धा, वीर्य, सजगता, समाधि, प्रज्ञा

60 पाँच स्कंधों से आसक्ति

61 भवसागर – चार तरह की बाढ़ (आश्रव) : काम, भव, दृष्टि तथा अविद्या

३७३.

सुञ्आगारं पविट्ठस्स,	शांत चित्त भिक्षु जब
सन्तचित्तस्स भिक्खुनो।	शून्यागार में हो प्रविष्ट ,
अमानुसी रति होति,	पाता मनुष्येतर आनन्द,
सम्मा धम्मं विपस्सतो॥	देख धम्मों को स्पष्ट।

३७४.

यतो यतो सम्मसति,	जैसे-जैसे सम्यक सजगता से,
खन्धानं उदयब्बयं।	स्कंधों का उदय-व्यय देखता।
लभती पीतिपामोज्जं,	वैसे-वैसे प्रीति-प्रमोद से भरता,
अमतं तं विजानतं॥	ज्ञानी यही निर्वाण पथ जानता।

३७५.

तत्रायमादि भवति,	प्रज्ञावान भिक्षु को
इध पञ्ञस्स भिक्खुनो।	आदि में है यह साधन करना ;
इन्द्रियगुत्ति सन्तुट्ठि,	इंद्रिय संयम, संतोष रखना,
पातिमोक्खे च संवरो॥	व भिक्षु नियमों का पालन करना ॥

३७६.

मित्ते भजस्सु कल्याणे,	करें अच्छे मित्रों का संग,
सुद्धाजीवे अतन्दिते।	अतन्द्रिल, जिनकी जीविका शुद्ध,
पटिसन्थारवुत्यस्स,	जो करते मैत्रीपूर्ण स्वागत,
आचारकुसलो सिया।	हों आचरण में कुशल।
ततो पामोज्जबहुलो,	उनसे अत्यंत प्रसन्न हो,
दुक्खस्सन्तं करिस्सति॥	भिक्षु करेगा दुखों का अन्त॥

यह नौ गाथाएं (368-376) भगवान ने उन नौ सौ भिक्षुओं को सम्बोधित की जिन्होंने थेर सोन से उनका प्रवचन सुनने के बाद दीक्षा ली थी। इनमें से कुछ वह चोर भी थे जो आये तो थे थेर सोन की अमीर माता के घर चोरी करने, पर संयोग वश प्रवचन सुनने के बाद जिनका हृदय परिवर्तन हो गया था। यह भिन्न-भिन्न गाथाएं इसलिये दी गई ताकि वे नव-भिक्षु अपने व्यक्तिगत स्वभाव के अनुरूप विवेचन का आलम्बन चुन लें। [देखें परिशिष्ट 24: सम्बहुलभिक्खु वत्थु(2)]

पहली गाथा (368) में भगवान मैत्री भावना के महात्म्य को समझाते हैं जिससे द्वेष से उपजे संस्कारों का शमन हो जाता है।

दूसरी गाथा (369) में भगवान बुद्ध मन से राग और द्वेष से उपजे गंदे विचारों को त्यागने की सलाह देते हैं। एक नाव की उपमा से भगवान समझाते हैं कि गंदे विचार मन रूपी नाव पर पड़े बोझ की तरह हैं जिनको निकलने पर मन हल्का-फुलका हो जाता है और मुक्ति की ओर अग्रसर हो जाता है।

तीसरी गाथा में भगवान पाँच निम्न संयोजनों एवं पाँच ऊपरी संयोजनों को त्यागने हेतु पाँचों अध्यात्मिक इंद्रियों को भावित करने को प्रेरित करते हैं, जिससे भिक्षु पाँच स्कंधों से आसक्ति का अतिक्रमण कर भवसागर को पार कर सकता है।

अगली गाथा में चित्त को भोगों से हटा कर ध्यान करने की बात कहते हैं। भोगों में चित्त लगाने को वे एक गर्म लोहे के गोले को खाने समान बताते हैं क्योंकि ऐसा करने से भी भवचक्र में बार-बार दुःख सहना पड़ता है।

पाँचवीं गाथा (372) में भगवान प्रज्ञा जगाने के महत्व को इंगित करते हैं। प्रज्ञा विहीन साधक ठीक से ध्यान नहीं कर पाता , और उसकी प्रज्ञा जागने का मार्ग भी अवरुद्ध हो जाता है। अतः प्रज्ञा जगाने पर ज़ोर देना चाहिये।

अगली दो गाथाओं में प्रेरणा देने हेतु भगवान ठीक से एकांत में साधना करने के सुख की व्याख्या करते हैं। प्रतिक्षण उपजने वाले धम्मों को शांत, समतावान चित्त से स्पष्ट अनुभव करने से साधक को मनुष्येतर आनंद की अनुभूति होती है। जैसे-जैसे साधक पूर्ण सजगता से पाँचों स्कंधों के उदय-व्यय को बिना किसी प्रतिक्रिया के देखता है तो प्रीति-प्रमोद जागता है। ज्ञानी लोग जानते हैं कि यह निर्वाण के मार्ग का एक मील का पत्थर है।

अगली गाथा में भगवान फिर गहन साधना से पूर्व इंद्रिय संयम एवं संतोष विकसित किये जाने तथा भिक्षु नियमों के पालन करने की आवश्यकता पर बल देते हैं।

इस समूह की नौवीं और अंतिम गाथा में भगवान कल्याण मित्रों के गुण और उनकी संगति के लाभ बताते हैं। अच्छे मित्र वही हैं जो सजग रहते हैं, शीलवान हैं तथा जिनका आचरण मैत्रीपूर्ण हैं। ऐसे कल्याण मित्रों के संग से प्रीति-प्रमोद जागता है जो दुःखों से मुक्ति के मार्ग को प्रशस्त करते हैं।

३७७.

वस्सिका विय पुप्फानि, मद्दवानि पमुञ्चति।	मुरझाये फूलों को जैसे जूही देती छोड़ ;
एवं रागञ्च दोसञ्च, विप्पमुञ्चेथ भिक्खवो॥	वैसे ही राग द्वेष को, भिक्षुओ, तुम भी दो छोड़ ॥

कुछ भिक्षु जंगल में सुबह खिले जूही के फूलों के शाम तक मुरझा कर गिर जाने पर विचार कर रहे थे तो भगवान उनको प्रेरणा देते हैं कि इसी प्रकार वे अपने भीतर उत्पन्न हुए राग-द्वेष को त्याग दें।

३७८.

सन्तकायो सन्तवाचो,	शान्त काया, शान्त वचन,
सन्तवा सुसमाहितो।	समाधि युक्त अतिशान्त मन।
वन्तलोकामिसो भिक्खु,	संसार के प्रलोभनों को त्याग,
'उपसन्तो' ति वुच्चति॥	वह भिक्षु ही कहलाए 'उपशान्त'।

जो संसार के आकर्षणों को त्याग दे, ऐसे भिक्षु के लिये मन, वाणी एवं काया को शांत करना बड़ा सरल हो जाता है क्योंकि यह सांसारिक प्रलोभन ही हम को अशांत करते हैं। ऐसा भिक्षु (या कोई भी साधक) परम शांत हो जाता है।

३७९.

अत्तना चोदयत्तानं,	अपने को स्वयं प्रेरित करे,
पटिमंसेथ अत्तना।	स्वयं अपना निरीक्षण करे;
सो अत्तगुत्तो सतिमा,	वह स्वरक्षित, सजग भिक्षु,
सुखं भिक्खु विहाहिसि॥	सदा सुखपूर्वक विहार करे॥

३८०.

अत्ता हि अत्तनो नाथो,	स्वयं हम ही हैं अपने नाथ ,
(को हि नाथो परो सिया)[62]	(दूसरा कौन है हमारा नाथ),
अत्ता हि अत्तनो गति।	हम ही बनाएँ अपनी गति,
तस्मा संयममत्तानं ,	अतः अपने को कर संयमित,
अस्सं भद्रंव वाणिजो॥	जैसे उत्तम घोड़ा साधे व्यापारी ॥

एक भिक्षु पहले एक खेत में मजदूर था। जब उसका मन भिक्षु जीवन से ऊब कर गृहस्थ की ओर खिंचता तो वह एक पेड़ पर रखे अपने पुराने हल और कपड़ों को देख, यह याद करता कि उसका गृहस्थ जीवन कितना कष्टदायक था । यह विचार उसे फिर साधना हेतु प्रेरित करता था। इसी संदर्भ में भगवान ने यह दो गाथाएं कहीं। (परिशिष्ट: 10 पिलोतिकतिस्स थेर वत्थु , भी देखें)

हमें आत्म-निरीक्षण कर स्वयं को समय-समय पर साधना हेतु प्रेरित करते रहना चाहिये क्योंकि हम स्वयं ही अपना भविष्य बनाते या बिगाड़ते हैं। अतः सजग रहना, एवं अपने तो संयमित करना, तथा धम्म-संवेग बनाए रखना धर्म में प्रगति के लिये अत्यंत महत्वपूर्ण है।

३८१.

पामोज्जबहुलो भिक्खु, पसन्नो बुद्धसासने।	विपुल प्रमुदित भिक्षु, जो बुद्ध-शिक्षा में प्रसन्न रहता;
अधिगच्छे पदं सन्तं, सङ्खारूपसमं सुखं॥	शान्त पद और संस्कार-उपशमन का सुख वह पाता।

जब मन में बुद्ध और धम्म के प्रति श्रद्धा जागती है तभी वीर्य जागता है और साधक प्रसन्न चित्त से साधना में लग जाता है। प्रसन्न चित्त साधक ही समाधिस्थ हो पाता है और फिर यथा-भूत-ज्ञान-दर्शन द्वारा पांचों खंधों के प्रति अनित्य, दुःख और अनात्म बोध की प्रज्ञा जागने से, उन सब के प्रति निर्वेद भाव जागता है। यह निर्वेद भाव, वैराग्य पुष्ट करता है जो संस्कारों का उपशमन कर विमुक्ति की ओर ले जाता है, निर्वाण की ओर ले जाता है।

[62] कुछ अन्य भाषाओं की धम्मपद में यह पंक्ति नहीं पाई जाती।

३८२.

यो हवे दहरो भिक्खु, युञ्जति बुद्धसासने।	जो भिक्षु चाहे युवा हो, पर बुद्ध शिक्षा में हो समर्पित;
सोमं लोकं पभासेति, अब्भा मुत्तोव चन्दिमा	वह लोक को प्रकाशित करता, जैसे चंद्रमा मेघ-मुक्त।

यह गाथा भगवान ने सात वर्ष के अरहंत, श्रामणेर सुमन के संदर्भ में कही थी जिनके साथ, उन्हें बच्चा समझ, अन्य भिक्षु ठिठोलियाँ करते थे। कुछ उनकी पीठ थपथपाते थे; कुछ कान, नाक य बाहें खींचते थे, कुछ पूछते थे कि वह भिक्षु जीवन से उकता तो नहीं रहे। भगवान उन्हें समझाते हैं कि छोटी आयु में ही श्रामनेर सुमन धम्म में पारंगत हो गये हैं और इसलिये वे बहुत ही वंदनीय है; अतः उनके साथ ऐसा व्यवहार करना उचित नहीं। (देखें परिशिष्ट 25: सुमनसामनेर वत्थु)

२६. ब्राह्मणवग्गो (ब्राह्मण)

भगवान ब्राह्मण शब्द का उपयोग प्रायः दो अर्थों में करते हैं। एक पारंपरिक उपयोग : उनके लिये जो जन्म से ब्राह्मण कहलाते थे और दूसरा उनके लिये जिन्होंने सभी तृष्णाओं को क्षय करके निर्वाण का साक्षात्कार किया और अरहंत बने। इस वर्ग में दूसरी तरह के ब्राह्मणों की विस्तृत व्याख्या की गई है।

३८३.

छिन्द सोतं परक्कम्म,	पराक्रम कर, तृष्णा स्त्रोत को छिन्न कर,
कामे पनुद ब्राह्मण।	सब कामनाएँ त्याग दे, हे! ब्राह्मण;
सङ्खारानं खयं ञत्वा,	संस्कारों के क्षय को जान कर,
अकतञ्ञूसि ब्राह्मण॥	"अकृत निर्वाण" को पहचान ले, हे! ब्राह्मण ॥

भगवान ने यह पद उन भिक्षुओं को बोले थे जो एक गृहस्थ द्वारा आदर पूर्वक अरहंत कहे जाने से परेशान थे। भगवान उन्हें समझाते हैं कि उस ब्राह्मण के मन में अर्हंतों के प्रति असीम श्रद्धा थी और इसी कारण वह उन्हें ऐसे सम्बोधित करता था। भगवान उन भिक्षुओं को सम्यक उद्यम करने की प्रेरणा देते हैं जिससे वे तृष्णाओं को त्याग, सभी संस्कारों का क्षय करें और निर्वाण का साक्षात्कार कर वास्तव में अरहंत बन जायें।

३८४.

यदा द्वयेसु धम्मेसु, पारगू होति ब्राह्मणो।	जब दोनों धम्मों[63] में, होता पारंगत ब्राह्मण;
अथस्स सब्बे संयोगा, अत्थं गच्छन्ति जानतो॥	तब उस ज्ञानी के, कट जाते सारे बन्धन ॥

मुक्ति के लिये, 'समथ' एवं 'विपस्सना' भावना, दोनों की आवश्यकता है। 'समथ' भावना, एकाग्रता एवं चित्त शांति बढ़ाती है, जिसके आधार पर यथाभूत-ज्ञान-दर्शन सम्भव हो पाता है; यह 'विपस्सना' भावना सम्यक दृष्टि एवं प्रज्ञा पुष्ट करता है जिससे सारे बंधन कट जाते हैं।

---

63 समथ एवं विपस्सना भावना

३८५.

यस्स पारं अपारं वा, — जिसका न यह छोर[64], न वह छोर[65],

पारापारं न विज्जति। — न ही दोनों की कोई परस्परता[66] ;

वीतद्दरं विसंयुत्तं, — जो है निर्भय और अनासक्त,

तमहं ब्रूमि ब्राह्मणं॥ — उसे ही मैं ब्राह्मण कहता ॥

इस गाथा में पार व अपार के दो अर्थ निकाले जाते हैं। एक तो है:

जो न तो सांसारिक जीवन, न ही मुक्त जीवन और न ही इन दोनों के बीच में विचरण के प्रति आसक्त होता है, जो निर्भय और पूर्णतया अनासक्त है , वही अरहंत (ब्राह्मण) कहलाने योग्य है।

और दूसरा अर्थ:

जो न तो इंद्रियों, न उनके विषयों और न उनकी परस्परता से उत्पन्न होने वाले विज्ञानों के प्रति आसक्त होता है, जो निर्भय और पूर्णतया अनासक्त है , वही अरहंत (ब्राह्मण) कहलाने योग्य है।

३८६.

झायिं विरजमासीनं, — जो है ध्यानी, निर्मल और स्थिर,

कतकिच्चमनासवं। — कृतकृत्य, अनाश्रव जो हो जाता।

उत्तमत्थमनुप्पत्तं, — उत्तम ध्येय- निर्वाण- को जिसने पाया,

तमहं ब्रूमि ब्राह्मणं॥ — उसे ही मैं ब्राह्मण कहता॥

एक ब्राह्मण कुल में उत्पन्न पुरुष को समझाते हुए भगवान कहते हैं कि वास्तव में ब्राह्मण वह है जो : ध्यान करता है, स्थिर एवं निर्मल चित्त हो सभी आश्रवों को हटा, निर्वाण को प्राप्त कर, कृतकृत्य हो जाता है; केवल ब्राह्मण कुल में उत्पन्न होने से कोई सच्चा ब्राह्मण नहीं बनता ॥

---

64 मिथ्या दृष्टि आधारित सांसारिक जीवन / अथवा छह इंद्रियाँ

65 सम्यक दृष्टि आधारित मुक्त जीवन / अथवा इंद्रियों के विषय

66 दोनों के बीच विचरण / छह इंद्रिय विज्ञान

३८७.

दिवा तपति आदिच्चो, रत्तिमाभाति चन्दिमा।	दिन में सूर्य तपते हैं, रात्रि में चन्द्रमा चमकते।
सन्नद्धो खत्तियो तपति, झायी तपति ब्राह्मणो।	कवच-बद्ध क्षत्रिय तपते हैं, ध्यानी ब्राह्मण भी तपते।
अथ सब्बमहोरत्तिं , बुद्धो तपति तेजसा॥	रात और दिन, सर्वत्र, बुद्ध अपने तेज से तपते॥

एक सम्यक सम्बुद्ध की आभा , रत्न-मण्डित शाही पोशाक, सूर्य अथवा चंद्रमाँ, या एक अरहंत की आभा से भी महान होती है; भगवान ने भंते आनंद के इस अनुभव जनित कथन का अनुमोदन करते हुए यह गाथा कही। यह आभा सूचक है उनके चित्त की शुद्धता, मन की अप्रतिम शांति एवं करुणा का, जो उनके सानिध्य में लोग अनुभव करते थे। आज भी किसी महापुरुष के सानिध्य में, एवं किसी अरहंत के अवशेषों से सुसज्जित चैत्य में, ऐसी अनुभूति होती है जो हमें उनकी शिक्षा पर चलने को प्रेरित करती है॥

३८८.

बाहितपापोति ब्राहण,	पाप बहा दे वह ब्राह्मण,
समचरिया समणोति वुच्चति।	समता से जीये, वह श्रमण कहलाता।
पब्बाजयमत्तनो मलं,	अपने चित्त-मैल निकाल दिये,
तस्मा 'पब्बजितो'ति वुच्चति॥	इसलिये वह प्रव्रजित कहलाता॥

एक ब्राह्मण परिव्राजक के यह पूछने पर कि क्यों न उसे भी प्रव्रजित कहा जाए भगवान समझाते हैं कि सच्चा प्रव्रजित तो वही है जिसने अपने चित्त के मैल निकाल दिये हैं, केवल परिव्राजक का जीवन जीने से कोई सच्चा प्रव्रजित नहीं बनता॥

३८९.

न ब्राह्मणस्स पहरेय्य,	ब्राह्मण पर कोई प्रहार न करे,
नास्स मुञ्चेथ ब्राह्मणो।	न ब्राह्मण उस पर कोप करे।

धी ब्राह्मणस्स हन्तारं, धिक्कार उसे, जो ब्राह्मण को मारे,

ततो धी यस्स मुञ्चति॥ उससे भी अधिक, जो उस[67] पर कोप करे॥

३९०.

न ब्राह्मणस्सेतद-किञ्चि सेय्यो, ब्राह्मण के लिये यह नहीं कम श्रेयस्कर,

यदा निसेधो मनसो पियेहि। जब वह मन को प्रिय से हटाता।

यतो यतो हिंसमनो निवत्तति, जहाँ-जहाँ मन हिंसा से लौट आता,

ततो ततो सम्मतिमेव दुक्खं॥ वहाँ-वहाँ दुःख शान्त हो जाता॥

ये गाथा भगवान बुद्ध द्वारा तब कही गयीं जब भिक्षुओं ने उन्हें सूचना दी कि एक ब्राह्मण ने भंते सारिपुत्त की समता की परीक्षा लेने के लिए उनकी पीठ पर प्रहार किया, फिर इस दुष्कृत्य के लिए क्षमा मांगी और फिर भी भंते सारिपुत्त ने उसके भोजन के निमंत्रण को स्वीकार कर लिया। भगवान समझाते हैं कि एक अरहंत राग एवं क्रोध रहित होता है और जो ऐसे अरहंत पर वार करे वह घोर पाप का भागी होता है; पर वह अरहंत कभी भी उस हिंसा का प्रतिकार नहीं करता। ऐसे अरहंत को ही भगवान ब्राह्मण कह कर सम्बोधित करते हैं।

सभी साधकों को भी वे प्रेरणा देते हुए कहते हैं कि यह कोई छोटी बात नहीं यदि हम अपने चित्त से रागात्मक प्रवृति को हटायें। हिंसा के मूल में प्रियता ही होती है; जो प्रिय है उसे न पाने पर ही क्रोध उत्पन्न होता है। जब-जब हम मन में उत्पन्न हुई हिंसा की प्रवृति को रोकते है तो दुख का शमन हो जाता है।

३९१.

यस्स कायेन वाचाय, मनसा नत्थि दुक्कटं। जो काया, वाणी, या मन से न कोई दुष्कृत्य करता;

संवुतं तीहि ठानेहि, तमहं ब्रूमि ब्राह्मणं॥ तीनों ‘स्थानों’ में संयमित, उसे ही मैं ब्राह्मण कहता।

[67] मारने वाले पर

मन से कोई दुष्कृत्य न करने का तात्पर्य है कि किसी भी परिस्थिति में मन में राग, द्वेष या मोह न जागे। और यदि मन में कोई भी विकार न जागे तो वाणी और काया से कोई दुष्कृत्य हो ही नहीं सकता। भगवान इन तीनों द्वारों में संयमित व्यक्ति को ही ब्राह्मण कहते हैं।

३९२.

यम्हा धम्मं विजानेय्य, सम्मासम्बुद्धदेसितं।	सम्यक सम्बुद्ध की शिक्षा, जिससे भी हम सीखें;
सक्कच्चं तं नमस्सेय्य, अग्गिहुत्तंव ब्राह्मणो॥	उसे सादर नमन करें, जैसे ब्राह्मण अग्निहोत्र को करे।

भंते अस्साजी ने भंते सारिपुत्त को सर्वप्रथम भगवान की शिक्षा का सार बताया था। इसी बात को याद कर भंते सारिपुत्त प्रतिदिन सोने से पहले, कृतज्ञता पूर्वक, जिस दिशा में भंते अस्साजी होते उस दिशा में प्रणाम करते थे, जिसे देख कुछ भिक्षुओं के मन में संदेह उत्पन्न हुआ कि सारिपुत्त अभी भी ब्राह्मणों की तरह दिशाओं को नमन करते हैं। भगवान बुद्ध ने इस संदेह का निराकरण करने हेतु भंते सारिपुत्त के इस कृत्य का अनुमोदन करते हुए यह गाथा कही थी। मंगल सुत्त में भी कृतज्ञता तथा सम्माननीय को सत्कार करने की प्रशंसा की गई है।

३९३.

न जटाहि न गोत्तेन,	न जटा, न गोत्र, न जन्म से,
न जच्चा होति ब्राह्मणो।	कोई होता ब्राह्मण;
यम्हि सच्चञ्च धम्मो च,	जिसमें हो सत्य और धम्म,
सो सुची सो च ब्राह्मणो॥	वही पवित्र, वही है ब्राह्मण॥

३९४.

किं ते जटाहि दुम्मेध,	दुर्बुद्धि ! क्यों तू जटाएँ बांधता,
किं ते अजिनसाटिया।	क्यों मृगचर्म को लपेटता ?
अब्भन्तरं ते गहनं,	भीतर तेरे गहन मलिनता,
बाहिरं परिमज्जसि॥	बाहर-बाहर को ही माँजता?

अलग-अलग संदर्भों में कही गई इन दोनों गाथाओं में एक जैसा संदेश है: सच्चा ब्राह्मण (मुक्त पुरुष) वही होता है जिसने चार आर्य सत्यों को ठीक से भावित कर चित्त की सारी मलिनता दूर कर ली है, जो शीलवान है तथा संयमित, पवित्र जीवन जीता है। केवल ब्राह्मण कुल में जन्म लेने से कोई सच्चा ब्राह्मण नहीं बनता; न ही बाहरी आड़म्बरों – यथा मृग चर्म से शरीर को ढ़कना; जटाएं बढ़ाना, गंगा में नहाना इत्यादि – से। मलिन मन की बाह्य शुचिता केवल एक ढोंग ही है।

३९५.

पंसुकूलधरं जन्तुं, किसं धमनिसन्थतं।	कृशकाय, नसों से लिपटा शरीर, चिथड़े करे धारण।
एकं वनस्मिं झायन्तं, तमहं ब्रूमि ब्राह्मणं॥	अकेला वन में ध्यान रत, उसे मैं कहता ब्राह्मण॥

एक बार जब देवराज सक्क भगवान के पास आये थे तो एक थेरी को आकाश मार्ग से भगवान के पास आता देख उन्होंने भगवान से उसके बारे में पूछा। तब यह गाथा भगवान ने देवराज सक्क को कही और बताया कि वह कृश-काय और फटे चीथड़े पहने थेरी अरहंत किस-गौतमी थी जो अकेले में वन में ध्यान करती थी। भगवान बुद्ध इन्हीं गुणों के कारण किस-गौतमी को ब्राह्मण कह कर सम्बोधित करते हैं।

३९६.

न चाहं ब्राह्मणं ब्रूमि,	ब्राह्मण माता के गर्भ से उत्पन्न हुआ,
योनिजं मत्तिसम्भवं।	मैं न उसे ब्राह्मण कहता;
भोवादि नाम सो होति ,	यदि वह संग्रह करता,
सचे होति सकिञ्चनो।	वह तो बस 'भो-वादि[68] होता।
अकिञ्चनं अनादानं,	जो है अकिंचन,अनासक्त,
तमहं ब्रूमि ब्राह्मणं॥	उसे ही मैं ब्राह्मण कहता॥

बुद्ध-काल में अहंकारी ब्राह्मण दूसरों को 'भो' कह कर पुकारते थे। इस गाथा में भगवान इसी बात का प्रयोग करते हुए एक ब्राह्मण को समझाते हैं कि ब्राह्मण माता के गर्भ से उत्पन्न होने मात्र से कोई

[68] बुद्ध-काल में अहंकारी ब्राह्मण दूसरों को 'भो' कह कर पुकारते थे।

ब्राह्मण नहीं होता। यदि उसकी प्रवृति संग्रह करने की है तो उसे बस 'भो-वादि' ही कह सकते हैं। जो भी अकिंचन और अनासक्त है केवल उसे ही भगवान ब्राह्मण कहते हैं।

३९७.

सब्बसंयोजनं छेत्वा, यो वे न परितस्सति।	सभी संयोजन[69] काट कर, जो कभी न व्यथित होता।
सङ्गातिगं विसंयुत्तं, तमहं ब्रूमि ब्राह्मणं।।	आसक्तियों से जो पृथक, उसे ही मैं ब्राह्मण कहता ।।

३९८.

छेत्वा नद्धिं वरत्तञ्च, सन्दानं सहनुक्कमं।	काटकर पट्टा[70], और कोड़ा, जंजीर और जाबा ;
उक्खित्तपलिघं बुद्धं, तमहं ब्रूमि ब्राह्मणं।।	काट जुआ जो हुआ बुद्ध, उसे ही मैं ब्राह्मण कहता ।।

भिन्न-भिन्न परिस्थितियों में कही गई इन दो गाथाओं में मुक्ति के लिये सभी विकारों के काटने की आवश्यकता पर बल दिया गया है। पहली गाथा (397) में दसों संयोजनों (अ नि 10.13) और हर प्रकार की आसक्ति को काटने की बात की गई है। दूसरी गाथा (398) में बैलों को बैलगाड़ी में बांधने के उपकरणों की उपमा संसार बंधन में पड़ने के कारणों से की गयी है यथा पट्टा : दुर्भावना ; कोड़ा : तृष्णा ; जंजीर : बासठ प्रकार की मिथ्या दृष्टियाँ (दी नि 1 ब्रह्मजाल सुत्त) ; जाबा: अनुशय क्लेश ; जुआ: अविद्या। इन सब को काटने पर ही कोई सच्चा ब्राह्मण (अरहंत) बन पाता है।

३९९.

अक्कोसं वधबन्धञ्च, अदुट्ठो यो तितिक्खति।	बिना चित्त दूषित किये, सहे अपमान, दंड़, बंधन;
खन्तीबलं बलानीकं, तमहं ब्रूमि ब्राह्मणं।।	क्षांति-बल जिसकी सेना, उसे मैं कहता ब्राह्मण।

४००.

अक्कोधनं वतवन्तं, सीलवन्तं अनुस्सदं।	क्रोध-रहित, व्रती , निरभिमानी, शीलवान,
दन्तं अन्तिमसारीरं, तमहं ब्रूमि ब्राह्मणं।।	संयमी , अंतिम-शरीर-धारी, उसे मैं कहता ब्राह्मण।

---

[69] 10 बंधन, जो मुक्त होने के लिये काटने आवश्यक हैं।

[70] यह सभी वस्तुएँ जो घोड़ों को रथ में बांधने हेतु लगाई जाती हैं, उनकी उपमा संसार बंधन में पड़ने के कारणों से की गयी है यथा पट्टा : दुर्भावना ; कोड़ा : तृष्णा ; जंजीर : बासठ प्रकार की मिथ्या दृष्टियाँ; जाबा: अनुशय क्लेश ; जुआ: अविद्या

इन दो गाथाओं में भगवान ने धैर्य एवं क्षांति को एक सच्चे ब्राह्मण के गुणों के रूप में प्रस्तुत किया है। इनकी पृष्ठभूमि में एक दृष्टांत तो स्वयं भगवान बुद्ध का ही है, कि किस प्रकार वे बगैर प्रतिक्रिया करे नाना प्रकार के झूठे आरोप और भद्दी गालियां भी सहते रहे। (देखें परिशिष्ट 26: अक्कोसक भारद्वाज वत्थु)

दूसरा दृष्टांत है भंते सारिपुत्त का जो अपनी माता की अवहेलना और कठोर अपशब्द शांति से, बिना प्रतिक्रिया किये सुनते रहे। (देखें परिशिष्ट 27: सारिपुत्त थेर वत्थु)

इन गाथाओं में भगवान कहते है कि सच्चा ब्राह्मण वह है जो हर अप्रिय परिस्थिति यथा कटु वचन, अपमान, दंड़, बंधन को बिना चित्त दूषित किये सहन कर ले पर क्रोध न जगे। ऐसा तभी सम्भव है जब वह शीलवान तथा निरभिमानी हो। मंगल सुत्त में भी भगवान ने इस समत्व को अति उत्तम कहा है: *'फुट्ठस्स लोक धम्मेहि चितं यस्स न कम्पति; असोकं विरजं खेमं एतं मङ्गलमुत्तमं'*

यह दोनों दृष्टांत हम सब साधकों के लिए प्रेरणा दायक उदाहरण हैं; किस प्रकार हम बेबुनियाद आलोचना में मन को अविचल रख सकते हैं। अप्रिय परिस्थितियों में क्षांति और धैर्य रखना ही परम तप है जो द्वेषात्मक विकारों का शमन करता है। (देखें गाथा 184: *खन्ती परमं तपो तितिक्खा*)

४०१.

वारि पोक्खरपत्तेव,	कमल-पत्र पर जल-बिंदु,
आरग्गेरिव सासपो।	सुए की नोक पर सरसों समान।
यो न लिम्पति कामेसु,	जो न लिप्त होता भोगों में,
तमहं ब्रूमि ब्राह्मणं॥	उसे ही मैं कहता ब्राह्मण॥

इस गाथा में भगवान बुद्ध (ब्राह्मण) अरहंत के मन की शुद्धता दर्शाने के लिये दो सुंदर उपमाएं देते हैं। जिस प्रकार कमल पुष्प पर पानी की बूंद रुक नहीं पाती, और एक सुए की नोक पर सरसों का दाना टिक नहीं पाता, उसी प्रकार किसी अरहंत के मन में विषय भोग की इच्छा टिक नहीं पाती।

साधकों के लिए स्पष्ट संदेश है: विषय-भोग की इच्छा पर अंकुश लगाना मन की शुद्धता के लिए आवश्यक है।

४०२.

यो दुक्खस्स पजानाति,	जो अपने दुख का अंत,
इधेव खयमत्तनो।	यहीं इस लोक में जानता।
पन्नभारं विसंयुत्तं,	'बोझ'[71]उतार हो आसक्ति रहित,
तमहं ब्रूमि ब्राह्मणं॥	उसे ही मैं ब्राह्मण कहता॥

पाँच स्कंधों से तादात्म्य मन को बोझिल कर देता है क्योंकि यह स्कंध अनित्य, असंतोषजनक और अनात्म हैं। हमारा इन पर कोई आधिपत्य नहीं; यह हमारे वश में नहीं है, परिस्थितियों के अनुरूप बदलते रहते हैं, हमारी इच्छा के अनुसार नहीं। एक अरहंत स्कंधों से आसक्ति त्याग उनके बोझ को उतार कर सभी दुखों का अंत कर देता है। भगवान कहते हैं कि ऐसा अरहंत ही सच्चा ब्राह्मण कहलाने योग्य है।

साधकों के लिए स्पष्ट संदेश है : पांचों खंधों – रूप, वेदना, सञ्ञा, संस्कार, विज्ञान- के अनित्य, दुःख और अनात्म स्वरूप का बोध जगा कर उनसे तादात्म्य और आसक्ति त्याग दें। यही मुक्ति का सहज मार्ग है।

४०३.

गम्भीरपञ्ञं मेधाविं, मग्गामग्गस्स कोविदं।	गम्भीर प्रज्ञावान, मेधावी, मार्ग-कुमार्ग का ज्ञाता।
उत्तमत्थमनुप्पत्तं, तमहं ब्रूमि ब्राह्मणं॥	उत्तम ध्येय को जिसने पाया, उसे ही मैं ब्राह्मण कहता॥

यह गाथा अरहंत थेरी खेमा के संदर्भ में कही गई थी जिसे भगवान बुद्ध ने भिक्षुणियों में प्रज्ञा में अग्र घोषित किया था। भगवान कहते हैं कि जो थेरी की तरह ही महाप्रज्ञ, मेधावी है; ठीक और गलत मार्ग को जानता है, अतः हर प्रकार के संदेह से मुक्त है; जिसने अंतिम ध्येय निर्वाण प्राप्त कर लिया है, उसे ही मैं ब्राह्मण कहता हूं।

---

71 खंधों की आसक्ति का बोझ

इस गाथा से हमें, प्रज्ञावान के गुणों में से एक, मार्ग-कुमार्ग के भेद को जानने की आवश्यकता बताई गई है। इस पर विवेचन करने से यह समझ आता है कि आर्य अष्टांगिक मार्ग और अन्य मार्गों की विशेषताओं को ठीक से जानना बहुत आवश्यक है ताकि अष्टांगिक मार्ग के प्रति हर प्रकार का संदेह, शंका समाप्त हों। अन्यथा, साधना में कठिनाई आने पर मन में यह विचार उठ सकता है – इतने सारे मार्ग उपलब्ध हैं जिनका ध्येय भी मुक्ति ही कहा जाता है – क्यों न उन्हें भी आजमा लूँ, शायद वह शीघ्रता से मुक्ति की ओर ले जाएँ, उनमें इतनी कठिनाइयाँ न आएँ। इस प्रकार हम अष्टांगिक मार्ग की मुक्ति-दायक साधना से च्युत हो सकते हैं।

अन्ततः तो सभी शंकाएं साधना के अंतिम फल – मुक्ति का परम सुख - चखने पर ही पूरी तरह से समाप्त होती हैं।

४०४.

असंसट्ठं गहट्ठेहि, अनागारेहि चूभयं।	जो गृहस्थों व गृहत्यागियों, दोनों से संसर्ग न रखता।
अनोकसारिमप्पिच्छं, तमहं ब्रूमि ब्राह्मणं॥	अल्पेच्छ परिव्राजक जो हो, उसे ही मैं ब्राह्मण कहता॥

इस गाथा में भगवान अरहंत (ब्राह्मण) के कुछ और गुणों के बारे में बताते हैं : गृहस्थों एवं गृहत्यागियों से न घुलना मिलना (एकांत को पसंद करना); कम से कम इच्छाएं रखना अर्थात समाज पर केवल आवश्यकताओं हेतु निर्भरता रखना तथा समाज को धम्म-शिक्षा प्रदान करने के अतिरिक्त किसी और विषय पर चर्चा न करना, एक ही स्थान पर अधिक समय तक न रहना।

४०५.

निधाय दण्डं भूतेसु, तसेसु थावरेसु च।	स्थावर व जंगम, सभी प्राणियों पर दण्ड़ त्यागता।
यो न हन्ति न घातेति, तमहं ब्रूमि ब्राह्मणं॥	जो न हत्या करता न करवाता, उसे ही मैं ब्राह्मण कहता।

४०६.

अविरुद्धं विरुद्धेसु, अत्तदण्डेसु निब्बुतं।	विरोधियों बीच अविरोधी, दण्ड-धारियों में शांत रहता,
सादानेसु अनादानं, तमहं ब्रूमि ब्राह्मणं॥	संग्रहियों बीच संग्रह रहित जो, उसे ही मैं ब्राह्मण कहता।

यह गाथा एक अरहंत भिक्षु के संदर्भ में कही गई जिसे एक गलतफहमी के कारण एक पुरुष ने बहुत पीटा पर उसने कोई प्रतिकार नहीं किया। भगवान कहते हैं कि कोई अरहंत (ब्राह्मण) कभी भी किसी भी प्राणी पर न हिंसा कर सकता है न करवा सकता है।

अगली गाथा में इसी बात को और विस्तार से कहा गया है। यह उन चार अरहंत श्रामनेरों के संदर्भ में कही गई जिन्हें बच्चा समझ कर एक गृहस्वामिनी ने भोजन देने से मना कर दिया था और वे शांत बैठे रहे। इसी प्रकार एक सच्चा ब्राह्मण किसी भी परिस्थिति में अशांत नहीं होता चाहे उसका कितना भी निरादर हो, विरोध हो। (देखें परिशिष्ट 28: सामणेरानं वत्थु)

४०७.

यस्स रागो च दोसो च, मानो मक्खो च पातितो।	जिसके चित्त से गिर गये, राग, द्वेष, डाह और मान।
सासपोरिव आरग्गा , तमहं ब्रूमि ब्राह्मणं॥	सुए की नोक से जैसे सरसों, उसे मैं कहता ब्राह्मण॥

इस गाथा में अरहंत (ब्राह्मण) के कुछ और गुणों की व्याख्या की गई है। जिस प्रकार सुए की नोक पर सरसों का दाना टिक नहीं पाता, तुरंत गिर जाता है; उसी प्रकार उनके चित्त में राह, द्वेष, मोह , डाह और अभिमान गिर चुके हैं और उनके मन में कभी भी किसी के प्रति दुर्भावना नहीं जागती। यदि एक अरहंत कभी किसी व्यक्ति के प्रति कठोर व्यवहार करता है तो उस व्यक्ति के हित के लिए ही करता है, दुर्भावना से नहीं।

४०८.

अकक्कसं विञ्ञापनिं, गिरं सच्चमुदीरये।	जो अकर्कश, सार्थक, सच्ची वाणी बोलता।
याय नाभिसजे कञ्चि , तमहं ब्रूमि ब्राह्मणं॥	जिससे न कोई कुपित हो, उसे मैं ब्राह्मण कहता॥

इस गाथा में अरहंत के कुछ और गुणों की चर्चा की गई है। भगवान बुद्ध कहते हैं कि मैं उसे ही ब्राह्मण कहता हूं जो केवल सार्थक बातें करता है, सत्यवादी है तथा जिसकी वाणी मधुर है जो किसी को आहत नहीं करती।

४०९.

योध दीघं व रस्सं वा,	जो इस लोक में बड़ी-छोटी,
अणुं थूलं सुभासुभं।	सूक्ष्म-स्थूल, शुभ-अशुभ;
लोके अदिन्नं नादियति,	बिना दी गयी कोई वस्तु न लेता,
तमहं ब्रूमि ब्राह्मणं॥	उसे ही मैं ब्राह्मण कहता ॥

एक अरहंत ने जब बाहर फेंके एक कपड़े को उठाया तो एक ब्राह्मण ने उन पर चोरी का आक्षेप किया। तब उन्होंने वह वस्त्र वापिस कर दिया। उस भिक्षु ने यह बात भगवान के सम्मुख रखी तो कुछ भिक्षु उसका उपहास करने हेतु पूछने लगे 'वह कपड़ा छोटा था या बड़ा, मोटा था या महीन'। अरहंत भिक्षु उन्हें कहते हैं कि उन्हें उससे कोई लगाव नहीं था केवल त्यक्त समझ उसे उठाया था। भगवान भी अनुमोदन कर कहते हैं कि कोई अरहंत कभी भी किसी दूसरे की वस्तु नहीं लेता।

४१०.

आसा यस्स न विज्जन्ति,	इस लोक या परलोक में,
अस्मिं लोके परम्हि च।	जिसकी न कोई आशा विद्यमान ।
निरासासं विसंयुत्तं,	आशा रहित, अनासक्त,
तमहं ब्रूमि ब्राह्मणं॥	उसे ही मैं कहता ब्राह्मण ॥

४११.

यस्सालया न विज्जन्ति,	जिसमें न कोई तृष्णा रहती,
अञ्ञाय अकथंकथी।	सब कुछ जान शंकामुक्त होता;
अमतोगधमनुप्पत्तं,	"डुबकी" लगाकर अमृत जिसने पाया,
तमहं ब्रूमि ब्राह्मणं॥	उसे ही मैं ब्राह्मण कहता ॥

४१२.

योध पुञ्ञञ्च पापञ्च,	जो यहाँ पुण्य और पाप-
उभो सङ्गमुपच्चगा।	दोनों की आसक्ति छोड़ता।

असोकं विरजं सुद्धं,	शोक-रहित, निर्मल, शुद्ध,
तमहं ब्रूमि ब्राह्मणं॥	उसे ही मैं ब्राह्मण कहता ॥

यह तीन समान संदेश वाली गाथाएं तीन अर्हंतों (भंते सारिपुत्त, महामोग्गलान एवं रेवत) के साथ एक जैसी परिस्थिति उत्पन्न होने पर उनके साथ वर्षावास करने वाले भिक्षुओं के तीन समूहों को कही गईं। इन तीनों भिक्षुओं के समूहों को यह भ्रांति हो गई कि भंते सारिपुत्त, महामोग्गलान एवं रेवत, गृहस्थों द्वारा वर्षावास के अंत में दान में दी गई वस्तुओं (चीवर इत्यादि) के प्रति आसक्त हैं। भगवान उनका यह भ्रम दूर करते हुए कहते हैं यह तीनों ब्राह्मण (अरहंत) हर प्रकार की आशा और तृष्णा से मुक्त और अनासक्त हैं। हर प्रकार की शंका से मुक्त, निर्मल और परिशुद्ध होने के बाद ही यह निर्वाण का साक्षात्कार कर पाए। किसी भी अरहंत में इस तरह की कोई आसक्ति उपज ही नहीं सकती।

४१३.

चन्दंव विमलं सुद्धं,	जो चंद्रमा सा विमल, शुद्ध,
विप्पसन्नमनाविलं।	मैल-रहित, प्रसन्न-चित्त रहता।
नन्दीभवपरिक्खीणं,	जिसकी भव-तृष्णाएं हुई क्षीण,
तमहं ब्रूमि ब्राह्मणं॥	उसे ही मैं ब्राह्मण कहता ॥

श्रावस्ती के एक ब्राह्मण, चंदभ, की नाभि के चारों ओर जन्म से ही एक धवल प्रकाश रहता था। कुछ ब्राह्मण उसे एक महान विभूति समझ भगवान बुद्ध से मिलने के लिए जेतवन ले गये। पर वहाँ पर वह प्रकाश समाप्त हो गया; और जेतवन से बाहर आते ही फिर प्रकट हो गया। चंदभ अचम्भित हो अंततः भिक्षु बन गया। साधना कर वह कुछ ही समय में अरहंत बन, एक सच्चा ब्राह्मण बन गया। यह गाथा अरहंत चंदभ के गुणों को वर्णित करती है। (देखें परिशिष्ट 29: चंदभ थेर वत्थु)

४१४.

योमं पलिपथं दुग्गं,	जिसने छोड़े दुर्गम दलदल-पथ,
संसारं मोहमच्चगा।	जिसने संसार का मोह त्यागा।

तिण्णो पारगतो झायी, जो ध्यानी भवसागर पार कर गया,
अनेजो अकथंकथी। परिशुद्ध, जिसमें कोई संदेह न जागा ;
अनुपादाय निब्बुतो, जो आसक्ति त्याग हुआ बिल्कुल शांत,
तमहं ब्रूमि ब्राह्मणं॥ उसे ही मैं ब्राह्मण कहता ॥

इस गाथा में भगवान गृहस्थों की सामान्य जीवन चर्या को दलदल वाले मार्ग की उपमा देते हैं। सामान्य जन, जिन्होंने कभी शुद्ध धर्म सुना ही नहीं, वे सांसारिकता की दलदल यथा धन संग्रह, परिवार से आसक्ति, पद, प्रतिष्ठा, मान, सम्मान के मोह जाल में फंसते ही जाते है। जो यह मार्ग छोड़ धर्म के मार्ग को अपना कर आसक्तियों को त्याग, ध्यान द्वारा चित्त को शुद्ध कर भवसागर पार कर जाता है उसी को भगवान बुद्ध सच्चा ब्राह्मण कहते हैं।

४१५.

योध कामे पहन्त्वान, जो यहाँ भोगों को छोड़,
अनागारो परिब्बजे। घर-बार त्याग प्रव्रजित होता।
कामभवपरिक्खीणं, जिसकी कामनाएं, पुनर्जन्म हुए क्षीण,
तमहं ब्रूमि ब्राह्मणं ॥ उसे ही मैं ब्राह्मण कहता ॥

४१६.

योध तण्हं पहन्त्वान, जो यहाँ तृष्णा को छोड़,
अनागारो परिब्बजे। घर-बार त्याग प्रव्रजित होता।
तण्हाभवपरिक्खीणं, जिसकी तृष्णाएं, पुनर्जन्म हुए क्षीण,
तमहं ब्रूमि ब्राह्मणं॥ उसे ही मैं ब्राह्मण कहता ॥

भिक्षु सुंदरसमुद्द के अमीर माता पिता ने एक गणिका को उन्हें फिर से गृहस्थ आश्रम में लौटने का काम सौंपा। वह गणिका उन्हें रोज भोजन दान करने लगी। एक दिन मौका देख उसने भिक्षु को घर की ऊपर की मंजिल पर भोजन के लिये बुलाया और फिर दरवाजा बंद कर शादी के लिये प्रार्थना करने लगी।

“आप इतने युवा ऊर्जावान हैं, कृपया मेरे पति बनिए, मैं आपकी प्रिय पतिव्रता पत्नी बन रहूंगी। लम्बे वैवाहिक जीवन में यौवन के सुख भोग कर हम दोनों जीवन के उत्तरार्ध में गृह त्याग कर साधना में रत हो जाएंगे तथा निर्वाण का परम सुख भी भोग लेंगे”। सुंदरसमुद्द इस जाल को पहचान गए और उससे पीछा छुड़ाने लगे तो भगवान बुद्ध दूर से ही परिस्थिति को जान गये। उन्होंने अपनी छाया वहीं पर प्रकट कर यह गाथा (415) कही जिससे भिक्षु सुंदरसमुद्द में इतना धर्म-संवेग जागा कि उन्होंने विषय-भोगों का अंतर्मन से परित्याग कर वहीं पर अरहंत पद प्राप्त किया और ऋद्धि बल से उस कमरे की छत से बाहर आ कर आकाश मार्ग से भगवान बुद्ध के पास चले गये।

अलग संदर्भ में कही गई गाथा (416) में भी यही भाव है कि जो घर-बार त्याग प्रव्रजित होता है और साधना कर सभी तृष्णाएं त्याग देता है उसके पुनर्जन्म समाप्त हो जाते हैं। ऐसे अरहंत को ही भगवान ब्राह्मण कहते हैं।

४१७.

हित्वा मानुसकं योगं,	सभी मानवीय बंधन छोड,
दिब्बं योगं उपच्चगा।	दिव्य बंधनों से भी ऊपर उठता;
सब्बयोगविसंयुत्तं,	जो सभी बंधनों से हो विमुक्त,
तमहं ब्रूमि ब्राह्मणं॥	उसे ही मैं ब्राह्मण कहता॥

मुक्ति की राह के प्रथम पांच संयोजनों[72] को मानवीय बंधन कहा जाता है। इनमें से कामच्छंद अत्यंत भ्रामक है – क्योंकि इस काम-सुख, इंद्रिय-सुख में छुपा हुआ दुःख देर से प्रकट होता है। इन सभी संयोजनों को तोड़ने पर – सभी मानवीय बंधन तोड़ने पर -- अनागामी पद प्राप्त होता है।

अनागामी पद के बाद अरहंत पद प्राप्ति के पांच उच्च-संयोजनों में से पहले दो हैं : रूपराग और अरूपराग- अर्थात रूपब्रह्मलोकों एवं अरूपब्रह्मलोकों से आसक्ति।

यह दो सुख मानवीय कामच्छंद से भी अधिक भ्रामक हैं, क्योंकि इनमें मिलने वाली सुख-शांति की अनित्यता तो बहुत ही लम्बे समय के बाद ही प्रकट होती है। इस गाथा में भगवान बताते है कि जब

[72] दस संयोजन (अ नि 10.13) : सक्काय-दिट्ठि, विचिकिच्छा, सीलब्बत-परामास, कामच्छंदो, व्यापादो, रूपरागो, अरूपरागो, मान, उद्धच्च, अविज्जा

साधक इन आसक्तियों को, एवं अन्य उच्च-संयोजनों को भी त्याग देता है तभी वह सभी बंधनों से विमुक्त ब्राह्मण (अरहंत) कहलाता है।

४१८.

हित्वा रतिञ्च अरतिञ्च,	जो रति और अरति दोनों को त्याग,
सीतिभूतं निरूपधिं।	शीतलीभूत, आसक्ति रहित होता;
सब्बलोकाभिभुं वीरं,	जो सभी लोकों का विजयी वीर,
तमहं ब्रूमि ब्राह्मणं॥	उसे ही मैं ब्राह्मण कहता ॥

इस गाथा में भगवान एक और आयाम स्पष्ट करते हैं। सामान्यता धर्म में प्रगति के लिये 'रति' अर्थात इंद्रिय-विषयों में आसक्ति को त्यागने को महत्व दिया जाता है। यहाँ पर भगवान अरति त्यागने की बात करते हैं। अरति का सीधा सा अर्थ है द्वेष, तो भगवान इंद्रिय-विषयों से भागने को भी उचित नहीं मानते। कई आचार्य अरति त्यागने का अर्थ एकांत की उत्कंठा को त्यागने के रूप में भी परिभाषित करते हैं।

४१९.

चुतिं यो वेदि सत्तानं,	जो सब प्राणियों की च्युति,
उपपत्तिञ्च सब्बसो।	और उनकी उत्पत्ति जानता।
असत्तं सुगतं बुद्धं,	अनासक्त, सुगत, बोधि-सम्पन्न,
तमहं ब्रूमि ब्राह्मणं॥	उसे ही मैं ब्राह्मण कहता ॥

४२०.

यस्स गतिं न जानन्ति,	देव, गंधर्व या मनुष्य,
देवा गन्धब्बमानुसा।	कोई जिसकी गति न जानता।

खीणासवं अरहन्तं, क्षीण-आश्रव, अरहंत,

तमहं ब्रूमि ब्राह्मणं॥ उसे ही मैं ब्राह्मण कहता ॥

वंगिस नामक ब्राह्मण में यह सिद्धि थी कि वह किसी कपाल को थपथपा कर यह बता देता था कि मृत्यु के बाद उस व्यक्ति का किस लोक में पुनर्जन्म हुआ है। एक बार जब वह जेतवन गया तो एक अरहंत की कपाल थपथपाता रहा पर कुछ बता नहीं पाया। भगवान बुद्ध ने उसे कहा कि इस असफलता के रहस्य को समझने हेतु उसे भिक्षु बनना होगा। भिक्षु बनने के बाद, शीघ्र ही वह सभी आश्रवों को क्षीण कर अरहंत बना और समझ गया मृत्यु के बाद अरहंत की गति को कोई नहीं बता सकता क्योंकि उसका पुनर्जन्म नहीं होता। यह दो गाथाएं भगवान बुद्ध ने उसी के संदर्भ में पूछे गये प्रश्न के उत्तर में कही थी।

४२१.

यस्स पुरे च पच्छा च, जिसके आगे, पीछे या

मज्झे च नत्थि किञ्चनं। मध्य में कुछ भी नहीं रहता; [73]

अकिञ्चनं अनादानं, अकिंचन, अपरिग्रही जो हो,

तमहं ब्रूमि ब्राह्मणं॥ उसे ही मैं ब्राह्मण कहता ॥

जो अतीत, भविष्य तथा वर्तमान की सभी कामनाओं से मुक्त है , जो संग्रह नहीं करता तथा अकिंचन है, उसे ही भगवान ब्राह्मण कहते हैं। यह गाथा भगवान बुद्ध ने उपासिका धम्मदिन्न के संदर्भ में कहीं जो धन सम्पति के लोभ को त्याग भिक्षुनी बनी और कुछ ही समय में अरहंत-फल प्राप्त किया।

४२२.

उसभं पवरं वीरं, जो निर्भय[74], प्रवर और वीर,

महेसिं विजिताविनं। महर्षि, जिसने मृत्यु को जीता;

---

[73] जो अतीत, अनागत, और वर्तमान की सभी कामनाओं से मुक्त है

[74] ऋषभ समान

अनेजं न्हातकं बुद्धं, तृष्णा मुक्त, बोधि-सम्पन्न स्नातक[75],

तमहं ब्रूमि ब्राह्मणं॥ उसे ही मैं ब्राह्मण कहता ॥

यह गाथा भगवान बुद्ध ने अरहंत अंगुलिमाल के लिए कही थी जब उन्होंने राजा प्रसेनजित के महल में एक कार्यक्रम में एक अप्रशिक्षित जंगली हाथी के उनके साथ चलने पर निर्भयता का प्रदर्शन किया था। भगवान और गुणों का वर्णन करते हुए कहते हैं एक अरहंत की शिक्षा पूर्ण हो चुकी है, वह तृष्णा मुक्त और बोधि सम्पन्न होता है तथा जन्म-मरण के चक्र से निकल जाता है।

४२३.

पुब्बेनिवासं यो वेदि,	पूर्वजन्म को जो जाने,
सग्गापायञ्च पस्सति,	स्वर्ग, अपाय-लोक को देखता ;
अथो जातिक्खयं पत्तो,	जिसका पुनर्जन्म हुआ क्षीण,
अभिञ्ञावोसितो मुनि।	दिव्य ज्ञान में पारंगत मुनि ,
सब्बवोसितवोसानं,	जो हुआ सर्वथा कृतकृत्य ,
तमहं ब्रूमि ब्राह्मणं॥	उसे ही मैं ब्राह्मण कहता ॥

धम्मपद की इस अंतिम गाथा में भगवान ने एक सिद्धि सम्पन्न अरहंत (ब्राह्मण) के प्रमुख गुणों की विस्तार से व्याख्या की है। वह अपने पूर्व जन्मो को जानता है तथा स्वर्ग और नरक लोकों को भी देख पाता है। सभी तृष्णाएं समाप्त हो चुकी हैं जिस कारण अब उसका और पुनर्जन्म न होगा। जो निर्वाण रूपी दिव्य ज्ञान प्राप्त कर कृतकृत्य हो गया है ऐसे अरहंत को ही भगवान सच्चा ब्राह्मण कहते हैं।

---

75 जिसकी शिक्षा पूरी हो गयी है

परिशिष्ट

1. कालयक्खिनि वत्थु
2. सामवति वत्थु
3. थेर चित्तहत्त गाथा
4. पञ्चसतभिक्खु वत्थु
5. विसाख वत्थु
6. महाकस्सपथेर वत्थु
7. सत्थिकुतपेत वत्थु
8. कोकसुनखलुद्दक वत्थु
9. सुप्पबुद्ध शाक्य वत्थु
10. पिलोतिकतिस्स थेर वत्थु
11. पेसकाराधित वत्थु
12. अनाथपिण्डिकपुत्तकाला वत्थु
13. एक उपासक वत्थु
14. नंदिय वत्थु
15. रोहिणीखत्तियकञ्ञा वत्थु
16. उत्तरा उपासिका वत्थु
17. दारुसकटिक पुत्त वत्थु
18. वज्जिपुत्तकभिक्खु वत्थु
19. चूलसुभद्दा वत्थु
20. परिजिण्ण ब्राह्मणपुत्त वत्थु
21. सम्बहुलभिक्खु वत्थु (1)
22. कपिलमच्छ वत्थु
23. सुकरपोतिक वत्थु
24. सम्बहुलभिक्खु वत्थु (2)
25. सुमनसामणेर वत्थु
26. अक्कोसकभारद्वाज वत्थु
27. सारिपुत्त थेर वत्थु
28. सामणेरानं वत्थु

29. चंदभ थेर वत्थु

1. कालयक्खिणि वत्थु

भगवान बुद्ध ने यह वृतांत, जेतवन विहार में, धम्मपद की गाथा 5 के संदर्भ में कही।

एक समय एक गृहस्थ की पत्नी बांझ थी। बाद में उसने दूसरी शादी कर ली। दोनों पत्नियों के बीच वैर उत्पन्न हो गया। कुछ समय बाद छोटी पत्नी गर्भवती हुई तो बड़ी पत्नी ने ईर्ष्या के मारे छल से उसका गर्भपात करवा दिया, और अंततः प्रसव के समय उसकी मृत्यु हो गई। इस वैर के कारण वे दोनों अनेक जन्मों तक शत्रु बनी रहीं—कभी मुर्गी और बिल्ली के रूप में, कभी हिरणी और तेंदुएनी के रूप में। अंततः वे श्रावस्ती में एक कुलीन व्यक्ति की पुत्री और काली नामक एक यक्षिणी (कालयक्षिणी) के रूप में जन्मीं।

कालयक्षिणी उस स्त्री और उसके शिशु का लगातार पीछा कर रही थी। भयभीत स्त्री को जब पता चला कि भगवान बुद्ध जेतवन विहार में प्रवचन दे रहे हैं, तो वह दौड़ कर विहार में गई और अपने शिशु को भगवान के चरणों में रख दिया। थोड़ी देर में पीछा करती हुई कालयक्षिणी भी विहार के द्वार पर पहुंच गई पर वहां स्थित रक्षक देवता ने यक्षिणी को भीतर आने से रोक दिया। बाद में उसे भीतर बुलाया गया, और भगवान बुद्ध ने उस स्त्री तथा यक्षिणी—दोनों को फटकार लगाई।

भगवान बुद्ध ने उन्हें उनके पूर्व जन्मों का स्मरण कराया— एक ही पति की प्रतिद्वंद्वी पत्नियों के रूप में, फिर मुर्गी और बिल्ली के रूप में, तथा हिरणी और तेंदुएनी के रूप में। उन्होंने समझाया कि वैर से वैर ही बढ़ता है; उसका अंत केवल मैत्री, समझ और सद्भाव से ही संभव है। भगवान के वचन सुन कर यक्षिणी श्रोतापन्न अवस्था को प्राप्त हुई और उनका जन्मांतरों का वैर समाप्त हुआ।

2 सामवति वत्थु

कोसंबी के निकट घोसित विहार में निवास करते हुए भगवान बुद्ध ने यह गाथाएं (21-23) राजा उदयन की प्रमुख रानी सामवती के संदर्भ में कही।

सामवती के साथ पाँच सौ दासियाँ रहती थीं। उनकी एक दासी थी—खुज्जुत्तरा। वह प्रतिदिन रानी के लिए फूल लाने जाती थी। एक दिन उसे उस पुष्प विक्रेता के घर भगवान बुद्ध का धर्मोपदेश सुनने का अवसर मिला, जिसे सुनकर उसे श्रोतापन्न अवस्था प्राप्त हुई। उसने वही उपदेश सामवती और पाँच सौ दासियों को सुनाया और वे सभी भी श्रोतापन्न अवस्था को प्राप्त हुईं। सामवती खुज्जुत्तरा को अब एक धम्ममाता के समान आदर देने लगी और वह प्रतिदिन सामवती एवं अन्य दासियों को पुष्प विक्रेता के घर भगवान बुद्ध के दिये उपदेश सुनाती थी।
सामवती और उसकी दासियाँ बुद्ध के दर्शन करना चाहती थीं, किंतु राजा के अप्रसन्न होने के भय से वे महल की दीवारों में छेद करके प्रतिदिन दूर से ही उन्हें प्रणाम करती थीं।

उसी समय राजा उदयन की एक अन्य प्रमुख रानी थी—मागंदीय। वह किन्हीं कारणों से भगवान बुद्ध से घृणा करती थी और इस कारण सामवती व उसकी दासियों से भी घृणा करने लगी। उसने उनको मारने के कई षड्यंत्र रचे पर सामवती और उसकी दासियों की मैत्री के बल से असफल रही। अंततः मागंदीय ने अंतिम षड्यंत्र रचते हुए अपने सम्बंधियों से सामवती के भवन को आग लगवा दी। आग में घिरी सामवती और उसकी पाँच सौ दासियाँ ध्यान में लीन रहीं। मृत्यु से पहले उनमें से कुछ ने सकदागामि, और शेष ने अनागामी फल प्राप्त किया। अंततः राजा को पता चल ही गया कि आग मागंदीय ने ही लगवाई थी और फिर सभी संबंधियों सहित उसको मृत्यु दंड दिया।

खुज्जुत्तरा द्वारा सुने व फिर रानीवास में सुनाए गये प्रवचनों का संग्रह तिपिटक में खुद्दक-निकाय की एक पुस्तक "इतिवुत्तक" में संग्रहित हैं। भगवान बुद्ध ने खुज्जुत्तरा को धम्म शिक्षा की अग्र उपासिका घोषित किया। यह सब उसकी कुशाग्र बुद्धि व सजगता के कारण ही सम्भव हो पाया।

3. थेर चित्तहत्त वत्थु

जेतवन विहार में निवास करते हुए भगवान बुद्ध ने ये गाथाएँ (38-39) थेर चित्तहत्त के संदर्भ में कहीं।

श्रावस्ती का एक व्यक्ति जंगल में अपने खोए हुए बैल की खोज करते हुए अत्यंत भूख से व्याकुल हो गया। वह पास के ग्राम में स्थित विहार पहुँचा, जहाँ उसे प्रातःकाल के भोजन का अवशेष मिला। भोजन करते समय उसने सोचा कि गृहस्थ जीवन में कठोर परिश्रम के बावजूद ऐसा भोजन दुर्लभ है; इसलिए उसने भिक्षु बनने का निश्चय किया। पर्याप्त भोजन मिलने से उसका शरीर भारी हो गया, और अब भिक्षाटन में जाना भी मुश्किल लगने लगा। भिक्षाटन से ऊब, वह फिर गृहस्थ जीवन में लौट आया। और यह क्रम **छह बार** चला और वह भिक्षु और गृहस्थ जीवन के बीच आता-जाता रहा। अपने मन की चंचलता और अस्थिरता के कारण वह चित्तहत्त कहलाया—अर्थात् जो मन के वश में हो।

इसी बीच उसकी पत्नी गर्भवती हुई। एक दिन, उसने अपनी पत्नी को सोते हुए देखा—अव्यवस्थित वस्त्र, खुले मुँह से खर्राटे, लार टपकती हुई, फूला हुआ शरीर—उसे वह एक शव के समान प्रतीत हुई। यह दृश्य देखते ही उसके भीतर शरीर की अनित्यता और दुःखमयता का स्पष्ट बोध जाग उठा। उसने समझा कि इसी आसक्ति के कारण वह भिक्षु जीवन में स्थिर नहीं रह पाया।

तत्क्षण उसने चीवर उठाया और जेतवन विहार की ओर चल पड़ा। मार्ग में चलते हुए वह "अनित्यता" और "दुःख" का मनन करता रहा और विहार पहुंचने से पहले ही सोत्तापत्ति फल को प्राप्त हुआ। विहार पहुँचकर उसने पुनः उपसंपदा की प्रार्थना की। भिक्षुओं ने प्रारंभ में उसे अस्वीकार किया, किंतु आग्रह पर एक बार और उपसंपदा दी। कुछ ही दिनों में उसने अर्हंत फल प्राप्त कर लिया।

जब अन्य भिक्षुओं ने उसे दीर्घकाल तक विहार में स्थिर देखा, तो आश्चर्य किया। चित्तहत्त ने कहा—"पहले मैं आसक्ति के कारण घर लौटता था; अब वह आसक्ति कट चुकी है।" संदेह होने पर भिक्षु बुद्ध के पास पहुँचे। तब भगवान बुद्ध ने कहा कि चित्तहत्त सत्य बोल रहा है—पहले उसका चित्त अस्थिर था और वह धर्म को नहीं समझता था; अब वह अर्हत है, जिसने पुण्य और पाप—दोनों को त्याग दिया है। तत्पश्चात भगवान ने यह गाथाएं (38-39) कहीं।

4. पञ्चसतभिक्खु वत्थु

जेतवन विहार में निवास करते हुए भगवान बुद्ध ने यह गाथा 40 पाँच सौ भिक्षुओं के संदर्भ में कही।

श्रावस्ती के पाँच सौ भिक्षुओं ने भगवान बुद्ध से ध्यान का कम्मट्ठान प्राप्त कर साधना हेतु एक घने वन में चले गए। उस वन में रहने वाले वृक्ष-देवताओं को लगा कि यदि भिक्षु वहाँ दीर्घकाल तक ठहर गए, तो उन्हें अपने परिवार सहित भूमि पर रहना पड़ेगा। इसलिए उन्होंने भिक्षुओं को डराने के लिए भयानक ध्वनियाँ और डरावने दृश्य उत्पन्न किए—कभी सिर रहित धड़, कभी धड़ रहित सिर आदि।

भिक्षु भयभीत होकर भगवान बुद्ध के पास लौट आए और सारी बात बताई। भगवान बुद्ध ने कहा कि वे बिना "आयुध" के गए थे और अब उन्हें उचित "आयुध" लेकर वापस जाना चाहिए। तब उन्होंने उन्हें करणीयमेत्त सुत्त (सु नि 1.8) सिखाया और निर्देश दिया कि वन में प्रवेश करते समय उसका पाठ करें। भिक्षुओं ने वैसा ही किया। भिक्षुओं से मैत्री पाकर वृक्ष-देवता प्रसन्न हो गए तथा भयानक ध्वनियाँ और डरावने दृश्य समाप्त हो गए।

शांत वातावरण में भिक्षुओं ने कायानुपस्सना करते हुए शरीर की नश्वरता तथा भंगुरता को स्पष्ट रूप से जाना।

भगवान बुद्ध ने दिव्य चक्षु से उनकी प्रगति जानकर उन्हें संदेश दिया कि शरीर वास्तव में मिट्टी के घड़े के समान क्षण भंगुर है। इसी संदर्भ में उन्होंने गाथा 40 का उपदेश दिया। उपदेश के अंत में सभी भिक्षुओं को अर्हंत फल प्राप्त हुआ।

5. विसाख वत्थु

श्रावस्ती के पूर्वाराम (पुब्बाराम) विहार में निवास करते हुए भगवान बुद्ध ने यह गाथा अग्र उपासिका विशाखा के संदर्भ में कही, जिसके दान से उस विहार की स्थापना की गई थी।

विशाखा मगध राज्य के प्रांत भद्दिय के अत्यंत समृद्ध श्रेष्ठि मेंड़क की पौत्री थी। सात वर्ष की आयु में उन्होंने भगवान बुद्ध का उपदेश सुनकर अपने दादा मेंडक और पाँच सौ सखियों सहित सोत्तापत्ति फल प्राप्त किया।

यौवनावस्था में विशाखा का विवाह श्रावस्ती के धनी गृहस्थ मिगार के पुत्र से हुआ। मिगार स्वयं भगवान बुद्ध और भिक्षुओं के प्रति श्रद्धावान नहीं था। एक दिन जब एक भिक्षु भिक्षा के लिए द्वार पर खड़ा था और मिगार ने उसे अनदेखा कर दिया, तब विशाखा ने भिक्षु से कहा कि उनके श्वसुर "बासी भोजन खा रहे हैं।" इस कथन से मिगार क्रोधित हो गया और विशाखा को घर से निकालने की बात कही। किंतु विशाखा ने धैर्यपूर्वक न्याय का मार्ग अपनाया। निर्णय के लिए बुलाए गए बुज़ुर्गों ने विशाखा की यह बात सुनी: मिगार वर्तमान जीवन में कोई पुण्य कर्म नहीं कर रहे, केवल पूर्व जन्मों के पुण्य का फल भोग रहे हैं, तो वे वास्तव में बासी भोजन ही कर रहे हैं। बुजुर्गों को यह तर्क ठीक लगा और उन्होंने विशाखा को निर्दोष ठहराया।

इसके बाद विशाखा ने स्पष्ट कहा कि वह ऐसे घर में नहीं रह सकती जहाँ भिक्षुओं का आदर न हो। अंततः मिगार को अनुमति देनी पड़ी कि भगवान बुद्ध और संघ को भिक्षा के लिए आमंत्रित किया जाए। भगवान बुद्ध के उपदेश को, अपने निगंथ आचार्यों के निर्देश अनुसार, मिगार ने पर्दे के पीछे से सुना, और उसी क्षण उसने सोत्तापत्ति फल प्राप्त किया। कृतज्ञता से अभिभूत होकर उसने विशाखा को माता के समान मान दिया—यहीं से विशाखा "मिगारमाता" के नाम से प्रसिद्ध हुई।

विशाखा अत्यंत दानशील थीं। उनके पास पिता द्वारा दी गई एक अत्यंत मूल्यवान रत्नजटित ओढ़नी थी। एक दिन जेतवन विहार जाते समय उसने वह ओढ़नी एक दासी को दी जो भूल से उसे वहीं छोड़ आई। जब ज्ञात हुआ कि उसे भंते आनंद ने सुरक्षित रख लिया है, तो विशाखा ने निश्चय किया कि वह उसे वापस नहीं लेंगी, बल्कि भंते को दान कर देंगी। किंतु संघ-नियमों के कारण दान स्वीकार न होने पर उन्होंने उस वस्त्र को बेचकर धन दान करने का निश्चय किया। जब श्रावस्ती में कोई उसे खरीद न सका, तो विशाखा ने स्वयं ही उसे नौ करोड़ एक लाख में पुनः खरीद लिया—केवल इस उद्देश्य से कि दान की भावना अधूरी न रहे।

उसी धन से विशाखा ने श्रावस्ती के पूर्व भाग में पुब्बाराम विहार का निर्माण कराया, जो संघ का एक प्रमुख केंद्र बना। भगवान बुद्ध ने वहाँ कई वर्षावास बिताए तथा कई महत्त्वपूर्ण प्रवचन दिए।

इसी संदर्भ में भगवान ने **धम्मपद की गाथा 53** का उपदेश दिया यह समझाने हेतु कि जीवन की अनिश्चितता होते हुए भी मर्त्य प्राणी बहुत पुण्य कर सकते हैं।।

6. महाकस्सपथेर वत्थु

राजगीर के वेणुवन विहार में रहते हुए भगवान बुद्ध ने यह गाथा थेर महाकश्यप के प्रसंग में बताई।

थेर महाकस्सप निरोधसमापत्ति से उठने के बाद जानबूझकर राजगीर के गरीब मुहल्ले में भिक्षा के लिए गए, ताकि किसी निर्धन को महान पुण्य का अवसर मिल सके। देवताओं के राजा सक्क (इंद्र) ने यह अवसर देखा और एक बूढ़े गरीब जुलाहे का रूप धारण कर अपनी पत्नी सुजाता के साथ वहाँ आया। महाकस्सप उनके दरवाजे पर खड़े हुए ; सक्क ने जुलाहे के रूप में उनका पात्र लिया और उसे सुगंधित भोजन से भर दिया, जिसकी सुगंध पूरे नगर में फैल गई। थेर महाकस्सप को अनुभव हुआ कि यह कोई साधारण मनुष्य नहीं, बल्कि स्वयं सक्क हैं; तब सक्क ने स्वीकार किया कि वह भी एक तरह से "गरीब" हैं क्योंकि बुद्धों के समय उन्हें दान देने के अवसर बहुत कम मिले। वंदना करके सक्क और सुजाता वहाँ से चले गए।

वेनुवन से भगवान बुद्ध ने यह सब देखा और भिक्षुओं से कहा कि सक्क ने महाकस्सप को निरोधसमापत्ति से उठते ही भिक्षा दी है।

भिक्षु आश्चर्य करने लगे कि सक्क को यह कैसे ज्ञात हुआ कि यह अत्यंत शुभ समय है।

तब बुद्ध ने समझाया कि जो शीलवान और महान गुणों वाला होता है, उसका यश-सुगंध इतनी दूर तक फैलता है कि देवताओं के लोक तक पहुँच जाता है; इसी की प्रेरणा से स्वयं शक्क भी दान देने आए।

फिर बुद्ध ने कहा कि चंदन, तगर आदि पुष्पों की सुगंध सीमित और क्षीण होती है, परन्तु सद्गुणों की सुगंध सबसे प्रबल होती है, जो देव-लोकों तक फैल जाती है — यही इस कथा का सार है।

7. सत्थिकुतपेत वत्थु

भगवान बुद्ध ने धम्मपद की गाथा 72 सत्थिकुतपेत नामक एक प्रेत के संदर्भ में सुनाई।

सत्थिकुतपेत अपने एक पिछले जन्म में पत्थर से निशाना लगाने में माहिर था। एक दिन उसने अपने गुरु से अपनी कला आज़माने की अनुमति मांगी। गुरु ने उसे समझाया कि वह न तो किसी गाय को और न ही किसी मनुष्य को मारे, क्योंकि ऐसा करने पर उसे उसके स्वामी या परिजनों को क्षतिपूर्ति देनी पड़ेगी। इसलिए उसे ऐसा लक्ष्य ढूँढना चाहिए जिसका कोई स्वामी या संरक्षक न हो।

जब उस बुद्धिहीन मूर्ख ने एक प्रत्येक बुद्ध को देखा, तो उसने सोचा कि क्योंकि उनका कोई संबंधी या रक्षक नहीं है, वे उपयुक्त लक्ष्य होंगे। अतः जब प्रत्येक बुद्ध भिक्षाटन कर रहे थे, उसने उन पर पत्थर फेंका। वह पत्थर एक कान से प्रवेश कर दूसरे कान से निकल गया। विहार पहुँचने पर प्रत्येक बुद्ध का देहावसान हो गया।

इस दुष्कृत्य के कारण वह अवीचि नरक में उत्पन्न हुआ। उसके पश्चात् वह प्रेत-योनि में जन्मा और अपने दुष्कृत्य के शेष दुष्परिणाम भोगता रहा। प्रेत रूप में उसका विशाल सिर निरंतर अत्यधिक गर्म किये हुए हथौड़ों से पीटा जाता था।

8. कोकसुनखलुद्दक वत्थु

भगवान बुद्ध ने धम्मपद की गाथा 126 , कोक नामक एक शिकारी के संदर्भ में सुनाई।

कोक नामक शिकारी एक दिन जब वह अपने कुत्तों के साथ शिकार को जा रहा था, तो रास्ते में उसे एक भिक्षु दिखाई दिए जो भिक्षाटन के लिए जा रहे थे। इसको उसने एक अपशकुन माना और उसके मन में विचार आया : "आज इस मनहूस को देख लिया, तो लगता है कुछ शिकार हाथ नहीं लगेगा" और वह शिकार के लिए जंगल की ओर चला गया।

संयोग से ऐसा ही हुआ। जब वह लौट रहा था, तो उसने फिर उसी भिक्षु को देखा जो अब विहार लौट रहे थे । वह बहुत क्रोधित हुआ और उसने अपने शिकारी कुत्तों को उसके पीछे दौड़ा दिया। भिक्षु जान बचा कर भागा और एक पेड़ के ऊपर चड़ गया। क्रोधित शिकारी वहाँ आया और भिक्षु के तलवों में तीर की नोक चुभोने लगा । अत्यन्त दर्द के कारण वह अपना चीवर ठीक से पकड़ न पाया और चीवर फिसल कर उस शिकारी की ऊपर गिर गया। कुत्तों ने चीवर देख समझा कि भिक्षु नीचे आ गया है, और चीवर से ढ़के शिकारी पर हमला कर दिया। वे उसे नोच-नोच कर काटने लगे । भिक्षु ने करुणा वश पेड़ के ऊपर से एक टहनी तोड़ी और कुत्तों पर फेंकी । तब कुत्तों को समझ आया कि वे अपने मालिक पर ही हमला कर रहे थे और जंगल की ओर भाग गए। भिक्षु नीचे आए तो देखा कि उस शिकारी का देहांत हो गया था। दुखी मन से वह वापस जेतवन विहार गए और सारा वृतांत भगवान बुद्ध को सुनाया। भगवान ने उन्हें सांत्वना देते हुए समझाया कि वे शिकारी की मौत के जिम्मेदार नहीं क्योंकि उन्होंने कोई शील नहीं तोड़ा; शिकारी को तो अपने दुष्कृत्य का फल ही मिला । और फिर यह गाथा कही।

9. सुप्पबुद्ध शाक्य वत्थु

भगवान के श्वसुर सुप्पबुद्ध भगवान के गृह त्याग के कारण, और अपने पुत्र देवदत्त द्वारा भगवान को अपना शत्रु मानने के कारण, उनसे बहुत नाराज थे। एक बार जब वे कपिलवस्तु में भिक्षाटन के लिये जा रहे थे, जो वह उनके मार्ग के बीचों-बीच खड़ा हो गया और उन्हें आगे जाने से रोक दिया। भगवान चुपचाप वापिस लौट गये। वापिस जाते समय आनंद के पूछने पर कि इस दुष्कृत्य का क्या फल होगा, भगवान ने कहा कि सात दिन बाद, सुप्पबुद्ध जब अपने महल की सीढ़ियों से उतर कर धरती पर पाँव रखेगा, उसे धरती निगल लेगी।

सुप्पबुद्ध को जब यह पता चला कि भगवान बुद्ध ने क्या कहा है तो इस भविष्यवाणी को झूठ साबित करने के लिये, उसने वह सीढ़ियाँ ही तुढ़वा दीं। कुछ लोग भी वहाँ पर तैनात कर दिये, ताकि यदि वह भूल से भी सीढ़ियों की तरफ आए तो उसे रोक दिया जाए। जब भगवान को यह पता चला, तो भगवान ने कहा कि मृत्यु से कोई बच नहीं सकता चाहे वह कितने भी इंतजाम कर ले; तब उन्होंने धम्मपद की गाथा 128 कही।

सातवें दिन सुबह, राजा का घोड़ा किसी अज्ञात कारण से बुरी तरह डर गया और ज़ोर-ज़ोर से हिनहिनाने तथा बेतहाशा लात मारने लगा। प्रिय घोड़े की भयावह आवाज़ें सुनकर राजा सारी सावधानियाँ भूल गया और उसे सँभालने हेतु दरवाज़े की ओर चल पड़ा। दरवाज़ा अपने आप खुल गया, सीढ़ियाँ ,जो उसने हटा दी थी, वह भी वहीं लगी थीं, और उसके सेवक भी उसे नीचे जाने से रोकना भूल गए। इस तरह राजा सीढ़ियों से नीचे उतर गया, और जैसे ही उसने धरती पर कदम रखा, ज़मीन फट गई, और उसे भीतर निगल गई।

कोई भी सावधानी मृत्यु को टाल न सकी।

10. पिलोतिकतिस्स थेर वत्थु

जेतवन विहार में रहते हुए भगवान बुद्ध ने 143-144 गाथाएं थेर पिलोतिकतिस्स के संदर्भ में कहीं।

एक बार भंते आनन्द ने भिक्षाटन के दौरान एक मैले-कुचैले कपड़े पहने युवक को देखा जो भीख मांग रहा था। उस पर करुणा जागी और भंते ने उसे श्रामणेर बनाया। उसने अपने पुराने कपड़े व भीख मांगने का पात्र , एक पेड़ की टहनी पर टांग दिए और विहार आ गया। भिक्षु बनने पर उसका नाम पिलोतिकतिस्स[76] रखा गया। भिक्षु बनने के बाद उसे अपने भोजन की कोई चिंता नहीं थी पर फिर भी वह कभी-कभी भिक्षु जीवन से ऊब जाता था और गृहस्थ जीवन में लौटने का विचार उसके मन में जागता। जब-जब यह विचार प्रबल होता तो वह उसी पेड़ के पास जाता जहाँ उसने पुराने कपड़े टाँगे थे और फिर अपने से प्रश्न करता: "अरे निर्लज्ज! क्या तुम उस विहार को छोड़ना चाहते हो जहाँ तुम्हें अच्छा भोजन और अच्छे कपड़े मिलते हैं? क्या तुम फिर से ये फटे-पुराने कपड़े पहनकर और इस पुरानी थाली को हाथ में लेकर भीख माँगने जाना चाहते हो?" इस प्रकार वह स्वयं को डाँट लज्जित करता था, और शांत होने के बाद फिर विहार में वापस चला जाता।

कुछ दिनों बाद फिर ऐसा विचार उठने पर, वह फिर उसी पेड़ के पास जाता और लज्जा जगा कर, वापिस चला आता। जब अन्य भिक्षु उससे पूछते कि वह बार-बार उस पेड़ के पास क्यों जाता है, तो वह कहता कि अपने आचार्य को मिलने जाता था। इस प्रकार अपने पुराने कपड़ों को ध्यान का विषय बनाकर उसने धीरे-धीरे पंच-स्कंधों (खंधों) के अनित्य, असंतोषजनक व अवैयक्तिक स्वभाव को समझ लिया, और अंततः उसे अर्हंत फल प्राप्त हुआ। अब उसने पेड़ की ओर जाना छोड़ दिया। जब भिक्षुओं ने इसका कारण पूछा तो भंते पिलोतिकतिस्स ने कहा, कि अब उसे आचार्य के पास जाने की आवश्यकता नहीं। भिक्षु उसे भगवान बुद्ध के पास ले गए तो उन्होंने उसके कथन का अनुमोदन करते हुए बताया कि अब वह आश्रव क्षीण अर्हंत बन गया है, उसे किसी आचार्य की आवश्यकता नहीं। तब भगवान ने यह दो गाथाएं कहीं।

---

[76] पाली शब्द पिलोतिक का अर्थ है: फटे पुराने कपड़े

11. पेसकाराधित वत्थु

आलवी के एक विहार में रहते हुए भगवान बुद्ध ने यह गाथा (धम्मपद 174) एक जुलाहे की बेटी के संदर्भ में कहीं।

एक बार आलवी में भोजन दान के पश्चात भगवान ने पांच खंधों की अनित्यता का प्रवचन दिया, जिसका भाव था :

जीवन अस्थिर है। मृत्यु अटल है। मेरी मृत्यु अवश्य ही होगी। मेरे जीवन का अन्त मृत्यु ही है। मेरा जीवन अनिश्चित है। मेरी मृत्यु निश्चित है।

भगवान ने सभी श्रोताओं को सदा सजग रहने की प्रेरणा दी ताकि मृत्यु के समय भी सजगता बनी रहे और उनकी सद्गति हो। कुछ ही श्रोताओं ने इस शिक्षा को गम्भीरता से लिया , और उनमें एक जुलाहे की बेटी भी थी। वह इस शिक्षा को आत्मसात कर पाई।

कई वर्षों बाद भगवान फिर आलवी आए क्योंकि उन्होंने अपने बोधि चित्त से जान लिया था कि उस जुलाहे की बेटी का मुक्ति के स्त्रोत में पड़ने का समय आ गया था। जब उस लड़की ने सुना कि भगवान पांच सौ भिक्षुओं के साथ आलवी आ रहे हैं तो उसके मन में उनके प्रवचन को सुनने का धर्म संवेग जागा, परंतु उसके पिता ने उसे कहा कि पहले धागे की कुछ "बोबिन" लपेट दे , जिनकी उसे तुरन्त आवश्यकता थी। उसने शीघ्रता से ऐसा किया और पिता की ओर जाने लगी। रास्ते में वह भगवान का प्रवचन सुनने वाली भीड़ के अंत में खड़ी हो गई। जैसे ही भगवान बुद्ध ने जाना कि वह आ गई है, उन्होंने उसकी ओर देखा। जब उसने देखा कि भगवान उसकी ओर देख रहे हैं तो उसने उन बोबिन की टोकरी वहीं छोड़ दी और आदर पूर्वक भगवान के पास आ गई। फिर भगवान ने उससे चार प्रश्न पूछे जिनके उत्तर उसने इस प्रकार दिये :

प्रश्न	उत्तर
1. तुम कहाँ से आई हो ?	मुझे नहीं मालूम।
2. तुम कहां जा रही हो ?	मुझे नहीं मालूम।
3. क्या तुम्हें नहीं मालूम ?	हाँ , मालूम है।
4. क्या तुम जानती हो ?	नहीं मैं नहीं जानती, भंते।

लोगों को लगा कि यह लड़की भगवान के प्रति बहुत असम्मानजनक व्यवहार कर रही थी। भगवान ने उससे कहा कि वह अपने दिये गए उत्तरों का तात्पर्य बताए, तो उसने कहा :

"भंते! चूंकि आप जानते हैं कि मैं अपने घर से यहाँ आई हूँ, मैंने आपके पहले प्रश्न का यह अर्थ लिया कि आप मुझसे पूछ रहे हैं कि मैं किस पूर्व जन्म से यहाँ आई हूँ। इसलिए मेरा उत्तर था, 'मैं नहीं जानती।' दूसरे प्रश्न का अर्थ मैंने यह लिया: कि भविष्य में मैं किस जन्म में जाऊँगी; इसलिए मेरा उत्तर था, 'मैं नहीं जानती।' तीसरा प्रश्न से मैं यह समझी कि आप पूछ रहे हैं कि क्या मैं नहीं जानती कि एक दिन मुझे मरना होगा; इसलिए मेरा उत्तर था, 'हाँ, मैं जानती हूँ।' और अंतिम प्रश्न का अर्थ मैंने यह लिया कि आप पूछ रहे हैं कि क्या मैं जानती हूँ कि मैं कब मरूँगी; इसलिए मेरा उत्तर था, 'मैं नहीं जानती।'

भगवान ने उसके उत्तरों का अनुमोदन किया और यह गाथा कही। उसे सुनकर वह लड़की सोतापन्न अवस्था को प्राप्त हुई। प्रसन्न चित्त से वह अपने पिता के पास बोबिन ले कर गई। उसके पिता को जुलाहे की गद्दी पर बैठे हुए नींद आ गई थी। बेटी की आवाज सुन कर वह अचानक उठा और गलती से उसने 'शटल' खींच दी। उस 'शटल' की नोक उसकी बेटी की छाती में जोर से लगी और तुरंत उसका देहांत हो गया। अत्यंत दुखी, रोते-रोते वह भगवान के पास गया और भिक्षु बन गया और कुछ ही समय में उसने अर्हंत फल प्राप्त कर लिया।

12. अनाथपिण्डिकपुत्तकाला वत्थु

श्रेष्ठी अनाथपिण्डिक के पुत्र काला की भगवान की शिक्षा में कोई रुचि न थी। जब भी भगवान भोजन के लिये उसके घर आते, तो वह दूर ही रहता। जब बहुत समझाने-बुझाने से स्थिति नहीं बदली तो अनाथपिण्डिक ने उसे लालच दिया :' यदि तुम एक दिन विहार जा कर उपोसथ रखोगे, तो मैं तुम्हें 100 मुद्राएं दूंगा'। तो काला ने पैसे पाने के लालच में विहार जाना शुरु किया। वह दिन भर वहाँ रहता, कोई प्रवचन इत्यादि नहीं सुनता और अगले दिन घर आकर पिता से 100 मुद्राएं प्राप्त करता। कुछ दिन बात, अनाथपिण्ड़िक ने पुत्र को धम्म से परिचित करवाने हेतु, लालच बढ़ा दिया। उसने काला से कहा: 'यदि तुम भगवान से एक गाथा सीख कर आओगे, तो मैं तुम्हें 1000 मुद्राएं दूंगा'। अगले दिन काला ने भगवान से एक गाथा सीखी पर उसे याद न कर पाया, क्योंकि भगवान ने यह संकल्प किया था कि इसे यह गाथा याद न हो। अगले दिन फिर वही गाथा, और फिर वह याद नहीं कर पाया। इस प्रकार कई दिन तक उसने उस गाथा को कंठस्थ करने का प्रयास किया और अंततः उसके अर्थ को भी समझा और सोतापन्न अवस्था को प्राप्त हुआ।

अगले दिन सुबह वह भगवान और अन्य भिक्षुओं के साथ भोजन करने हेतु अपने घर गया। भोजन के बाद अनाथपिण्ड़िक 1000 मुद्राएं लाया, पर काला ने उन्हें लेने से मना कर दिया। आश्चर्यचकित अनाथपिण्ड़िक ने भगवान को सारी कथा सुनाई और जानना चाहा कि काला में इतना बदलाव कैसे आ गया। तब भगवान ने अनाथपिण्ड़िक को कहा: तुम्हारे पुत्र ने सोतापन्न अवस्था प्राप्त कर ली है जो कि एक चक्रवर्ती सम्राट और देवों की सम्पदा से भी बहुमूल्य है। तत्पश्चात भगवान ने यह गाथा 178 कही।

13 एक उपासक वत्थु

श्रावस्ती के जेतवन विहार में प्रातः काल मैत्री चित्त से भगवान बुद्ध ने देखा कि 30 योजन दूर, आलवी के गाँव का एक गरीब साधक को आज श्रोतापत्तिफल की प्राप्ति होगी। भगवान वहाँ भिक्षाटन के लिये गए। एक घर में उनको तथा उनके अन्य भिक्षुओं को भोजन दान दिया जा रहा था। भोजन के बाद सब लोग भगवान का प्रवचन सुनने के लिये बैठे थे, पर भगवान उस साधक की प्रतीक्षा करते रहे। संयोग वश उसका बैल खो गया था और वह उस बैल की तलाश में लगा था। अंततः उसका बैल मिल गया और वह दौड़ता हुआ उस घर में आया जहाँ भगवान थे। वह थका हुआ और भूखा था। भगवान ने भोजन दान देने वालों को कहा कि उसे भोजन कराया जाए। जब उस साधक ने भोजन कर लिया तभी भगवान ने प्रवचन शुरु लिया और क्रमशः धर्म की शिक्षा दी और अंततः चार आर्य सत्यों तक पहुँचे। प्रवचन के अंत तक उस साधक ने श्रोतापत्तिफल प्राप्त कर लिया।

प्रवचन के बाद, भगवान और उनके भिक्षु श्रावस्ती लौट आए। रास्ते में भिक्षुओं ने इस बात पर आश्चर्य जताया कि भगवान ने प्रवचन देने से पहले उस साधक को भोजन देने को कहा। तब भगवान बुद्ध ने उन्होंने समझाया कि वे श्रावस्ती से इतनी दूर इसीलिए आए थे क्योंकि उन्हें ज्ञात हो गया था कि उस साधक को श्रोतापत्तिफल की प्राप्ति होगी; और यदि वह भूखा रहता तो उसे चार आर्य सत्यों की सूक्ष्म शिक्षा समझने में व्यवधान आ सकता था। तत्पश्चात भगवान ने यह गाथा कही जिसमें यह कहा गया है कि भूख एक रोग के समान है, जो साधना में बाधा उत्पन्न कर सकती है।

14 नंदिय वत्थु

नंदिय वाराणसी का एक श्रेष्ठि था। भगवान बुद्ध का एक प्रवचन सुनने के बाद, जिसमें उन्होंने भिक्षुओं के निवास हेतु विहार बनाने के लाभ बताए, नंदिय ने ऋषिपतन में एक भव्य विहार का निर्माण करवाया। जैसे ही वह विहार भगवान बुद्ध को अर्पित किया गया, तावतिंस लोक में नंदिय के लिए एक महल बन गया।

कुछ समय बाद, भंत्ते महामोग्गलान तावतिंस लोक में गए और इस महल को देखा। वापिस लौटने पर उन्होंने भगवान बुद्ध से पूछा: "भंते, क्या जो लोग पुण्य करते हैं उनके लिये उनके जीते जी ही देवलोक में उनके लिए महल और अन्य सुविधाएं बन जाते हैं "?

भगवान ने उनसे कहा: "तुम तो स्वयं यह देख आए हो, तब इस प्रश्न की आवश्यकता ही कहाँ रह जाती है?""

तब भगवान ने इन दो गाथाओं (219-220) के माध्यम से इस बात की पुष्टि की, और कहा के देवता ऐसे सत्पुरुष का देवलोक में वैसे ही स्वागत करते हैं, जैसे किसी बहुत दूर से लौटे प्रवासी का उसके मित्र तथा सम्बंधी करते हैं।

15. रोहिणीखत्तियकञ्ञा वत्थु

एक बार भंते अनिरुद्ध कपिलवस्तु के विहार में कुछ समय के लिए आए तो उनसे मिलने सभी सम्बंधी आए, केवल उनकी बहन राजकुमारी रोहिणी नहीं आई -- कारण था कि वह कोढ़ रोग से पीड़ित थी और बाहर आने में शर्माती थी। बुलाने पर वह शरीर ढ़क कर आई। भंते अनिरुद्ध ने उससे कहा कि उसे कुछ पुण्य कर्म करना चाहिए तथा सुझाव दिया कि वह अपने कुछ कपड़े व आभूषण बेच कर उन पैसों से भिक्षुओं के लिए एक भोजन कक्ष बनवा दे। रोहिणी ने ऐसा ही किया। भंते अनिरुद्ध ने फिर यह कहा कि जब से वह भोजन कक्ष बनना शुरु हो तब से ही प्रतिदिन वहाँ झाडू से सफाई करे और घड़ों में पानी भरे। उसने ऐसा ही किया और उसका रोग धीरे-धीरे कम होने लगा। जब वह कक्ष पूरा बन गया तो वहाँ भगवान बुद्ध और संघ को भोजन अर्पित किया गया। भोजन के बाद भगवान ने रोहिणी को उसके रोग का कारण बताया।

कई जन्म पूर्व रोहिणी वाराणसी के राजा की पटरानी थी। राजा की एक प्रिय नर्तकी थी, जिससे रोहिणी बहुत ईर्ष्या करती थी। एक दिन, क्रोध के वशीभूत होकर, उसने उस नर्तकी के बिस्तर और ओढ़नी पर खुजली उत्पन्न करने वाला एक चूर्ण डलवा दिया। फिर उसने उस नर्तकी को अपने पास बुलवाया और मानो हँसी-मजाक में उस पर थोड़ा चूर्ण डाल दिया। उस नर्तकी के सारे शरीर में भयंकर खुजली शुरु हो गई । अत्यंत पीढ़ा में वह अपने कक्ष की ओर भागी और बिस्तर पर लेट गई. जिससे उसकी पीढ़ा और बढ़ गई। उसी दुष्कृत्य के फलस्वरूप उसे इस जन्म में कुष्ठ रोग हुआ। भगवान ने फिर यह गाथा 221, कही और सभा को सम्बोधित करते हुए कहा कि कभी भी क्रोध के वशीभूत हो कर इस तरह का मूर्खता पूर्ण दुष्कृत्य न करें।

इस प्रवचन के बाद रोहिणी का वह रोग समाप्त हो गया और उसे, तथा और कइयों को, श्रोतापत्ति फल की प्राप्ति हुई।

16. उत्तरा उपासिका वत्थु

राजगीर के एक श्रेष्ठि पुण्ण की पुत्री उत्तरा का विवाह एक ऐसे परिवार में हुआ जिनकी भगवान बुद्ध में कोई श्रद्धा नहीं थी। उत्तरा, युवा अवस्था में ही अपने माता पिता के सौजन्य से भगवान के सम्पर्क में आई थी और पूरे परिवार ने श्रोतापत्तिफल को प्राप्त कर लिया था। भगवान से न मिलने, और उन्हें दान आदि न दे पाने के कारण वह बहुत व्यथित हो रही थी और उसने यह व्यथा अपने पिता से साझा की। उन्होंने, उसे बहुत सा धन दे कर कहा वह एक गणिका को दो सप्ताह के लिये अपने पति की देखभाल के ले रख कर, और भगवान बुद्ध और संघ को भोजन और अन्य आवश्यक वस्तुएं दान करे। उत्तरा ने शहर की प्रसिद्ध गणिका सिरिमा को 15 दिन के लिये रखा और भगवान बुद्ध और संघ को कई बार भोजन दान किया। पन्द्रहवें दिन गणिका सिरिमा के मन में उत्तरा के प्रति बहुत ईर्ष्या जागी और उसने उत्तरा को क्षतिग्रस्त करने की योजना बनाई। उत्तरा यह भांप गई थी पर उसके मन में तो सिरिमा के प्रति कृतज्ञता का, मैत्री का भाव ही था, क्योंकि उसी के कारण वह इतने दिन भगवान बुद्ध और उनके संघ को भोजन दान कर सकी। सिरिमा ने मौका देख कर खौलता हुआ घी उत्तरा के ऊपर डाल दिया पर उत्तरा ने कोई क्रोध, या प्रतिकार न किया और मैत्री भावना का अभ्यास करती रही। वह गर्म घी ठंडे पानी की तरह उसके शरीर से छू कर नीचे फर्श पर गिर गया। सिरिमा ने यह सोचा कि शायद घी ठंडा हो गया था और वह फिर कुछ और घी गरम करने रसोई में गई। पर तब तक अन्य सेवक वहां आ गए थे और उन्होंने सिरिमा को पकड़ लिया। सिरिमा को अपनी भूल का आभास हुआ और उसने उत्तरा से क्षमा याचना की। उत्तरा उसे भगवान बुद्ध के पास ले गई और सारा वृतांत सुनाया। भगवान बुद्ध ने उत्तरा को ऐसी विषम परिस्थिति में भी क्रोध न जगाने पर साधुवाद देते हुए यह गाथा 223, कही जिसे सुन सिरिमा और कई अन्य स्त्रियों को श्रोतापत्तिफल प्राप्त हुआ।

17. दारुसकटिक पुत्त वत्थु

जेतवन विहार में निवास करते हुए भगवान बुद्ध ने यह गाथाएं 296 से 301 तक एक लकड़हारे के पुत्र के संदर्भ में कहीं।

एक बार राजगृह का एक लकड़हारा अपने पुत्र के साथ लकड़ी काटने के लिए वन में गया। संध्या समय घर लौटते हुए वे एक श्मशान के निकट भोजन करने के लिए रुक गए। उन्होंने अपने दोनों बैलों को भी खुला छोड़ दिया ताकि वे पास ही चर सकें। वे दोनों बैल चरते-चरते बहुत दूर चले गए। जब लकड़हारे को बैल नहीं दिखे, तो अपने पुत्र को लकड़ी से भरी गाड़ी के पास छोड़कर बैलों को खोजने निकल पड़ा। इस खोज में बहुत देर हो गई और वह काफी दूर निकल गया। जब वह लौटने लगा तब तक नगर का द्वार बंद हो गया था। इस कारण उस छोटे बालक को रात अकेले ही अपनी गाड़ी के नीचे बितानी पड़ी।

यद्यपि वह बहुत छोटा था, पर सदा सजग रहता था और बुद्धानुसति करता रहता था। उसी रात दो राक्षस उसे डराने और हानि पहुँचाने आए। जब उनमें से एक ने बालक का पैर खींचा, तो वह चिल्लाया, "नमो बुद्धस्स" (मैं बुद्ध को नमस्कार करता हूँ)। बालक के मुख से ये शब्द सुनकर राक्षस भयभीत हो गए और उन्हें लगा कि उन्हें इस बालक की रक्षा करनी चाहिए। तब उनमें से एक उसके पास रहकर उसकी देखभाल करने लगा, और दूसरा राजा बिंबिसार के महल में गया और वहाँ से राजा का भोजन-पात्र उठा लाया। दोनों राक्षसों ने उस बालक को ऐसे भोजन कराया मानो वह उनका अपना पुत्र हो।

महल में उस राक्षस ने भोजन-पात्र के संबंध में एक लिखित संदेश छोड़ दिया, जो केवल राजा को ही दिखाई दे सकता था। प्रातःकाल राजा के सेवकों ने देखा कि राजकीय भोजन-पात्र गायब है, तो राजा को सूचित किया । राजा ने वह संदेश देखा तो उसने अपने सेवकों को श्मशान के पास भेजा। राजा के सेवकों को वह भोजन-पात्र लकड़ी से भरी गाड़ी में मिला जिसके नीचे वह बालक अभी भी सो रहा था।

जब उससे पूछा गया, तो बालक ने उत्तर दिया कि रात में उसके माता-पिता आए थे, उन्होंने उसे भोजन कराया, और वह तृप्त होकर सो गया। बालक को इतना ही ज्ञात था, इससे अधिक कुछ नहीं।

राजा ने बालक के माता-पिता को बुलवाया और बालक सहित उन्हें भगवान बुद्ध के पास ले गया। उस समय तक राजा यह सुन चुका था कि बालक सदैव बुद्धानुसति करता रहता है और रात में जब राक्षस ने उसका पैर खींचा, तब उसने "नमो बुद्धस्स" कहा था।

राजा ने भगवान बुद्ध से पूछा, "भंते, क्या केवल बुद्ध के गुणों का स्मरण ही मनुष्य को विपत्ति और अनिष्ट से बचाता है, या धर्म के गुणों का स्मरण भी उतना ही प्रभावशाली और शक्तिशाली है?"

तब भगवान बुद्ध ने इन गाथाओं के माध्यम से उत्तर दिया कि इन छह बातों का स्मरण अनिष्ट और विपत्ति से रक्षा करता है।

18 वज्जिपुत्तकभिक्खु वत्थु

यह गाथा 302, भगवान ने वेलुवन विहार में रहते हुए वैशाली के एक वज्जी भिक्षु के संदर्भ में कही।

कार्तिक पूर्णिमा की रात्रि में वैशाली के लोग बड़े धूमधाम से नक्षत्र-महोत्सव मना रहे थे। सम्पूर्ण नगर दीपों से जगमगा रहा था। सभी नागरिक नाच, गाने व अन्य उत्सवों की मौज-मस्ती में डूबे थे। वह भिक्षु विहार में अकेला खड़ा नगर की ओर देख रहा था। उसके मन में उदासी और असन्तोष उत्पन्न हुआ और वह मन ही मन बुदबुदाया-- "मुझसे अधिक दुःखद जीवन तो शायद किसी का न होगा।"

उसी क्षण वन की रक्षा करने वाला एक देवता उसके सामने प्रकट हुआ और उसको प्रेरित करते हुए बोला—"जैसे नरक के प्राणी देवताओं के सुखमय जीवन से ईर्ष्या करते हैं, वैसे ही गृहस्थ लोग वन में एकान्त-वास करने वालों के जीवन से ईर्ष्या करते हैं।"

ये वचन सुनकर भिक्षु को तुरन्त सत्य का बोध हुआ। वह समझ गया कि वह शहर की चका-चौंध देख कर वह कुछ क्षण के लिये भिक्षु-जीवन के सौभाग्य को भूल गया। अगली सुबह वह भगवान बुद्ध के पास गया और सारी घटना सुनाई। तब उन्होंने उसे समस्त प्राणियों के जीवन में विद्यमान भिन्न-भिन्न प्रकार की कठिनाइयों की ओर इंगित करते हुए यह गाथा कही।

19 चूलसुभद्दा वत्थु

जेतवन विहार में रहते हुए भगवान बुद्ध ने यह गाथा 304, श्रेष्ठि अनाथपिण्डिक की पुत्री चूलसुभद्दा के संदर्भ में कही।

अनाथपिण्डिक की पुत्री चूलसुभद्दा का विवाह उग्ग प्रदेश में रहने वाले उसके एक मित्र उग्ग के पुत्र से हुआ। वह परिवार अन्य परम्परा के श्रमणों के शिष्य थे। धीरे-धीरे चूलसुभद्दा ने अपने परिवार जनों को भगवान बुद्ध के बारे में बताया और उसकी सास के मन में भगवान से मिलने की इच्छा जागी और चूलसुभद्दा से भगवान को भोजन के लिए बुलाने को कहा। उग्ग प्रदेश जेतवन से लगभग 120 योजन दूर था तो उसने भगवान को मन से निमंत्रण भेजने का अद्भुत तरीका अपनाया। उसने भोजन और अन्य दान की वस्तुएं एकत्र की और फिर घर की छत पर जा कर जेतवन विहार की तरफ मुंह कर के पुष्प और सुगंधित अगरबत्ती अर्पित की तथा बुद्धानुसति का पाठ किया। फिर उसने अपनी प्रार्थना प्रकट की " भगवन ! कृपा करके आप अपने भिक्षु संघ सहित कल हमारे घर भोजन हेतु पधारें। मैं, आपकी श्रद्धावान उपासिका, अत्यन्त आदरपूर्वक आपको निमंत्रण देती हूँ। यह मेरा निमंत्रण इस संकेत और मेरे अंतर्मन के संकल्प से आपको ज्ञात हो।" यह कहकर उसने चमेली के फूलों की आठ मुट्ठियाँ लेकर आकाश की ओर उछाल दीं। वे पुष्प आकाश में उड़ते हुए सीधे जेतवन विहार पहुँचे और उस सभा-कक्ष की छत से लटक गए, जहाँ भगवान बुद्ध धम्म का उपदेश दे रहे थे।

प्रवचन की समाप्ति के बाद, चूलसुभद्दा के पिता अनाथपिण्डिक भगवान के पास गए और उन्हें अगले दिन भोजन के लिए निमंत्रण दिया। पर भगवान ने अनाथपिण्डिक से कहा कि कल के भोजन के लिये तो उन्होंने चूलसुभद्दा का निमंत्रण स्वीकार कर लिया है। आश्चर्यचकित अनाथपिण्डिक ने भगवान से पूछा: "भगवन, चूलसुभद्दा तो 120 योजन दूर उग्ग प्रदेश में रहती है, उसने आपको निमंत्रण कैसे दिया" । तब भगवान बुद्ध ने इस गाथा के माध्यम से समझाया कि " सज्जन लोग दूर रहते हुए भी ऐसे स्पष्ट दिखाई देते हैं, मानो वे हमारे समक्ष ही उपस्थित हों।" ।

20 परिजिण्ण ब्राह्मणपुत्त वत्थु

वेलुवन विहार में रहते हुए भगवान बुद्ध ने यह गाथा 324, एक बूढ़े ब्राह्मण के पुत्रों को कही थी।

श्रावस्ती में एक ब्राह्मण के चार पुत्र थे । उनकी शादी के समय ब्राह्मण ने अपनी आधी सम्पति उनको दे दी। फिर जब उसकी पत्नी की मृत्यु हुई तो उन्होंने उसे बहला-फुसला कर बाकी की सम्पति भी ले ली। पर कुछ ही दिनों बाद उन्होंने उसका तिरस्कार करना शुरु कर दिया। उसके बड़े बेटे की पत्नी ने उलाहना देते हुए कहा " तुमने हमें कोई अधिक सम्पति तो नहीं दी, फिर अपने अन्य पुत्रों के साथ क्यों नहीं रहते।" नाराज हो कर वह दूसरे पुत्र के पास गया तो वहाँ भी ऐसी ही उलाहना सुनने पड़ी । अंततः सभी पुत्रों ने उसे रखने से मना कर दिया।

मजबूर हो कर वह अपनी छड़ी व पात्र ले कर भगवान बुद्ध के पास गया और अपना दुखद वृतांत उन्हें सुनाया । भगवान बुद्ध ने उसे कुछ गाथाएं सुनाई और कहा कि इनको याद कर जहाँ भी लोग एकत्र हों वहाँ पर सुनाए। उन गाथाओं का अर्थ था:

"मेरे चारों बेटे दानवों के समान हैं। मेरी सारी सम्पति ले कर भी उन्होंने मुझे अपने घरों से निकाल दिया है। । वे मुझे 'पिता, पिता' कहते हैं, परन्तु ये शब्द केवल उनके मुँह से निकलते हैं, उनके हृदय से नहीं । वे कपटी और षड्यंत्रकारी हैं। अतः अब मुझे भीख माँगनी पड़ रही है। मेरे ये पुत्र मेरी इस छड़ी से भी कम उपयोगी हैं" ।

यह दुखद कहानी सुनकर लोग बहुत नाराज हुए, उसके पुत्रों को बुरा-भला कहा और इस प्रकार उनकी बदनामी होने लगी। अंततः उनको होश आया और वे अपने पिता को घर ले गए तथा उनका ध्यान रखने लगे। सभी ने अपने पिता को प्रतिदिन एक थाली भोजन भेजना प्रारम्भ किया । कुछ ही समय में ब्राह्मण स्वस्थ हो गया । एक दिन विहार जा कर उसने भगवान से प्रार्थना की कि वे प्रतिदिन दो थाली भोजन स्वीकार करें और फिर अपने बेटों को ऐसा निर्देश दिया।

एक दिन उनके बड़े बेटे ने भगवान को भोजन पर आमंत्रित किया। तब भगवान ने यह गाथा कही जिसमें धनपाल नामक हाथी की कथा के माध्यम से अपने माता-पिता की सेवा करने की प्रेरणा दी गई है।

21 समबहुलभिक्खु वत्थु (1)

पलिलेय्य वन में रहते हुए यह तीन गाथाएं 328-330 भगवान बुद्ध ने कोसम्बी के भिक्षुओं के संदर्भ में कहीं।

एक बार कोसम्बी के भिक्षु दो धड़ों में बंट गए – एक पक्ष विनय के आचार्य का अनुयायी था और दूसरा धम्म के आचार्य का। भगवान बुद्ध जब उनको समझाने के लिए गए तो उन भिक्षुओं ने उनकी बात को अनसुना कर दिया। भगवान बुद्ध यह देख कर वहाँ से चले गये और अपने वर्षावास के तीन महीने पास के वन में अकेले रहे। वहाँ पर पलिलेय्यक नामक हाथी ने उनकी सेवा की।

वर्षावास की समाप्ति के बाद भंते आनंद पांच सौ भिक्षुओं के साथ वन में आए। आनंद पहले अकेले भगवान के पास गए और फिर उनके कहने पर सभी भिक्षुओं को भगवान के पास ले आए। भिक्षुओं ने भगवान को प्रणाम किया और कहा :

> "भगवन, अकेले वन में तीन महीने का निवास तो बहुत कष्टप्रद रहा होगा?"
>
> इस पर भगवान बुद्ध ने उत्तर दिया,
>
> "भिक्षुओं, गजराज पलिलेयक पूरे वर्षावास में मेरी सेवा करता रहा। वह वास्तव में एक बहुत अच्छा मित्र था, सच्चा मित्र। यदि किसी के पास ऐसा अच्छा मित्र हो तो उसे उसी के साथ रहना चाहिए; परन्तु यदि अच्छा मित्र न मिले तो अकेले रहना ही बेहतर है।"

ऐसा कह कर भगवान ने यह तीन गाथाएं 328-330 कहीं।

22 कपिलमच्छ वत्थु

जेतवन विहार में रहते हुए भगवान बुद्ध ने यह गाथाएं 334-337 एक विलक्षण मछली के संदर्भ में कहीं जिसकी सुनहरी काया अति सुंदर थी पर उसके मुँह खोलते ही बहुत दुर्गंध आती थी।

भगवान कस्सप बुद्ध के समय कपिल नाम के एक भिक्षु, तिपिटक के पारंगत विद्वान थे। इस कारण वे बहुत प्रसिद्ध हुए। पर इस प्रसिद्धि के कारण उनके मन में अहंकार ने घर कर लिया और वे अन्य भिक्षुओं को बड़ी हेय दृष्टि से देखते थे। जब कोई भिक्षु उनसे अच्छे -बुरे के बारे में कुछ कहता तो वे तुरन्त गुस्से में कहते " तुम्हें आता ही क्या है?" धीरे धीर सभी अच्छे भिक्षुओं ने उनसे दूरी बना ली और केवल अपरिपक्व भिक्षु ही उनके साथ रहे। एक बार उपोसथ के दिन जब पातिमोक्ख का पाठ चल रहा था तो कपिल ने कहा: " पातिमोक्ख सुनो या न सुनो, कोई फर्क नहीं पड़ता" और वे वहाँ से उठ कर चले गए। इस प्रकार वे भगवान की शिक्षा के प्रचलन में बाधक बन गए।

इस दुष्कृत्य के फलस्वरूप देहावसान के बाद उनका पुनर्जन्म निरय लोक में हुआ जहाँ वे भगवान गौतम बुद्ध के आने तक रहे और फिर उनका जन्म अचिरावति नदी में एक सुंदर मछली की रुप में हुआ जिसका शरीर तो सुनहरा था पर मुँह से दुर्गंध आती थी। एक दिन यह मछली एक मछुआरे ने पकड़ी तो उसकी सुंदर काया देख उसे महाराज को भेंट कर दिया। महाराज इस अद्भुत मछली को लेकर जेतवन विहार आए और भगवान के सम्मुख उसे रख कर इसके विलक्षण शरीर और दुर्गंध-युक्त मुँह के बारे में पूछा। भगवान ने तब इसके पिछले भिक्षु जीवन में किए दुष्कृत्य के बारे में बताया और कहा कि इतना लम्बा समय निरय लोक में बिताने के बाद अब यह इस रूप में आया है – इसका यह शरीर सुंदर इस कारण है कि इसने भिक्षु कपिल के रूप में बहुत लोगों को धम्म शिक्षा दी; और मुँह से दुर्गंध आने का कारण है अहंकार वश दूसरे भिक्षुओं को हेय दृष्टि से देखना और अनुचित वचन बोलना। भगवान ने उस मछली से पूछा " तुम्हें मालूम है , तुम्हारा अगला जन्म कहाँ होगा?" मछली ने उत्तर दिया : " हाँ, मुझे फिर निरय लोक में जाना होगा और इस कारण में बहुत दुःखी हूँ"। और हुआ भी यही, मृत्यु के बाद वह फिर निरय लोक पहुंच गई। यह कथा सुन कर वहाँ उपस्थित लोग बहुत सहम गए। तब भगवान ने यह चार गाथाएं 334-337 कहीं।

23 सुकरपोतिक वत्थु

भगवान बुद्ध ने गाथाएँ 338-343 राजगृह में एक सूअरी के सन्दर्भ में सुनाई।

एक बार जब भगवान ने राजगृह में भिक्षाटन करते समय एक सूअरी को देख और हल्का सा मुस्करा दिए। आनंद के प्रश्न पूछने पर उन्होंने इस सूअरी के पिछले जन्मों की कथा सुनाई।

भगवान ककुसंध बुद्ध के समय यह सूअरी एक मुर्गी थी। वह विहार के भोजनकक्ष के समीप ही रहती थी। इस कारण वह धम्म-पाठ व प्रवचन सुन पाती थी। मृत्यु के बाद उसका जन्म एक राजकुमारी के रूप में हुआ। एक बार शौच को जाते समय उसने कई कीड़े देखे और उसमें शरीर की घृणित अवस्था के बारे में सजगता जागी। मृत्यु के बाद उसका पुनर्जन्म ब्रह्मलोक में हुआ। दीर्घ काल के बाद मृत्यु के बाद किसी अकुशल कर्म के कारण उसका जन्म भगवान गौतम बुद्ध के समय में इस सूअरी के रूप में हुआ। तब भगवान बुद्ध ने आनंद से कहा "देखो आनंद, किस प्रकार कुशल और अकुशल कर्मों के कारण जम मृत्यु का चक्र चलता ही जाता है"। तब भगवान बुद्ध ने यह छह गाथाएँ 338-343 कहीं।

24. **सम्बहुलभिक्खु वत्थु (2)**

जेतवन विहार में रहते हुए भगवान बुद्ध ने यह नौ गाथाएँ 378-386 , नौ सौ भिक्षुओं के संदर्भ में कहीं।

श्रावस्ती से लगभग 120 योजन दूर, कुररघर शहर में एक अमीर स्त्री के पुत्र सोण भिक्षु बन गए।। एक बार भिक्षु सोन कुररघर से गुजर रहे थे तो उनकी माता ने उनके सम्मान में एक महादान का आयोजन किया। उसने जेतवन में सुना था कि भिक्षु सोण बहुत अच्छे धम्म उपदेश देते थे, इसलिए उसने शहर वासियों को उपयुक्त उपदेश देने की प्रार्थना भी की। एक बहुत बड़ा मंडप बनाया गया और सभी शहर वासियों को निमंत्रण दिया गया। काफी लोग एकत्रित हो गए थे। भिक्षु सोण की माता भी सपरिवार आई, केवल एक सेविका को घर की देखभाल के लिये पीछे छोड़ दिया।

घर की मालकिन को घर पर न देख कर कुछ चोर घर में घुस गए। उनका सरदार , मालकिन पर नज़र रखने हेतु मंडप में जाकर उनके समीप ही बैठ गया। सेविका ने जब चोर देखे तो वह तुरंत मालकिन के पास गई और सारा दृश्य उनको समझाया। पर वह तो प्रवचन सुनने में संलग्न थी; तो उसने सेविका से कहा : "उन चोरों को सब कुछ ले जाने दो, पर यहाँ आकर मुझे परेशान मत करो"। तुम घर जाओ।

सेविका वापस चली गई। थोडी देर में चोरों ने सारी चांदी के आभूषण व अन्य वस्तुएं बांधना आरम्भ किया। घबराई हुई सेविका फिर मंडप में गई और मालकिन को सूचित किया। मालकिन ने फिर वही उत्तर दिया : "उन चोरों को सब कुछ ले जाने दो, मुझे कोई फर्क नहीं पड़ता; पर यहाँ आकर जब मैं प्रवचन सुन रही हूँ, मुझे परेशान मत करो"। तुम घर जाओ।

घर जा कर सेविका ने देखा कि चोर उस कमरे में भी घुस गए हैं जहाँ मालकिन ने सोने के आभूषण रखे थे। फिर वह दौड़ कर मंडप गई और मालकिन को सूचित किया, पर उसने फिर वही उत्तर दिया और कहा: "अब फिर मेरे पास मत आना, चोरों की करतूत बताने के लिए। मुझे शांति से प्रवचन सुनने दो"।

चोरों का सरदार जो भिक्षु की माता के पास ही बैठा था, यह सब वार्तालाप सुन कर बहुत ही आश्चर्य चकित हुआ और असमंजस में पड़ गया। मालकिन के शब्द बार-बार उसके कानों में गूंज रहे थे। उसके मन में विचार उठा : यदि हम इतनी पवित्र और ज्ञानी स्त्री का घर लूटेंगे , हमें जरूर इसकी सजा मिलेगी – हो सकता है हम पर बिजली ही गिर जाए और हमारे सिर के टुकड़े हो जाएँ। वह घबरा गया और दौड़ कर उस घर गया और अपने साथियों से सारा सामान लौटाने को कहा। फिर वह उन सब को अपने साथ उस मंडप में ले गया जहाँ भिक्षु सोण की माता पूरी एकाग्रता से प्रवचन सुन रही थी।

भिक्षु सोण का प्रवचन समाप्त होते-होते भोर हो गई थी और वे मंच से नीचे उतरने लगे। चोरों के सरदार उनकी माता के पास गया, अपना परिचय दिया और बताया कि उसने सारा लूटा सामान वापिस घर में ही रख दिया है, और उनसे इस दुष्कृत्य की कोशिश करने के लिये क्षमा याचना की। तब वे भिक्षु सोण से मिले और उनसे याचना की कि उन्हें संघ में शामिल कर लें। भिक्षु सोण ने वहाँ एकत्र नौ सौ लोगो को उपयुक्त ध्यान का आलम्बन देकर भिक्षु संघ में शामिल कर लिया।

भगवान बुद्ध ने ऋद्धि बल से यह सब देखा और अपने तेज के माध्यम से उनके सामने प्रकट हो गए हैं। तब भगवान बुद्ध ने उन सब की मनोवृतियाँ भाप कर यह नौ गाथाएं कहीं जिनमें भिन्न-भिन्न प्रकार की साधनाओं का संक्षिप्त विवरण है।

25 सुमन-सामणेर वत्थु

यह गाथा 382 भगवान ने श्रामणेर सुमन के संदर्भ में कही।

भंते अनिरुद्ध के शिष्य श्रामणेर सुमन सात वर्ष की अल्पायु में ही ऋद्धि सम्पन्न अरहंत बने। एक बार जब भंते अनिरुद्ध हिमालय-वन में एक विहार में बीमार थे, तो श्रामणेर सुमन ने अनोतत्त झील से उनके लिए पानी लाया जो वहां से 500 योजन दूर थी। वे वहाँ अपने ऋद्धि बल का उपयोग कर, आकाश मार्ग से गए। कुछ समय बाद भंते अनिरुद्ध सुमन को श्रावस्ती के माता विशाखा द्वारा निर्मित पुब्बाराम विहार ले गए जहाँ उस समय भगवान बुद्ध रह रहे थे। पुब्बाराम विहार ने बालक सुमन को देखा तो वे उनसे ठिठोली करने लगे – कोई उनकी पीठ थपथपाता; कोई कान, नाक य बाहें खींचता, कुछ पूछते थे कि वह भिक्षु जीवन से उकता तो नहीं रहे। भगवान ने यह सब देखा तो उन्हें लगा कि इन भिक्षुओं को श्रामणेर सुमन की विलक्षण क्षमताओं से अवगत करवाया जाए। भगवान ने कहा कि वे चाहते हैं कि कोई श्रामणेर उनके लिए अनोतत्त झील से पानी ले कर आए। भंते आनंद ने पुब्बाराम विहार में उपस्थित सभी श्रामनेरों से पूछा पर कोई भी यह काम करने को तैयार नहीं था। फिर भनते आनंद ने श्रामणेर सुमन से भी पूछा तो वे तुरंत तैयार हो गए। अंक बड़ा पात्र ले कर वे आकाश मार्ग से अनोतत्त झील गए और उसमें पानी भर के आकाश मार्ग से ही वापिस आ गए।

शाम को भिक्षुओं की सभा में भगवान ने श्रामणेर सुमन की इस विलक्षण यात्रा की चर्चा की और कहा कि यदि कोई सजगता पूर्वक और उत्साह से साधना करे तो वह अल्पायु में ही विलक्षण ऋद्धियाँ प्राप्त कर सकता है। फिर उन्होंने यह गाथा 382 कही।

26 अक्कोसक भारद्वाज वत्थु

वेलुवन विहार में रहते हुए भगवान बुद्ध ने गाथा 399 गाली देने वाले भारद्वाज बंधुओं के संदर्भ में कहीं।

एक ब्राह्मण की पत्नी भगवान बुद्ध की एक सोतापन्न उपासिका थी। उसकी एक आदत थी कि यदि उसे छींक आती, या कोई उसे अचानक छू लेता तो उसके मुँह से कुछ वाक्य निकलते। एक बार उस ब्राह्मण ने कुछ मित्रों को खाने पर बुलाया तो अचानक उसके मुँह से निकला " नमो तस्स भगवतो अरहतो सम्मासम्बुधस्स" । भगवान बुद्ध की वंदना के यह शब्द ब्राह्मण को बहुत बुरे लगे और क्रोध में वह भगवान बुद्ध से कुछ कठिन प्रश्न पूछ कर उन्हें नीचा दिखाने के इरादे से वेलुवन विहार गया। उसके प्रश्न थे:

1. "सुख-शांति से जीने के लिए हमें किस चीज़ को मारना होगा?
2. आप किस को मारने का अनुमोदन करते हैं?"

भगवान बुद्ध के उत्तर थे:

1. "सुख-शांति से जीने के लिए, द्वेष को मारना होगा।
2. द्वेष को मारने का सभी बुद्ध अनुमोदन करते हैं" ।

भगवान बुद्ध की बातें सुनकर, वह इतना प्रभावित हुआ कि वह संघ में शामिल हो गया और कुछ समय बाद एक अरहंत बन गया।

इस ब्राह्मण का एक भाई था, जो अपनी कटु वाणी के कारण 'अक्कोसक भारद्वाज'—अर्थात् 'गालियाँ देने वाला भारद्वाज'—के नाम से जाना जाता था। जब अक्कोसक भारद्वाज को पता चला कि उसके भाई ने भगवान बुद्ध के संघ में प्रवेश कर लिया है, तो वह क्रोध से आग-बबूला हो गया। क्रोध से काँपता, वह सीधे विहार गया और वहाँ भगवान बुद्ध को गालियाँ देने लगा। प्रत्युत्तर में भगवान बुद्ध ने उससे पूछा: " यदि तुम्हारे घर कोई अतिथि कुछ भेंट ले कर आए और तुम वह भेंट न लो, तो वह भेंट किसके पास रह जाती है"। उसका सहज उत्तर था: "उसी अतिथि के पास"। तब भगवान ने उसे कहा: "ब्राह्मण, तुम भी इस विहार में एक अतिथि के रूप में आए और गालियों का उपहार ले कर आए। हम यह उपहार स्वीकार नहीं करते; तुम्हारा उपहार, तुम्हारे ही पास"।

भगवान की शांत वाणी से इतनी बुद्धिमता पूर्ण शिक्षा सुन वह अत्यंत प्रभावित हुआ और वह भी संघ में शामिल हो गया। कालांतर में वह भी अरहंत बना। इनके दो और भाई भी इसी प्रकार भगवान को गालियाँ देते-देते आए और अंततः संघ में शामिल हो अरहंत हो गए।

एक शाम कुछ भिक्षुओं ने यह प्रसंग छेड़ा और अपना आश्चर्य प्रकट किया कि किस प्रकार भारद्वाज बंधु भगवान को अपशब्द कहते आए और अंततः भिक्षु बन गए। तब भगवान ने यह गाथा 399 कही।

27 सारिपुत्त थेर वत्थु

वेलुवन विहार में रहते हुए भगवान बुद्ध ने गाथा 400 भंते सारिपुत्त के संदर्भ में कहीं।

जब भगवान वेलुवन विहार में रह रहे थे, भंते सारिपुत्त, पांच सौ भिक्षुओं के साथ, भिक्षाटन के लिये नलक गाँव अपनी माता के घर जाकर दरवाजे के बाहर खड़े हुए। उनकी माता ने उन्हें घर के अंदर बुलाया। भंते सारिपुत्त को भोजन परोसते समय वह बहुत कटु वचन बोलीं : "अरे, दूसरों की झूठन खाने वाले ! 80 करोड़ की सम्पदा त्याग तुम भिक्षु बन गए; तुमने हमें बर्बाद कर दिया !" फिर उन्होंने अन्य भिक्षुओं को भोजन परोसा और बड़ी कठोर वाणी में बोला : " तुम सब ने मेरे पुत्र को अपने सेवक की तरह प्रयोग किया है, लो अब खाना खा लो"।

भंते सारिपुत्त ने कोई प्रत्युत्तर नहीं दिया, और भोजन कर के चुपचाप पात्र उठा कर वापिस विहार की ओर चल पड़े। विहार पहुंचने पर भिक्षुओं ने भगवान को बताया कि किस प्रकार भंते सारिपुत्त ने शांत चित्त से अपनी माता के अपशब्द सुने। तब भगवान बुद्ध ने यह गाथा 400 कही।

28. सामणेरानं वत्थु

जेतवन विहार में रहते हुए भगवान बुद्ध ने यह गाथा 406, चार अरहंत श्रामनेरों के संदर्भ में कहीं।

एक बार एक ब्राह्मण की पत्नी ने अपने पति को जेतवन विहार जा कर 4 वरिष्ठ, सच्चे ब्राह्मण, भिक्षुओं को भोजन के लिए आमंत्रण देने के लिए भेजा। विहार से सात साल के चार अरहंत श्रामणेरों, संकिच्च, पण्डित, सोपक, और रेवत को उसके साथ भेज दिया गया। जब उसकी पत्नी ने चार बालकों को उसके साथ देखा तो वह बहुत क्रोधित हुई और उसने ब्राह्मण को कोसा कि वह अपने पोते से छोटे बालकों को ले आया जब कि उसने वरिष्ठ भिक्षुओं को लाने के लिए कहा था। उसने ब्राह्मण को एक वरिष्ठ भिक्षु को लाने हेतु फिर विहार भेजा। इसी बीच उसने श्रामणेरों को उच्च आसन नहीं दिये, वरन उनको नीचे बिठा दिया और उन्हें भोजन भी नहीं दिया।

ब्राह्मण जब जेतवन पहुंचा तो उसे भंते सारिपुत्त मिल गये और वे उसकी प्रार्थना पर उसके साथ भोजन के लिए चल पड़े। जब भंते सारिपुत्त ब्राह्मण के घर पहुंचे तो उन्होंने चार अरहंत श्रामणेरों को देखा और उनसे पूछा कि क्या उन्हें भोजन दिया गया। जब उन्हें पता चला कि श्रामणेरों को भोजन नहीं दिया गया और भोजन केवल चार भिक्षुओं के लिए ही बनाया गया था , तो भंते सारिपुत्त बगैर भोजन किए वापिस लौट गए।

ब्राह्मण पत्नी ने फिर अपने पति को जेतवन विहार भेजा और इस बार भंते महामोग्गलान उसके साथ भोजन ग्रहण करने आए , पर वे भी, यह सुनकर कि श्रामणेरों को भोजन नहीं दिया गया और भोजन केवल चार भिक्षुओं के लिए ही बनाया गया था, बिना भोजन लिए वापिस चले गए।

इस प्रक्रिया में काफी देर हो गई और श्रामणेरों को भूख लग गई थी। देवताओं के राजा सक्क ने जब यह देखा तो उसने एक वृद्ध ब्राह्मण का रूप धारण किया और उसी ब्राह्मण के घर आया। बूढ़े ब्राह्मण को देख ब्राह्मण पत्नी प्रसन्न हुई और उनको प्रणाम कर उच्च स्थान ग्रहण करने को कहा। पर सक्क तो जमीन पर ही बैठ गए और उन चारों श्रामणेरों को प्रणाम किया। फिर उसने अपना परिचय दिया। यह देख कि देवताओं के राजा स्वयं उन "बालकों" का आदर कर रहे थे, ब्राह्मण दंपति ने पांचों को भोजन कराया। भोजन के बाद सक्क एवं चारों श्रामणेर अपने ऋद्धि बल का प्रयोग कर घर की छत से सीधा आकाश में निकल, आकाश मार्ग से अपने-अपने गंतव्य स्थानों पर चले गए। जेतवन पहुंचने पर भिक्षुओं ने श्रामणेरों से पूछा कि क्या ब्राह्मण दंपति द्वारा उनका अनादर करने तथा इतनी देर तक भोजन न देने पर क्रोध आया,

तो उन्होंने नकारात्मक उत्तर दिया। उनकी बात का अनुमोदन करते हुए भगवान बुद्ध ने यह गाथा 406 कही।

29. चंदभ थेर वत्थु

यह गाथा 413 , भगवान बुद्ध ने जेतवन विहार में चंदभ थेर के संदर्भ में कही।

चंदभ ने अपने किसी पिछले जन्म में भगवान कश्यप बुद्ध के चैत्य पर चंदन की लकड़ी अर्पित की थी। इस पुण्य कर्म के फलस्वरूप, जब उसका पुनर्जन्म भगवान गौतम बुद्ध के समय में, श्रावस्ती के एक ब्राह्मण परिवार में हुआ तो जन्म से ही उसकी नाभि में से एक शीतल रोशनी का गोला निकलता था। यह रोशनी का गोला चंद्रमा जैसा लगता था, तो उसका नाम चंदभ रखा गया।

कुछ ब्राह्मणों ने इस अनोखी विशेषता का लाभ उठाने की सोची। उसे एक प्रदर्शनी की तरह शहर में घुमाया; और उसे छूने के दाम लगा दिये – सौ या हज़ार मुद्राएं। एक बार, वे शहर और जेतवन विहार के बीच एक जगह पर रुके। जेतवन विहार जा रहे भिक्षुओं से उन्होंने कहा, "बुद्ध के पास जाने और उनके उपदेश सुनने का आपको क्या फ़ायदा? चंदभ जितना शक्तिशाली कोई और नहीं है। जो कोई भी उसे छूएगा, वह धनवान बन जाएगा; आप लोग आकर उसे देखते क्यों नहीं?" तब भिक्षुओं ने उनसे कहा, "भगवान बुद्ध तो बेजोड़ हैं, उन जैसा इस विश्व में कोई नहीं। "

इस बात को झुठलाने हेतु वे चंदभ को जेतवन विहार ले गए। पर भगवान बुद्ध के समीप जाते ही वह विलक्षण रोशनी अपने आप बुझ गई। जब वे चंदभ को भगवान बुद्ध से दूर ले गए तो वह रोशनी का गोला फिर प्रकट हो गया; और जब वे उसे एक बार फिर, भगवान बुद्ध के पास ले गए , तो वह रोशनी फिर बुझ गई। आश्चर्य चकित चंदभ ने भगवान बुद्ध से कहा कि वे उसे वह मंत्र सिखा दें जिससे यह रोशनी बुझ जाए; पर भगवान ने उसे कहा कि वह "मंत्र" केवल भिक्षुओं को ही दिया जा सकता है। चंदभ ने ब्राह्मणों से कहा कि वह बुद्ध से यह मंत्र सीख कर शीघ्र ही सम्पूर्ण जंबूद्वीप का महानतम व्यक्ति बन जाएगा। सभी ब्राह्मण विहार के बाहर उसकी प्रतीक्षा करने लगे।

इसी बीच चंदभ भिक्षु बन गया। भगवान ने उसे काया के बत्तीस अंगों की असुंदरता व अशुद्धता का विवेचन करने का कम्मट्ठान दिया। गम्भीरता से साधना करते हुए, कुछ ही दिनों में चंदभ आश्रव-क्षीण कर अरहंत बन गया। अब उसके मन से पुराने सारे विचार समाप्त हो चुके थे। उसने बाहर इंतजार कर रहे ब्राह्मणों को वापिस जाने को कहा क्योंकि वह अब उनके साथ जाने में असमर्थ था। भिक्षुओं द्वारा यह बात भगवान बुद्ध को बताने पर उन्होंने यह गाथा 413 अरहंत चंदभ के संदर्भ में कही।

www.ingramcontent.com/pod-product-compliance
Lightning Source LLC
LaVergne TN
LVHW022205200926
848481LV00006B/1857

* 9 7 9 8 9 0 5 6 0 1 7 8 1 *